Rich Dad's Who Took My Money?

Why Slow Investors Lose and Fast Money Wins!

金持ち父さんのパワー投資術

お金を加速させて金持ちになる

ロバート・キヨサキ
＋
公認会計士
シャロン・レクター
白根美保子 訳

筑摩書房

金持ち父さんのパワー投資術　目次

第一部●●●●何に投資したらいいですか？

第二部●●●●投資家に聞く

●著者から一言

この本は、自分のお金をもっと自分でコントロールできるようになりたい、平均的な投資家の平均的な収益より多くの収益を得たいと思っている人たちに読んでもらいたい。ただし、あなたがどうすべきか、そのものずばりがここに書かれているわけではない。なぜなら、金持ちになるために何をどうするかは、百パーセント本人次第だからだ。この本の目的は、平均的な投資家に比べて、とるリスクやかけるお金は少ないのに、はるかに大きなリターン（収益）をより短期間で得る投資家がいるのはなぜか、その理由をみなさんに理解してもらうことだ。

投資家の九十パーセントは平均的な投資家だ。そういう人は、お金を貯め、投資信託や４０１（ｋ）をはじめとする各種年金プランに投資し続ける今の方法を続けた方がいい。この本に集めた情報は、プロの投資家になって投資からのリターンを増やし、ポートフォリオを大きく成長させるために自分自身を教育したいと願う、残りの十パーセントの投資家のためのものだ。

この本を手に取ってくれてありがとう。

ロバート・キヨサキ
シャロン・レクター

金持ち父さんのパワー投資術

お金を加速させて金持ちになる

はじめに……

どうしたら十年で一万ドルを千倍にできるか？

「アメリカ人にとって最大の恐怖は、引退生活の途中でお金がなくなることだ」

——USAトゥデイ紙による調査

「人がお金のことで苦労している最大の理由は、お金を持っていない人やセールスマンからのファイナンシャル・アドバイスに耳を傾けているからだ」

——金持ち父さん

二〇〇二年十二月、アリゾナ州フェニックスの地方紙に、二カ月前に出版されたばかりの『金持ち父さんの予言』に関する記事が載った。その記事は公平な立場から書かれていて、バランスもよくとれていたので、私は驚いた。私が驚いたのは、金融専門のジャーナリストでこの本についていいことを書く人はあまり多くなかったからだ。

確かにこの記事は公平でバランスもとれていたが、それを書いたジャーナリストの最後の一言はまったく的外れで、私はそれがとても気になった。気になった一言とは、私が最近の投資で三十九パーセントの収益をあげたことについての彼の意見だった。私にはこのジャーナリストが、私が嘘をついているか、大げさなことを言っているとほのめかしているように思えた。

当然ながら、たいていの人は自慢したり大げさなことを言う人が嫌いだ。私もそういう人は相手にしない。

あのジャーナリストの意見が気になったのは、私は自慢をしたわけでも大げさなことを言ったわけでもなかったからだ。実際はまったく逆だった。つまり、私は数字を少なめに言っていた。私が得たリターンは数字の上でのリターンだけではなかった。「キャッシュ・オン・キャッシュ」の収益率は私のポケットに実際に入るお金で計算するが、あの投資の場合、それは三十九パーセントをはるかに超えていた。

私はこのジャーナリストのコメントが気にはなっていたが、しばらくは何もしないでいた。そして数日後、やはり本当のところをはっきりさせようと、電話をかけて会う約束をした。ジャーナリストには、新たに私についての記事を書いたり、訂正記事を載せることを期待しているわけではないと伝えた。私が彼に頼んだのは、顧問の会計士をつれて彼のオフィスへ行き、会計記録を見せて、どのようにして三十九パーセントの収益をあげたか説明するチャンスを与えて欲しいということだけだった。ジャーナリストは快く申し出を受けてくれて、私たちは会うことになった。

会計士と私が、三十九パーセントの収益率を達成した方法と、実際のところそれが低く見積もられた数字であるのはなぜか、その理由を説明すると、ジャーナリストはただ「でも、平均的な投資家にはあなたがやっているようなことはできません」とだけ言った。

そのコメントに対して私はこう答えた。「できると言った覚えはありません」

するとジャーナリストは「あなたがやっていることは危険すぎます」と応じた。

それに対する私の返事はこうだった。「この数年の間に、何百万人もの投資家が何兆ドルものお金を失いました。その多くは、あなた方が勧めた株式や投資信託による損失です。投資信託に長期の投資をしていてお金を失ったこの大勢の人たちは、決して引退することはできないでしょう。それこそ危険なことじゃないですか?」

「だって、あれは腐敗した企業がたくさんあったからですよ」ジャーナリストは弁解がましくそう答えた。

「そういうことも確かにあったでしょう。でも、悪いアドバイス、つまりファイナンシャル・プランナーや株式ブローカー、金融ジャーナリストからのアドバイスのせいで失われたお金も相当あるんじゃないんですか？　もし、投資信託への長期の投資がそれほどいいやり方だったら、なぜあれほど多くの人が、あれほど多くのお金を損したんですか？」

「私は自分のアドバイスを撤回したりしませんよ。今でも、長期の投資をすること、投資信託をいくつか買ってポートフォリオを作り、その中で分散投資することが平均的な投資家にとって一番いいプランだと思っています」

「同感です。あなたのアドバイスは平均的な投資家にとっては一番いいアドバイスです。でも、私にとってはそうではありません」

その時、会計士のトムが話に加わり、私の意見を後押しした。「焦点をほんの少しずらして異なる資産を使えば、平均的な投資家だって、もっとずっと少ないリスクでより高いリターンを達成できます。次に買うべき有望株を予想しようとする金融界の大物アドバイザーたちの言葉に耳を傾けるだけで、ほかには何もせず、市場が上がったり下がったりするのをただ眺めているのではなく、ロバートの金持ち父さんのプランを使えば、市場が下がるたびにパニックに陥ったり、どの分野が次に値上がりするかを心配したりする必要はなくなります。このプランを使えば、より少ないお金と低いリスクでより高いリターンを達成できるだけでなく、お金が魔法のように、自動的に入ってくるようになるんです。実際、私はこの投資戦略をよく『魔法のお金』と呼んでいます」

三十九パーセントのリターンの話、そして今度は「魔法のお金」……こういったことを本当にわかってもらうには、このジャーナリストとの会見はあまりに時間が短かすぎた。「魔法のお金」という言葉が出たところで、この会見は終わった。

先ほど書いたように、このジャーナリストは誠意があり、偏見のない人だった。私が頼んだわけではないのに、数週間後に私について新たな記事を書いてくれた。この時の記事の内容は正確だったが、私が高いリターンを達成した方法や、魔法のお金といったことについては触れられていなかった。

私が彼に一番感謝しているのは、この本、つまり「平均的な投資家に向けたのではない」本を書くきっかけを与えてくれたことだ。

●よく聞かれる質問

ジャーナリストと会ったあと、私はこの本を書く決心をした。今こそ、小さな投資をリターンがとてつもなく大きな投資に変えるための金持ち父さんのやり方を説明する時だと思ったのだ。また、この本を書くことは、よく聞かれるが答えるのを避けてしまうことの多い、次のような質問に答えるいいチャンスになるだろうとも思った。


「私は一万ドル持っています。何に投資したらいいですか?」

「あなたのお勧めはどんな種類の投資ですか?」

「どうやって始めたらいいですか?」


このような質問に答えるのをこれまでためらってきた一番の理由は、正直に答えるとしたら、「それはあなた次第です。私が『自分ならこうする』と思うことは、あなたがすべきこととは異なる場合が多いのですから」と言うしかないからだ。

答えをためらうもう一つの理由は、こういった質問に答えようとして、自分がやっていることをそのまま説明し、より少ないお金と低いリスクで高いリターンを達成する方法について話すと、よく次のような反応が返ってくるからだ。

「ここではそんなことできません」

「私にはそんなことをするお金はありません」

「もっと簡単な方法はないんですか?」

●お金を損する人がこれほど多いのはなぜか?

二〇〇〇年から二〇〇三年の間に何百万人もの人が何兆ドルものお金を損した理由の一つは、彼らが「自分のお金をどこに投資するか?」という質問に対して楽な答えを求めていたからだと思う。楽な答えを教えようとあなたを待ち構えている人はいくらでもいる。楽な答えとは例えば次のような答えだ。


「お金を貯めなさい」

「長期の投資をして、投資先を分散しなさい」

「クレジットカードを切り刻み、借金から抜け出しなさい」


本書は楽な答えが欲しい人のために書かれたものではない。お金の問題を解決するのに、たいていの人が喜んで受け入れるようなごく単純な答えが欲しい人は、この本の読者として想定していない。そういう人はだいたい、私の答えはむずかしすぎると感じるだろう。

はじめに言った通り、本書は自分のお金をもっと自分でコントロールし、そのお金でもっと多くのお金を儲けたいと思っている人のために書かれた本だ。この二つのことに興味のある人はぜひ先を読んで欲しい。

●金持ちになる最悪の方法

あのジャーナリストは、自分のアドバイスが平均的な投資家にはとてもいいアドバイスだと言っていたが、まさにその通りだ。だが、本当を言うと、彼のアドバイスは金持ちになる方法の中で最もむずかしい部類に入る。会社に勤めていて、投資信託で構成される401（k）などの年金プランにお金を注ぎ込んでいる人は、スピードの遅いバスに乗って人生を進んでいるようなものだ。このバスのエンジンはオンボロでスピードも出ないし、山の頂上まで決して到達できない、つまりリターンの高い投資は決して手に入らない。それにブレーキも調子が悪くて、坂を下りるときは命がけだ。

長期に投資することを前提とした年金プランにお金を注ぎ込むことは、確かに平均的な投資家にはいい考え方かもしれない。だが、私にとっては、スピードが遅く、危険で、効率が悪く、税金がかかりすぎる投資の方法だ。

●もっとよい投資方法はある

「何に投資したらいいですか？」と聞かれた時、図①のようなグラフを手元に持っていたら、私はそれを見せて、こう言う。「資産にはビジネス、不動産、紙の資産の三つの種類がある。このグラフはそのうちの二つを比較したものだ。つまり不動産に投資した場合と、たいていの平均的な投資家が投資対象にすべきだとされる紙の資産、S＆P500平均株価指数に連動する投資をした場合とを比べている。見れば一目瞭然だと思うので多くは説明しないが、このグラフは高い山脈と丘陵との差を示していると言っていいと思う」

私はさらにこう説明する。「簡単でいい投資の方法の一つは、S＆P500を基にした投資信託《ファンド》に投資する方法だ。たいていのファンドマネジャーは、S＆P500を一つの基準とし、それを超えることを目指している。残念なことに、その目標を達することのできるファンドマネジャーはほとんどいない」

私のこの説明は次のような質問を生む。「S＆P500よりいい業績を上げられるファンドマネジャーがほとんどいないとしたら、どうしてファンドマネジャーが必要なんですか？　自分でS＆P500に投資すればいいじゃないですか？」

①１万ドルを10年間投資するとどうなるか
S&P500に投資した場合と、レバレッジを効かせて不動産に投資した場合の比較

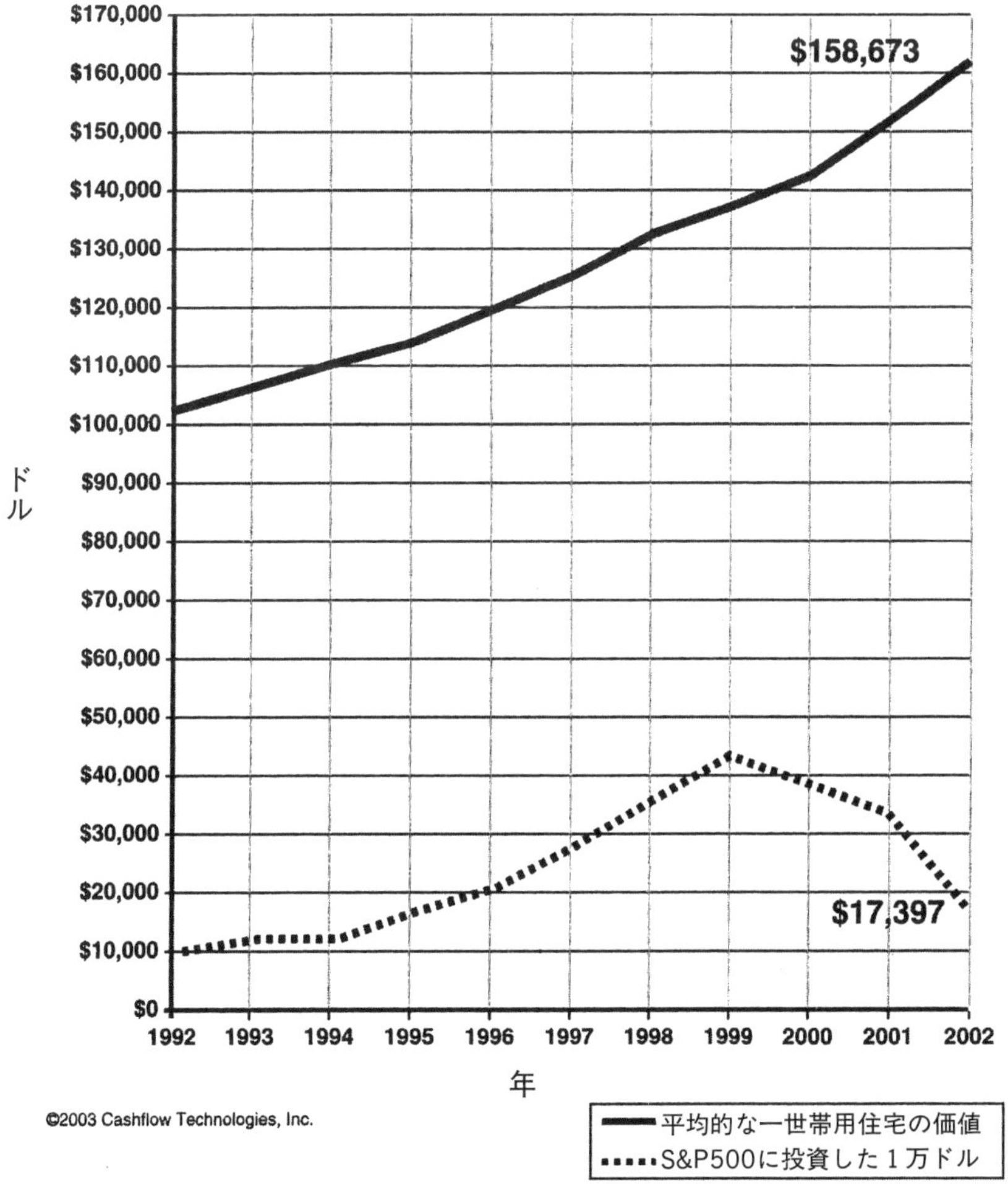

それに対する私の答えはこうだ。「私も同じように疑問に思う」そして、次のように続ける。「一万ドルを不動産に投資する場合、実際には九十パーセントのレバレッジを効かせる、つまりこの例で言えば九万ドルを銀行から借りて投資の元手を増やす。S&P500に投資した一万ドルは、一九九二年から二〇〇二年の間に一万七千三百九十七ドルになったはずだ。一方、一万ドルに銀行のレバレッジを加えた十万ドルの不動産への投資は十五万八千六百七十三ドル近くまで増えていただろう」

図①をしばらくながめたあと、たいていの人はこう聞く。「それなら、もっと多くの人が不動産に投資していてもいいんじゃないですか? どうしてみんなそうしないんですか?」

これに対して私はこう答える。「それは、不動産に投資する方が、投資家としてより多くの力量が必要とされるからだ。不動産に投資してそれを成功させるには、より多くのファイナンシャル・スキル(お金に関する技能)が必要なばかりでなく、より多くの資本と、より多くの管理能力が必要だ。投資信託などの紙の資産に対する投資を始めるのはそれに比べるとずっと楽だ。必要なお金も少なくてすむし、管理能力はほとんど必要ない。だからこそ、こんなにたくさんの人がそうしているのだ」

●平均的なリターン

次に私は、図①の不動産投資に対するリターンは全国的な平均を基にしたものであることを指摘する。ご存知のように「平均」というのは誤解を生じるおそれがある。実際、あの時期、地域によってはリターンがもっと大きかったり、小さかったりした。私はこう説明する。「S&P500が国際的な市場である一方、不動産は地域的な市場だ。これは、もしあなたが腕の立つ不動産投資家なら、さらに大きなリターンを得られる場合が多いことを意味する。つまり、S&P500に投資した一万ドルからあなたが受け取るリターンは、ほかの人が受け取るリターンと同じだが、不動産に投資した一万ドルは同じ期間内に、平均の十五万八千六百七十三ドルよりずっと多くなることも、ずっと少なくなることもあり得るということだ。あなたが不動産投資家として、また不動産の管理者としてまったくお粗末だったら、投資した一万ドルすべてを失うことも、あるいはそれ以上を失うことさえある。不動産の購入と管理がうまくできない人は、S&P500に投資していた方が儲かるかもしれない。不動産での成功は、投資家としてのあなたの腕にかかっている。一方、S&P500に投資して成功するかどうかは、そのリストに名を連ねる会社にかかっている」

「一万ドルを元手に、十五万八千六百七十三ドルより多くの収入を得ることは可能ですか?」という質問に対する答えはこうだ。「可能だ。だが、そのようなリターンを達成するためには、多くの場合ビジネスの力を利用する必要がある」異なる三つの資産のうち、ビジネスが一番パワフルな資産だが、それをゼロから立ち上げ、経営するには、ほかのどの資産の場合よりも多くの技能が必要だ。ビジネスを立ち上げるのも、不動産に投資するのも得意だという人なら、「超」がつくほどの高いリターン、S&P500と不動産を比較した図①のグラフからはみ出すほどのリターンを達成することも可能だ。

●超高率のリターンを達成する方法

本書の内容の一部は、「金持ち父さんシリーズ」のほかの本で取り上げたテーマと重なるが、今回は特に、超高率のリターンを達成する方法について、これまでよりもっと詳しくお話しするつもりだ。そして、金持ち父さんが私に教えてくれた、「お金を加速させる方法」を紹介したいと思っている。

この本を読めば、分散して長期に投資しろというのが最良のアドバイスではない場合がよくあるのはなぜか、そのアドバイスに従ったために損をする人がこれほど多いのはなぜか、その理由がわかると思う。

成功している投資家たちのとっておきの秘訣の一つは、「分散」ではなく「統合」だ。成功している投資家は一種類の資産に投資するのではなく、二つ、あるいは三つの異なる種類の資産を合わせて一つにすることにより、それらの資産を通して流れ込むキャッシュフローを加速させ、レバレッジを効かせ、保護する。例えば、ビル・ゲイツが世界一の金持ちになったのは、ビジネスと紙の資産の力を統合したからだ。ビル・

ゲイツは多くの起業家の夢を実現させた。つまり、ビジネスを立ち上げ、そのビジネスを株式市場を通じて公開するという夢だ。ほかの言葉で言い換えるなら、彼は自分のビジネスの一部を、一般に「株式」という名で知られる紙の資産に変えた。もしビル・ゲイツが自分の会社の株式を公開していなかったら、おそらくそれでも金持ちにはなっていただろうが、あの若さで世界一の金持ちになってはいなかったかもしれない。簡単に言うと、ビル・ゲイツの富を「加速させた」のは、二つの資産の統合だった。彼はマイクロソフトの従業員として給料をもらい、投資信託に分散投資することで世界一の金持ちになったわけではない。

ドナルド・トランプは不動産に投資するビジネスを所有することによって、自分のお金に対するリターンを増やしている。世界で最も偉大なる投資家ウォーレン・バフェットは、ほかのビジネスに投資するビジネスを所有することによって、超高率のリターンを実現させている。

●ビッグビジネスとスモールビジネス

でも、だからと言って、ビジネスはビッグビジネスでなければならないとか、不動産ビジネスでなければならないというわけではない。大事なのは、投資家がスモールビジネスを所有し、それと同時に不動産に投資するのは可能だということだ。これは二つの職業を持つのに似ている。一つはその人のための職業、もう一つはその人のお金のための職業だ。これこそ、私がみなさんにお勧めする方法だ。例えば、私の場合、最もよく人に知られている職業は「物書き」だ。これは私自身の職業で、私のお金の職業は不動産だ。ここでも重要なのは、一種類の資産の中で分散投資するのではなく、二つ、あるいは三つの異なる資産に投資し、それらを統合することだ。

ビッグビジネスにはお金の面でいろいろ有利な点があるが、たとえスモールビジネスのオーナーでもそれらの利点を利用することは可能だ。ビッグビジネスと株式がビル・ゲイツを億万長者にしたのとまったく同じように、スモールビジネスと不動産と紙の資産が、十年以内にあなたを億万長者にしてくれるかもしれない。その可能性は充分ある。問題はただ一つ。「あなたは少なくとも二つの異なる種類の資産に投資する腕を磨くことができるだろうか？」ということだ。もしそれができれば、お金の魔法が使えるようになる。

●相乗効果（シナジー）と分散

この本であなたがこれから学ぶのは、超高率のリターンを実現するための金持ち父さんのやり方だ。金持ち父さんは息子のマイクと私に、強力なアドバイザーを持つこと、そして、次のようなファイナンシャル・パワーの力を統合し、加速することを教えた。

1. **ビジネス**
2. **不動産**
3. **紙の資産**
4. **銀行のお金**
5. **税法**
6. **会社組織**

統合というのは、複数のものが一つになって一緒に機能することを意味する。一方、分散とは分かれて別々に機能することを意味する。

今挙げた六つの力をすべて統合し、加速することができれば、ほんのわずかなお金から始めて超高率のリターンを達成することも可能だ。これらの六つの力を統合するという偉業を成し遂げれば、お金の魔法、つまりファイナンシャル・シナジー（お金に関する相乗効果）が生まれる。

●シナジーとは何か？

「相乗効果《シナジー》」という言葉はよく、「部分を合わせたものが全体の合計より大きくなること」と定義される。簡単な例をあげるなら、1＋1が4となる場合で、合計した結果、この場合は4が部分の合計、つまり2より大きくなっている。

別の例を見てみよう。例えばカボチャの種と土があったとしよう。いくら種の上に土を盛っても、土だけでは種を発芽させることはできない。だが、それに太陽の光と水を適度に組み合わせて与えると、種は突然成長を始める。種に秘められた魔法をよみがえらせたのは土と太陽と水の相乗効果だ。正しい材料を組み合わせて与えれば、あなたのお金も魔法をかけられたかのようにぐんぐん成長する。分散投資という名の土の下に埋めただけでは、きのこくらいは生えてくるかもしれないが、魔法がかかったお金、マジック・マネーには決して成長しない。

この本は、異なるファイナンシャル・パワーを利用してファイナンシャル・シナジーを生み出し、自分のお金を有効活用する方法についての本だ。この相乗効果を私は「マジック・マネー」と呼んでいる。

つまり、はっきり言って、この本は平均的な投資家のための本ではない。三十九パーセントのリターンをどのようにして達成したかを私が説明した時、あのジャーナリストが何と言ったかもう一度思い出して欲しい。「でも、平均的な投資家にはあなたがやっているようなことはできません」

それに対する私の答えはどうだっただろう？「できると言った覚えはありません」

この本は、自分のお金を他人に預け、お金が必要になった時にそれがまだそこにあるように祈るだけではいやだという人のための本だ。

●一万ドルを投資信託に投資して一千万ドル儲けることができるか？

では、この本を読んだら、あなたは一万ドルを使って同じような成果を達成できるのだろうか？この質問に対する答えも「あなた次第」だ。

私たちがもっとよく考えなければいけないのは「投資信託だけに投資して、十年間で一万ドルを一千万ドルに変えられるか?」という質問に対する答えだ。投資信託の代わりに「不動産だけに」と言い換えてもいい。たいていの場合、この質問に対する答えは「ノー」だ。超高率のリターンを一種類の資産から得ることはとてもむずかしい。だが、たいていの人はそれをしようとしている。一方、種類の異なる資産に投資し、それぞれの資産の「加速装置」の力を統合すれば、投資の相乗効果が生まれ、超高率のリターンを達成することが可能になる。

●アメリカ人にとって最大の恐怖

ある講演会で私が話をしていると、一人の若い女性が手を挙げてこう聞いた。「超がつくほど高率のリターンがなぜそんなに大事なんですか? ゆっくり金持ちになってもいいじゃないですか? そもそも、お金にどんな重要な意味があると言うんですか? 幸せでいることの方がもっと大事じゃないんですか?」お金について、あるいは金持ちになることについて私が話をすると、いつも聴衆の中に一人は、「お金は重要じゃない」と主張する人がいる。私に言わせればこれは何にでも文句を言う「すね者」の考え方だ。

この時、それまでに同じことを何度も聞かれて準備のできていた私はにこりとして、USAトゥディ紙の記事の切抜きを取り出した。そこには、同社による調査の結果、アメリカ人にとって最大の恐怖はお金がなくなることだとわかったと書かれていた。アメリカ人にとっての最大の恐怖は癌でも、犯罪でも、核戦争でもなかった。新たに登場した恐怖ナンバーワンは、年をとってからお金がなくなることだった。この新しい恐怖は、お金がない状態で長生きをすることに対する恐怖だ。今はたいていの人が、自分たちが年をとった時、社会保障と高齢者医療保険が存続すらしていないかもしれないと気付いている。

質問をした若い女性にその記事を声に出して読んでもらい、聴衆に聞かせている間に、私はフリップ・チャートの白い紙の上にマジックインキで「お金のゲーム」と大きく書き、それに続けて次のように書いた。

お金のゲーム

年齢	試合時間
二十五歳から三十五歳	第一クォーター
三十五歳から四十五歳	第二クォーター
ハーフタイム	
四十五歳から五十五歳	第三クォーター
五十五歳から六十五歳	第四クォーター
オーバータイム	
時間切れ	

若い女性が記事を読み終えるのを待って私はこう言った。「二〇一〇年までに、七千八百万人のアメリカ人が六十五歳以上になるのを知っていますか？ そのうち三人に一人は年金プランを持っていません」

「それは聞いたことがあります」女性はそう答えた。「でも、その表に『お金のゲーム』と名前がついているのはなぜですか？」

私は一息ついてから、年齢が書かれているところを指差しながらこう言った。「スポーツのゲームはたいていい四つのクォーターに分かれています。例えばプロフットボールのゲームには十五分のクォーターが四つあります。私たちの多くは、二十五歳前後で学業を終え、六十五歳頃に引退することを考えます。つまり私たちがプレーしているお金のゲームは一試合が四十年、それぞれのクォーターの長さは十年ということです。この四十年の間のどこかで、引退するのに充分なお金を稼ぎ、とっておければいいと私たちは願っています。私は第二クォーターが終わってまもなく、四十七歳の時にゲームから身を引くことができました。妻のキムは三十七歳、第一クォーターが終わってまもなく、勝利を手にすることができました。このゲームについて私が今言っていることがわかりますか？」

若い女性はまだUSAトゥディの記事を握り締めたまま、うなずいた。「そして、充分なお金がなくて、六十五歳になってもまだ働き続けている場合、それをあなたはオーバータイムと呼んでいるんですね」

「その通りです。実際のところ、そうなるのはいいことかも知れないんです。働くことでたぶんその人は健康でいられるでしょうからね。問題は、そうしなければいけないから働いているか、それとも、そうしたいから働いているかという違いです」

「で、『時間切れ』というのは、まだ生きてはいるけれど、もう物理的に働けない状態を指しているんですね」

「その通りです」私はうなずきながらそう答え、次にこう聞いた。「年齢は言わなくていいですから、お金のゲームのどの区切りにあなたがいるか教えてくれますか？　そして、まだあなたがゲームに参加しているか、それともすでに勝利を収めているか、それだけ教えてください」

「年齢をお教えするのはかまいませんよ。三十二歳です。つまり、あなたがお金のゲームと呼んでいるゲームの第一クォーターにいます」少し間を置いてから女性はこう続けた。「それから、最後の質問に対する答えはノーです。試合に勝つどころではありません。返さなければいけない教育ローンがたくさんありますし、家や車のローン、税金、そして毎日の生活費……そういったもので稼ぎの大部分がなくなってしまいます」

私はあえてしばらく何も言わなかった。静まり返った会場に女性の言葉が響きわたった。私はそれを待ってからこう言った。「正直に答えてくださってありがとうございました。もしあなたが人生の第四クォーターを始めようとしていて……そうですね、たとえば五十五歳だとして、株式で大きな損をしたばかりだったら、あなたには長期の投資をするだけの余裕があるでしょうか？　もう一度市場が暴落しても大丈夫なだけのお金があるでしょうか？　あなたのお金が年利十パーセントも産まない状態で、あなたは働き続け、引退の時を待ち続けることができるでしょうか？」

「いいえ」と女性は答えた。

「さあ、これで、充分なお金を持っていることの大切さ、ファイナンシャル・インテリジェンスを高めることが大切な理由、より短期間により少ないリスクでより高いリターンを得ることが大切な理由が、あなたにもわかりましたね？」

女性は私の言葉にうなずいた。

要点をもっとはっきりさせたかった私はこう続けた。「では、もう、将来の経済状態を株式市場の上がり下がりに賭けることがどんなに理にかなっていないか、わかりますね？　次に値上がりする株や値下がりする株を予想する見ず知らずの人たちに、自分のお金を預けてしまうのがなぜ賢明なやり方ではないか、その理由がわかりますね？　一生懸命働き、年を重ねる毎に高くなる税金を払い続け、一生せっせと働いたあげく何も手元に残っていないと気づくことが理にかなっているとあなたは思いますか？」

「いいえ」と女性は言った。

この女性には、自分のお金を自分でコントロールし、より高いリターンを生むようにすることが大切な理由がわかったようだった。そこで私は静かにこう付け加えた。「それから、アメリカ人にとって最大の恐怖が、年をとってからお金がなくなることだという理由もわかりますね？」

「ええ」女性の声は少し震えていた。「両親は、数年後には私と同居しなければならなくなるのではないかとてもも心配しています。私もそれは心配です。両親のことはとても愛していますが、子供は私だけというわけではありませんし、私には夫と三人の子供がいます。夫と私の給料で、家族の毎日の生活と、年老いていく両親と子供の教育、さらに自分たちの引退後の生活の面倒まで見るなんて、どうしたって無理です」

●犠牲者になるな

会場がまた静まり返った。私にはほかにも同じような経済的苦境に直面している人がたくさんいるのがわかった。

「大事なのは一千万ドルを儲けられるかどうかではありません」私は静かに続けた。「自分自身の将来の経済状態を自分でコントロールする力を持つことが大事なんです。誰かほかの人にお金を渡して、自分の代わりにゲームに参加してプレーしてもらうのではなく、自分でゲームに参加する方法を学ぶことが大事なんです。私は短期間で金持ちになることについて話しているわけではありません——それはやろうと思えば可能ですけれどね。ここで大事なのは、金持ちがどんどん金持ちになる理由は何か、お金のゲームの犠牲者にならないためには何をする必要があるか、それを学ぶことです。私はあなたにこのゲームの犠牲者、このゲームを操っている人たちの犠牲者になって欲しくないんです。ゲームをよく理解すれば、自分でもっとコントロールすることができて、自分のお金と将来の経済状態に対して、より大きな責任をとることができるようになります」

●まだ間に合う

「私はゲームに勝てるでしょうか?」女性がそう聞いた。

「もちろんですよ。まずは心構えを変えることです。心構えを変えたら、十年計画を紙に書いてください。もう一度言いますよ。短期間で金持ちになることが大事なのではありません。ゲームを学び、ゲームに自分で参加することが大事なんです。やり方を一度覚えてしまえばゲームはどんどん楽しくなります。そして、何年かやっているうちに、たいていの人はこう言うようになります。『なぜもっと早く始めなかったんだろう？　こんなに楽しいゲームなのに』ってね」

「で、もし私が変わらなければ、勝つ可能性はあまりない。そういうことですね？」

「そうですね……私は未来を映す水晶玉を持っているわけじゃありませんが、三人のお子さんと老いていくご両親、それにあなた自身とご主人が経済的に必要とするものを考えた場合、今勝っているのはゲームの方であなたではないとは言えますね。だからできるだけ早く始めてください。お金と気力がすべてなくなってしまうまで待たないでください。私がお願いしたいのはそれだけです。不適切なファイナンシャル・アドバイスに耳を傾け、長期の投資をして、結局最後には、汗水たらして稼いだお金を注ぎ込んだ投資が思ったほどいい業績をあげなかったということがわかっただけだった……そんなふうにならないようにして欲しいんです。お金の問題が解決されることを願いながらせっせと仕事をする、また、もっと悪い場合は、引退など決してできないだろうと知りながらどんどん仕事の量を増やすだけ……そんなふうにもなって欲しくありません。ある日目を覚まして、自分のお金がなくなっていることに気付き、『私のお金を取ったのは誰だ？』と聞く人はたくさんいます。どうかそういう人たちの仲間にはならないでください」

女性はうなずき、席についた。彼女には考えなければならないことがたくさんあった。私にはそれがよくわかった。この女性は自分のお金を自分でコントロールする力を手に入れるか、あるいは、自分よりお金の面で賢いと希望的に信じる誰かにお金を渡してしまうか、そのどちらを選ぶか決めなければならなかった。そして、それを決められるのは彼女自身だけだった。

本書のテーマは今お話ししたことに大きく関係している。本書は「お金のゲーム」についての本であり、お金を他人に渡して自分の代わりにゲームをしてもらうか、自らゲームに参加し、自分のお金と未来を自分でコントロールするか、そのどちらを選択するかについての本だ。

金持ち父さんが言っていたように、「自分のお金をコントロールする力を手に入れれば、人生をコントロールする力が手に入る」。金持ち父さんはこうも言っていた。「自分のお金を他人に渡せば、そのお金はその人のために働く――きみのために働く前にね」

シャロンから一言

ロバートから、会計士とビジネスパーソンとしての意見を各章の最後に付け加えて欲しいと言われたので、本書ではそのようにすることにした。私からの「一言」は、ロバートの話の中でも特に大事な点を指摘したり、読者の役に立ちそうな情報を付け加えることを目的としている。

私は、「いい仕事に就けるように、学校へ行っていい成績をとりなさい」という昔ながらの考え方の中で育った。夫のマイケルと私は共に仕事の上での成功に恵まれたが、今は、二十年前に実社会に乗り出した私たちに与えられていたような成功のチャンスは、そう簡単には手に入らなくなっているように思う。一方、情報へのアクセスはとても簡単になっていて、自分と家族の将来の経済状態を自分でコントロールすることは、これまでになく簡単に、そして重要になっている。本書では、今、このような状況の中で、あなたにできると思われる投資戦略をいくつか紹介する。

●本書の構成

本書の第一部では、さまざまなアドバイザーからの意見を基に、異なるものの見方の相乗効果についてお話しする。アドバイザーの相乗効果が大事な理由は、頭脳があなたにとって最大の資産だからだ。いいアドバイザーも悪いアドバイザーも含めて、たくさんの異なるアドバイザーからインプットを受け、それらのアドバイスから相乗効果が生まれるようにすれば、最大の資産であるあなたの頭脳のパワーが増大する。たいていの人は、学校を卒業する時点で、頭脳のパワーアップは自分一人でやらなければいけない作業だと思い込んでいる。本書を読めば、専門家を集めてサポートチームを作ることの大切さがわかるはずだ。

お金を失う人、あるいは超高率のリターンを達成できない人がこれほど多い理由の一つは、彼らが銀行や証券会社など、金融にかかわる会社や団体、あるいはそこに勤めるセールスマンからファイナンシャル・アドバイスを受けているからだ。

あなたが持っているすべての資産の中で、最大の資産はあなたの頭脳だ。だからこそ、最高のアドバイスを受ける必要がある。

第二部は、六つの「ファイナンシャル・パワー」の相乗効果についての話だ。三つの異なる種類の資産、つまりビジネス、不動産、紙の資産と、銀行のお金、税法、会社組織が持つ力を合わせ、より少ないお金とリスクで超高率のリターンを達成する方法を紹介する。

あとでも取り上げるが、ここでは手始めとして、次の図「金持ちがどんどん金持ちになる理由」を簡単に説明しておく。これはキャッシュフロー・クワドラントの左側に属する人（従業員と自営業者あるいはスモールビジネスオーナー）がよくやる投資と、右側の人（ビッグビジネスオーナーと投資家）がやる投資の主な違いを示した図だ。この二つのグループの人たちの投資習慣で大きく異なるのは、クワドラントの左側の人はだいたいお金を駐車させる（貯金する）が、一方、右側のプロの投資家たちは自分のお金を常に加速し、成長させ続ける点だ。ぜひ、この表を頭に入れて本書を読み進めていってもらいたい。

（キャッシュフロー・クワドラントの詳細は本シリーズ二作目の『金持ち父さんのキャッシュフロー・クワドラント』を参照のこと）

ロバートと私は本書の原稿を仕上げる段階になってこの図を作ったが、実際のところ、この図を作ることによって、自分たちの投資方法をよりよく理解できるようになったように思う。これはまさに金持ち父さんがロバートに教えた方式であり、ロバートが今も使い続けている方式でもある。

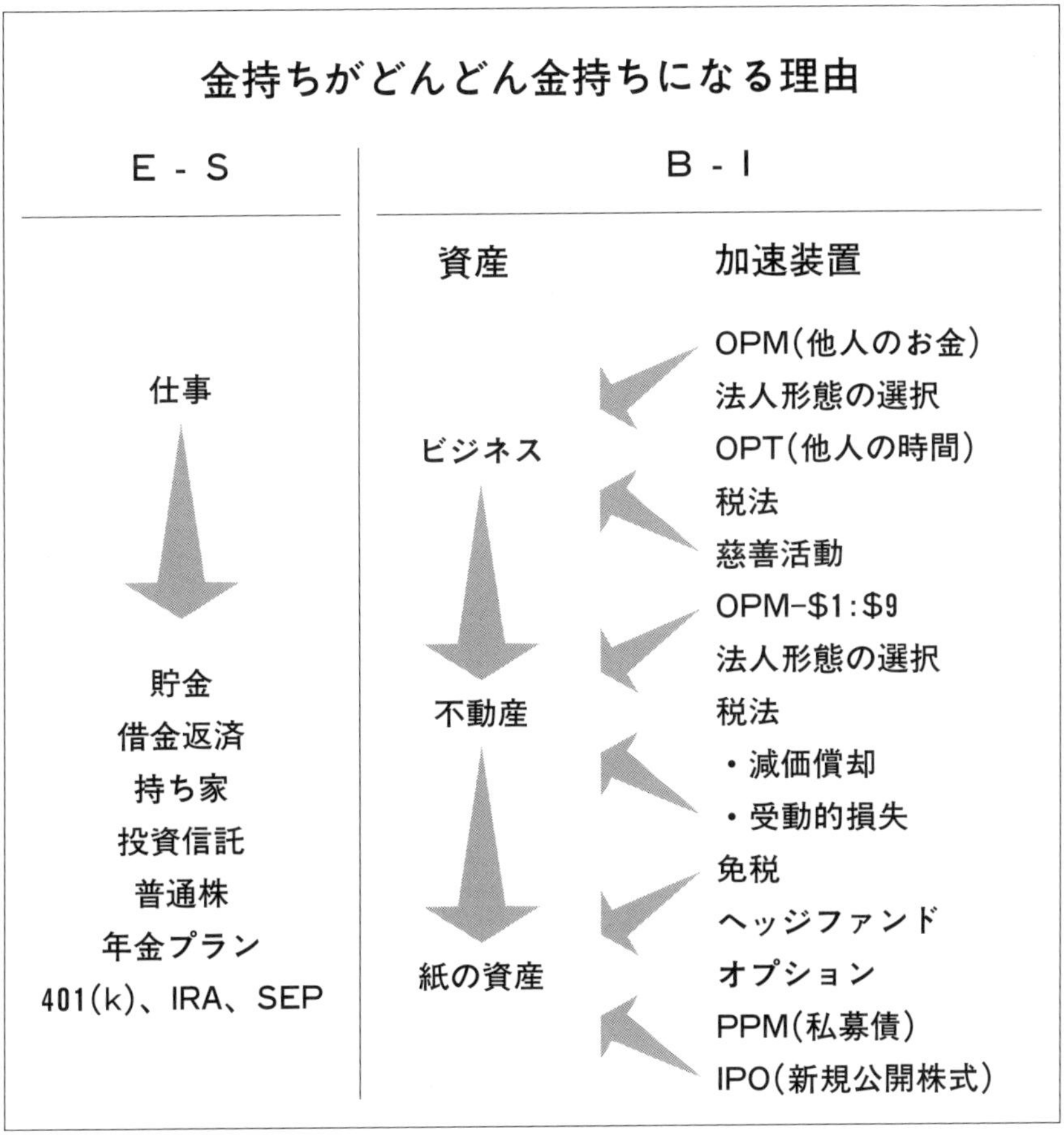
金持ちがどんどん金持ちになる理由
E - S
B - I
資産
加速装置
仕事
貯金
借金返済
持ち家
投資信託
普通株
年金プラン
401(k)、IRA、SEP
ビジネス
不動産
紙の資産
OPM(他人のお金)
法人形態の選択
OPT(他人の時間)
税法
慈善活動
OPM−$1：$9
法人形態の選択
税法
・減価償却
・受動的損失
免税
ヘッジファンド
オプション
PPM(私募債)
IPO(新規公開株式)

本書では、金持ち父さんやロバートのようなプロの投資家が使う投資方法や投資対象を分析し、わかりやすく説明したいと思う。この本を読み、種類の異なる資産とそれにかかわる「加速装置」についてよりよく理解することによって、将来あなたとあなたの家族に経済的自由をもたらす新しい投資のチャンスが見つけられるよう心から祈っている。

第一部

何に投資したらいいですか?

「投資に関する教育の程度が高ければ高いほど、よりよい投資アドバイスが受けられる」

——金持ち父さん

第一章……セールスマンに聞く

「よりよい投資家になりたいと思ったら、まず学ぶべきことはセールストークと本当の投資アドバイスとの違いを見分けることだ」
——金持ち父さん

「私は一万ドル持っています。何に投資したらいいですか？」

「はじめに」でお話ししたように、この単純な質問に対してどのように答えたらいいか、何年もの間、私には本当にわからなかった。はじめの頃の私の答えはぎこちなく、言葉数ばかり多くて要領を得なかった。これほど単純な質問にうまく答えられなかった理由は簡単だ。適切に答えようとしたら、それほど単純な話ではないからだ。

人間は一人一人違う。生きてきた人生も違えば、持っている夢も違う。感情的にも異なった反応をするようにできているし、お金の面での経験や知識も、リスクの許容度も異なる。つまり、一万ドルを使って「私」ならこうするだろうと思っても、「あなた」がそうした方がいいとは限らない。それどころか、同じ人間でも、十年前に私が一万ドルを使ってやったことと、今の私がやるだろうこととは違う。アインシュタインが言ったように「すべては相対的」なのだ。

同じ質問を何度もされ、考える時間を充分に与えられた私は、最近になってやっと、適当と思われる答えを見つけた。今、この質問をされたら私はこう答える。「自分のお金を使って何をしたらいいかわからなかったら、銀行に預けて、投資に回せるお金を持っていることを誰にも言わないようにしなさい」私がそう答える理由は、あなたが自分のお金を使って何をしたらいいかわからないのなら、そのやり方を知っているから教えようという人が文字通り何百万人といるからだ。だれでも他人のお金に関しては、どうしたらいいか、意見やアドバイスを持っている。

●アドバイスに気をつけなければいけない理由

問題は、すべてのアドバイスがいいアドバイスというわけではないことだ。二〇〇〇年の三月から二〇〇三年の三月の間に、史上最大級の株式市場暴落のために何百万もの人が総額にして七兆ドルから九兆ドルものお金を失ったが、多くの人は、いわゆる「お金の専門家」からのアドバイスに耳を傾けたために損をした。皮肉なのは、そういったお金の専門家のほとんどが、今もまだ人々にアドバイスを与えていて、多くの人が依然としてそれに耳を傾けていることだ。

世界史上最大級のこの株式市場暴落の間、お金の専門家たちは市場にお金を留めるよう人々にアドバイスした。つまり、売れとは言わず、買い続けるように言った。そして、多くの人は結局株価が底をつくまで買い続けた。

昔からよく言われる話に、「タクシーの運転手が株の耳寄り情報をばらまくようになったら売り時だ」というのがある。もしかすると、この話はファイナンシャル・アドバイザーにもあてはめるべきなのかもしれない。

●狂気の中の二つの声

一九九五年から二〇〇〇年初頭にかけての株式高騰の狂気の中で、正気を失わずにいた声が二つある。それは連邦準備制度理事会の議長アラン・グリーンスパンと、世界で最も偉大な投資家と言われるウォーレン・バフェットの声だ。グリーンスパンは「常軌を逸した豊かさ」に警告を発し、バフェットは何も特別なことはせず、ただ株式市場に手を出さないでいた。

この高騰と急落の時期、ウォーレン・バフェットの名前は「賢い投資」の例としてよく引き合いに出された。ファイナンシャル・アドバイザーたちは、株式市場に参入すべき理由を説明する際に、権威者としてバフェットを引き合いに出し、「ウォーレン・バフェットがこうしている、ああしている」「ウォーレン・バフェットがこう言っている、ああ言っている」と言い立てた。実際、バフェットの名前が引き合いに出されると、人々は市場にもっとお金を注ぎ込みたくなるようだったが、ここで、アドバイザーたちが、自分たちを信じきっている顧客の投資家に言わないでいたことが一つある。それは、その時点でウォーレン・バフェットは株式市場に参加していなかったことだ。

二〇〇二年十一月十一日付のフォーチュン誌に発表された、「すべてのお告げ」と題されたインタビュー記事の中でバフェットはこう言っている。「私は六十年前にはじめて株式を買った。この六十年のうち五十年は普通株式を買うのが楽で魅力的な時期だったが、だいたい十年間ほどは、これぞという株はまったく見つけられなかった」彼が株式を買うのをやめた理由の一つはごく単純で、一九九二年から二〇〇二年にかけての十年間は株価が高すぎたからだ。世界で最も偉大な投資家が投資対象を見つけられなかったその時期に、何百万という新米投資家とそのアドバイザーたちにそれができたというのは、とても興味深い話だと私は思う。

フォーチュン誌の記事はさらに続き、お金の専門家として名の知れた人や投資関連の出版物の多くが、バフェットが市場に「参入していない」ことを非難し始めたのはつい最近、正確に言うなら二〇〇〇年初頭の株式の好況期だったと指摘している。そういった専門家の一人、テクノロジー・インベスター・マガジンの発行人ハリー・ニュートンはこう書いていた。「ウォーレン・バフェットは謝罪すべきだ。シリコン、ワイヤレス、DSL、ケーブル、バイオテクノロジーといった分野の革命的発達を見逃すなどもってのほかだ」

その一カ月後、テクノロジー関連市場は投資家の何十億ドルというお金を巻き添えにして暴落した。今、謝罪してしかるべきなのは一体誰だろう?

●私の成果

私はいわゆるお金の専門家と呼ばれる人たちと同類に扱われることが多いが、だからこそ、みなさんにはぜひ私の成果に注目していただきたい。

二〇〇二年、私はメリーランド州ボルティモアの株式ブローカーから電話をもらった。彼はこう言った。「『金持ち父さんの投資ガイド』を読み終えたところなんですが、二〇〇〇年の暴落の予想が当たってよかったですね。市場が下がる前に顧客にあの本を読むように言えばよかったと思っていますよ」私はあの暴落を自分が予想したとは思っていない。ただ警告を発しただけだが、この本を読んでみたいという人はぜひ読んでみて、私の見通しがどれくらい正確だったか自分で判断していただきたい。

私の成果を裏付ける最良の証は、私自身の成果の中ではなく、読者の成果を集めた本『金持ち父さんのサクセス・ストーリーズ』の中にある。この本には、金銭的成功を収めたごく普通の人たちの話が集められている。その多くは、何百万という人が何兆ドルというお金を損したのと同じ時期、二〇〇〇年から二〇〇三年の間に成功を収めた人たちだ。確かにこの市場暴落の時期には私もかなり儲けたが、私自身の成功談をここでお話ししてもそれはあまり意味がない。私にとって一番大事な成功の大きさは、読者の成功によって測られる。私の成果がどんなものかチェックしたいという人は、ぜひ『金持ち父さんのサクセス・ストーリーズ』を読んで欲しい。

●悪いアドバイスの値段

お金の面で成功するにはいいアドバイスが不可欠だ。これまでに、「一万ドルをどうしたらいいですか?」

という質問にただ「銀行に入れておきなさい」と答えるのではなく、もっときちんと答えるだけの時間があったらいいのに……と思うことが何度もあった。

これまでずっとまともに答えられなかったこの質問に対して、本書で答えようと私が決心した理由はただ一つ、この質問がとても大切な質問だからだ。

二〇〇三年六月、私はタクシーに乗って飛行場へ向かっていた。ラジオからは投資に関するアドバイスを与えるお金の専門家の声が聞こえていた。

「今こそ株式市場に戻るべき時です」

「どうしてそうおっしゃるんですか?」ラジオの司会者が聞いた。

「すべての信号が青だからです。市場は完全に上向きです」そう答えたあと、このファイナンシャル・アドバイザーは専門用語を並べ立て、暴落の前も暴落の間も、そして暴落が終わったその時も多くの人が耳にタコができるほど聞かされていた、株式市場に関する月並みな話を延々と続けた。

私はタクシーの窓の外の景色を見つめながら、頭の中でアドバイザーの声のスイッチを切った。しばらくしてやっと、司会者が自分の番組をゲストから取り戻し、こう言った。

「ではここで、視聴者のみなさんからのご質問を電話でお聞きしましょう」

最初につながった電話の相手は次のように言った。

「私は七十八歳、妻は七十五歳です。二〇〇〇年の一月には、安全でなかなかいい引退用ポートフォリオを持っていると思っていました。投資信託で百万ドルほど持っていたんです」

「それはすごいですね」と司会者が応じた。

「ええ、でもそれは二〇〇〇年一月の話です」

「今はいくらお持ちなんですか?」金融の専門家が聞いた。

「ええ、それが問題なんですよ。二〇〇〇年三月、市場が急落し始めた時、私はファイナンシャル・プランナーに電話してアドバイスを求めました」

「で、何と言われたんですか？」司会者が聞いた。

「この番組のゲストが言っているのと同じようなことです。市場はすぐに反転して上がる、今の動きは少し儲けを手にしたいという人たちによって引き起こされたちょっとした反落にすぎないからと……。市場の暴落だとはまったく言われませんでした。実際、あのファイナンシャル・プランナーから、市場は下がることもあるとか、投資信託は安全ではないといった話を聞いたことは一度もありません。ただ長期に投資をしろ、買って、持ち続け、分散投資しろとアドバイスされました」

「で、あなたはどうしたんですか？」司会者がそう聞いた。

「何もせず様子を見ました。ファイナンシャル・プランナーに言われた通りにしたんです。そのまま、市場が下がり続けるのを見守りました。市場がさらに下がると、彼は私たちに電話してきて、売るように言うどころか、値段が安い間にもっと買うようにと勧めたんです」

「で、もっと買ったんですか？」

「ええ、もちろんです。でも、株式市場は下がり続け、私たちはファイナンシャル・プランナーに電話し続けました。二〇〇二年八月には彼は電話に出なくなりました。あとで知ったのですが、その時すでに会社を辞めていて、私たちの担当は別の人になっていたんです。それはともかく、その頃になると私たちは投資会社からの手紙の封を切るのがいやになりました。一生せっせと働いて貯めたお金が市場の暴落とともに消えていくのを見るに耐えられなくなったんです。私たちはもう働いていません。今、自分たちに何ができるのだろうかと考えているところなんです」

「で、あといくらぐらい残っているんですか？」司会者が聞いた。

「そうですね……あのファイナンシャル・プランナーが電話をとらなくなってから、私たちは行動に移り、投資信託を売りました。現金でとっておいた方がいいと思ったんです。投資信託を現金に換え、手元に残ったのは三十五万ドルほどでした。私たちはそれを銀行のCD（譲渡性預金）にしました」

「よかったですね」司会者がそういった。「少なくとも多少の現金があるわけですから。三十五万ドルはばかにできない額ですよね」

「まあそうですが、問題はCDの年利がわずか一パーセントだということです。三十五万ドルの一パーセントというと、一年にわずか三千五百ドルです。社会保障や高齢者医療保険《メディケア》があるにしても、これだけで暮らすのは大変です。預金を崩して食いつないでいかなければならなくなるのではと心配です。そうなったら私たちの経済状態はもっと悪くなります。どうしたらいいかアドバイスをお願いします」

「住んでいらっしゃるのは持ち家ですか？」ファイナンシャル・アドバイザーがそう聞いた。

「ええ。でも、それを売れとは言わないでください。私たちに残っているのはこの家だけなんですから。それに、今のこの家の値段はおよそ十二万ドルで、八万ドルのローンが残っています。こんなにたくさんローンが残っているのは、金利が下がったときに借り換えをして、家の純資産価値をめいっぱい使って新たにお金を借りたからです」

「で、そのお金はどうしたんですか？」と司会者が聞いた。

「どこかに消えてしまいました。生活費に使ってしまったんです。だからこそアドバイスしてもらおうと電話をしたんです」

「さて、このご夫婦にどんなアドバイスをしますか？」司会者がファイナンシャル・アドバイザーに聞いた。

「そうですね……まず、あなたは株を売るべきじゃありませんでしたね。先ほど私が言った通り、市場は戻りつつあります」

「でも、何年も下がり続けていたんですよ」電話をかけてきた人がそう言った。「あんなにたくさんのお金を損するのは、私たちの年齢の人間にとってはとても不安です」

「ええ、ええ、それはわかります」専門家はそう答えた。「でも、私の話をちょっと聞いてください。あなたは常に長期の投資をすべきなんです。買って、持ち続けるんです。分散投資を続けるんです。市場は下がることもありますが、今を見ればわかるように、しばらくすれば戻ってきます」

「じゃあ、このご夫婦は今どうしたらいいんですか?」司会者がそう聞いた。

「また戻るべきです。先ほども言ったように市場はまた上がり始めています。過去四十年を平均すると、株式市場は毎年九パーセントずつ上がってきたことをいつも思い出してください」

「今は株式市場に戻る時期だと信じていらっしゃるんですね?」司会者が聞いた。

「そうです。次に反騰が来る前に戻って、チャンスを逃さないようにするんです」

「いいアドバイスですね」司会者は電話をかけてきた七十八歳の男性に向かってそう言った。「お電話ありがとうございました。次の方どうぞ」

私の乗ったタクシーは飛行場に近づいていた。私はひどく頭にきていた。「昔から変わり映えのしないあんなアドバイスを与え続けるなんて、なぜそんなことができるんだ! しかもそれでお金をもらっているなんてもってのほかだ! そんなことをして良心はとがめないのだろうか?」出発便のゲートに向かって歩きながら私は心の中でそうつぶやいた。搭乗口の前に並んで待っていると、捨てられていた新聞の大きな見出しが目に留まった。そこには「投資家、不動産にお金を注ぎ込む」と書かれていた。私は静かに頭を横に振り、心の中でまたつぶやいた。「一つの好況と不況から次の好況と不況へ移ったというわけか……」

●昔から変わらないアドバイス

滑走路へ向かって動き出した飛行機の中で、私は自分が投資についてほんの少ししか知らなくて、はじめて投資をした時のことを思い出した。あれは一九六五年、十八歳の時のことだった。その時、私ははじめて投資信託を買った。投資信託が何であるか本当にはわかっていなかったが、ともかく買った。私が知っていたのは、投資信託はウォール街、つまりアメリカの金融市場に関係があるということだけで、そういうところに投資するのは当時の私にはなかなか格好よく思えた。

私はニューヨークの合衆国商船アカデミーに通っていた。この学校は国立で、輸送船やタンカー、客船、そのほかの商船の高級船員を養成している。軍隊式訓練を取り入れたこの学校では、学生たちは軍服を着て、ピカピカに磨き上げられた靴を履き、教室移動の際は列を作って行進しなければならなかった。ハワイでショートパンツとTシャツしか着たことのなかった私には、この新しいライフスタイルに適応するのがとてもむずかしかった。時は秋、美しく紅葉した木の葉が散り、私ははじめての冬を経験しようとしていた。

ある午後、私はカーリング氏が会いたいと言っているというメモを受け取った。カーリング氏が誰なのかわからなかったが、アカデミーの一年生はみんな、たとえそれが何なのかわからなくても、質問したりせずに言われたことはすぐにやることを学ぶ。

「若いうちに投資を始めるんだ」テーブルの向こう側に座ったカーリング氏がニコニコしながらそう言った。「そして、偉大なる投資家たちの成功の秘訣をいつも忘れないようにするんだ。その秘訣とは、買って、持ち続け、長期の投資をすることだ。きみのお金が成長するのを待つんだ。それから、賢く投資して投資先を分散させることをいつも忘れないようにするんだ」

このアドバイスに対して、私はただうなずいてこう答えた「イエス、サー」。相手が何を言っているのか本当にはわからなかったが、すでにアカデミーで四カ月を過ごしていた私は、人に何か言われたらほとんど反射的に、背筋をぴんと伸ばして「イエス、サー」と言うようにしっかり訓練されていた。

カーリング氏はアカデミーの卒業生で、船に乗るのはやめて、ファイナンシャル・プランニングの仕事を始めたという話だった。その彼には、アカデミーの最下級生たちがどんな地獄を体験中かわかっていた。自分もそれを通り抜けてきたのだから。本当は、私はただ「イエス、サー」と言うのではなく、もうアカデミーの学生でも商船員でもない彼がどうやってキャンパスに入り込んできたのか、どうやって私の名前を知ったのか聞くべきだった。私にわかっていたのは、彼が私を名指しで学校に連絡してきて、自習時間に面会の約束を取り付けたことだった。そして、私は、軍服ではなく背広にネクタイ姿ではあるが、新入生にとっては権威者に変わりないこの男性にただひたすら「イエス、サー」と答えていた。

「いくら投資したらいいんですか?」私はそう聞いた。

「月にたった十五ドルだ」カーリング氏はニコニコ顔でそう答えた。

「十五ドル? そんなお金、どこからひねり出したらいいんですか? ご存知のようにぼくはただの学生です」思い出して欲しいが、これは一九六五年のことで、当時十五ドルと言えば学生にとっては大金だった。

「自分に厳しくするのさ。アカデミーはきみに自己抑制を教えてくれる。その力を使って毎月ほんの少しお金を取っておく。そうすれば、すぐに結構な額の資金ができる。忘れるな。いつも長期の投資をするんだ」

カーリング氏の言うことすべてに「イエス・サー」と賛同の意を示してはいたものの、私は彼が「いつも」という言葉をひどく強調するのが気になった。理由はよくわからなかったが、その言葉と、それを言う時の彼の態度は私を少し不安にさせた。

無駄にしている時間はなかった。私は勉強に戻らなければいけなかった。だから、すべて相手の言う通りにした。カーリング氏は私に合った投資信託会社を選んでくれ、私はその後も買い続けるために毎月小切手を送る契約書にサインした。そして、書類の手続きがすべて終わると、大急ぎで勉強に戻り、この投資プランのことは頭の片隅に押しやり、ほとんど忘れてしまった。その年の十一月から毎月一回、私は小切手を送り始めた。

●クリスマス休暇

アカデミーでの最初の六カ月はとても大変だった。人生で一番つらい時期の一つだったと言ってもいい。私は生まれてはじめて両親の家から離れて暮らす生活に適応するのに苦労していた。それにニューヨークもはじめてだった。頭は丸坊主にされ、学業の負担も大きかった。それに加えて、新入生は感謝祭とクリスマス以外はアカデミーの敷地内から出ることを許されていなかった。ロングアイランド海峡を越えて冬の寒い風が吹きつけるようになると、私はクリスマス休暇までの日数を数え始めた。私の預金残高は、軍人用の割引航空券を買って家に戻るのに必要なぎりぎりの額だった。

とうとうクリスマスがやってきて、私は暖かいハワイに戻った。まず最初に私がやったのは、ハイスクール時代の友人と一緒に朝早くから夜遅くまでサーフィンを楽しむことだった。友人たちに坊主頭を笑われたが、それでもやっと取れた休暇は楽しかったし、子供に戻れたのもうれしかった。太陽の光に慣れていなかった私の皮膚はすぐに真っ赤になったが、以前のように日焼けした肌が少しずつ戻ってきた。

休暇が始まって二、三日たったある日、私はマイクと一緒に金持ち父さんのオフィスを訪ねた。それまで一緒にサーフィンをしていたマイクの話によると、金持ち父さんが私に会いたがっているということだった。お決まりのあいさつと近況報告のあと、私は何ということなしに、はじめての投資をしたことを話した。例の投資信託への投資のことだったが、話のついでにちょっと触れただけだった。私にとっては、投資信託への投資について話すのもただの世間話をするのと同じだった。だが、金持ち父さんにとっては、私がとったその行動は、ただの世間話ではすまされない大問題だった。

「何をしたって?」金持ち父さんはそう聞いた。

「投資信託に投資したんです」

「なぜ?」金持ち父さんはそう聞いた。どのファンドに投資したかは聞かなかった。ただ、私がなぜそうしたかを聞きたがった。

私はすぐには答えられなかった。もっともらしく聞こえる答えはないかと言葉を探し、頭を必死にひねり、口ごもった。

「その投資信託は誰から買ったんだい?」私に最初の質問に答える準備ができる前に、金持ち父さんが聞いた。「知っている人かい?」

「ええ、そうです」私はきっぱりと、多少むきになって答えた。「アカデミーの卒業生です。五十八年度の卒業生で、キャンパスを訪れて学生に投資商品を売る許可を受けています」

金持ち父さんはうすら笑いを浮かべてこう聞いた。「で、その人はどうやってきみの名前を知ったんだい？」

「それは知りません。アカデミーが教えたんだと思います」

金持ち父さんはまたうすら笑いを浮かべた。そして、何も言わずに、椅子の背もたれに背中を押し付けて足を伸ばすと、あごの下で、お祈りをする時のように両手を組み合わせた。そして、黙って座ったまま、どう言おうかと言葉を探していた。

しばらくして、私の方が沈黙を破った。「ぼくは何か間違ったことをしたんですか？」

またたっぷり十秒ほど沈黙があった。「いいや」金持ち父さんがやっと口を開いた。「まず最初に、きみが投資の第一歩を踏み出したことをほめてあげたいね。将来のための投資を始めるとしても遅すぎるか、あるいはまったくしない人が多いからね。多くの人は稼ぎをみんな使ってしまい、自分が勤めている会社、あるいは政府が引退後の生活の面倒を見てくれることを期待している。きみは少なくとも何かをした。自分のお金のうちいくらかを投資したんだ」

「でも、ぼくは何か間違ったことをしたんですか？」

「いいや、きみがやったことは百パーセント間違っていたわけじゃない」

「じゃ、なぜ問題があるみたいな言い方をするんですか？　もっといい投資があるってことですか？」

「その質問に対する答えは、イエスともノーとも言える。いつだってよりよい投資というのはあるし、もっと悪い投資だってある」金持ち父さんは身体を起こし、椅子にきちんと座り直した。「私が心配しているのは、きみが何に投資したかじゃない。今はきみ自身のことを心配しているんだ」

「ぼくのこと？　ぼくの何が心配なんですか？」

「きみが何に投資したかよりも、きみがどんな投資家になりつつあるかが心配なんだ」

●投資教育ではなくセールストーク

「ぼくはいい投資家じゃないってことですか?」

「いや、そういうことじゃない。その男の人は『長期に投資しろ。買って、持ち続け、分散投資しろ』ときみにアドバイスしただろう?」

「ええ」私は静かに答えた。

「このアドバイスが問題なのは、それが実際は売り込みのためのセールストークだということだ。このアドバイスは、投資について学ぶ方法としてはもちろん、投資をする方法としても適切じゃない。つまり、賢い投資家になるために必要な教育を受けるにはいい方法ではないってことだ」

「なぜあれがセールストークなんですか?」

「いいかい、よく考えてごらん。ただ毎月小切手を送るだけで、投資についてどれくらい学べると思うかい?」

金持ち父さんの質問の意味をちょっと考えてから、私はこう答えた。「それほどたくさんは学べません。でも、なぜあれがセールストークなんですか?」

「もっとよく考えてごらん」金持ち父さんはにこりとした。「『長期に投資しろ。買って、持ち続け、分散投資しろ』というアドバイスについてもっとよく考えるんだ」

「答えを教えてくれないんですか?」

「ああ。少なくとも今はね。きみはまだ十八歳だ。現実の世界について学ぶことがたくさんある。今きみは人生で一番大切な教えの一つを学ぶチャンスを与えられている。だから、じっくり考えるんだ。『長期に投資しろ。買って、持ち続け、分散投資しろ』というアドバイスがなぜまっとうな投資教育ではなくセールストークなのか、その理由がわかったと思ったら知らせてくれ。たいていの人はセールストークと投資教育の違いを決して学ばない。これこそが、金持ちになる人がこんなにも少なく、投資家になって損をする人がこんなにも多い理由なんだ。彼らが損をするのは、セールストークを投資教育と思い込んでいるからだ。そして『長期に投資しろ。買って、持ち続け、分散投資しろ』というアドバイスを投資教育と思っているから、そうするのが賢いことだと本当に信じている。実際にはセールストークと真の投資教育との間には大きな違いがあるんだが……」

金持ち父さんの話を聞いているうちに、あのセールスマンがなぜ「いつも」という言葉をあれほど強調したのか、その理由がわかり始めた。

●お金はどこへ行ったのか？

前にも少し触れたように、二〇〇〇年三月から二〇〇三年三月にかけて、株式市場の暴落のために何百万人もの人が総額何兆ドルものお金を損したと言われている。ただし、この損失の中には、失業や、お金を失ったことによって引き起こされた心の痛みといった間接的な打撃は含まれていない。

なぜこれほど多くの人がこれほど多くのお金を損したのだろうか？　低迷する経済、テロリスト、企業の腐敗、間違った分析報告、不正行為、市場のトレンド、そのほかさまざまな警告の見落としなど、理由はたくさんあるが、中でも見落とされがちな根本的理由の一つは、この業界の月並みなセールストークをまともなファイナンシャル教育と取り違えた人が大勢いたことだ。つまり、史上最大の暴落の嵐が株式市場を吹き荒れている間も、投資をして長く持ち続けようと「いつも」小切手を送り続けた人、「いつも」売らずにいた人たちがたくさんいたということだ。

マイケル・ルイスは金融関係のライターとして多くのファンを持ち、『ライアーズ・ポーカー――ウォール街は巨大な幼稚園』、『ニュー・ニュー・シング』、『マネー・ボール――奇跡のチームをつくった男』などのベストセラーの著者としてよく知られている。彼はアメリカ人だが、イギリスの週刊誌ザ・スペクテイターの編集者をしていたこともある。また、アメリカの政治専門週刊誌ニュー・リパブリックの主席編集者の経験もあり、カリフォルニア大学の客員研究員でもある。

ルイスが二〇〇二年十月二十七日付のニューヨークタイムズ・マガジンに寄せた記事には次のようにある。

「株式市場の損失は社会にとっての損失ではない。損失が一人の人間から別の人間に移転されるだけだ」

そのあとルイスは、株式市場での自身の体験を次のように語っている。「インターネット株が『買い』だと私がやっと判断したその時は、まさにそれらが『売り』に転じた時だった。私はそのことを感知してしかるべきだった。だが私は売るどころか、大急ぎでエクソドス・コミュニケーションの株を一株百六十ドルで買い、それが二、三ポイント上がったあと、あっという間に落ち込むのをただ見守った。私のお金に一体何が起こったのか？　それはただ消えてしまったわけではなかった。私に株を売った側の人間が自分のポケットに入れたのだ。容疑者たちを容疑の濃い順に並べるとこうなる——①エクソドスの従業員の誰か、②エクソドスと強いコネがあってＩＰＯの値段で早い時期に買った投資信託会社、③百五十ドルでその株を買ったデイトレーダー」

つまり、二〇〇〇年から二〇〇三年の間に投資家たちが失ったとされている七兆ドルから九兆ドルのお金は、消えてなくなったわけではない。ある投資家から別の投資家に移っただけだ。つまり、この時期に投資家の一部はより金持ちに、一部はより貧乏になった。金持ち父さんが、投資した対象ではなく、投資した本人である私自身のことを心配した理由はここにある。

●気の短い投資家

一九六五年、金持ち父さんが私のはじめての投資を喜んでいないことに気が付いた私はこう聞いた。「この投資信託は売ってしまった方がいいんですか？」

金持ち父さんはにやりとして答えた。「いいや。私ならまだ売らないね。きみは間違いを犯したかもしれないが、まだそこから学ぶべきことを学んでいない。もう少しがんばれ。学ぶべきことを学ぶまで毎月の支払を続けるんだ。そうすれば、とても貴重な教えが学べる。今回のことを学習材料にすれば、きみはお金よりももっと大事なものを得る。よりよい投資家になるための道に足を踏み出せるんだ。よりよい投資家になりたいと思ったら、まず、セールストークとまともな投資アドバイスとの違いを学ばなければいけない」

一九六五年のクリスマス休暇が終わると、私はニューヨークの学校に戻った。暖かいハワイの海岸を離れ、真冬の極寒のニューヨークに戻るのはとてもつらかった。ニューヨークはサーフィンをするどころか凍えるような寒さだった。

その後も金持ち父さんのアドバイスに従い、私は毎月、投資信託会社に小切手を送り続けた。学生だった私にとって、余分なお金を生み出すのは大変なことだった。特に、私は家からほとんど経済的サポートを受けていなかったのでなおさらだった。生活費も必要だったし、たまには友達と付き合うためのお金も必要だった。不足分を補うために、私はよく土曜日に、学校の近所で時給二ドルで働いた。一ヵ月に一度か二度、土曜日に働けば、娯楽も含めて生活に必要なものをまかなうと同時に、投資信託会社に小切手を送るだけのお金が手に入った。

私は時々新聞の投資欄を開き、自分が買ったファンドの運用成績を調べてみたが、あまりぱっとしなかった。眠たそうな老犬のように、その値段は一ヵ所に留まったまま動く気配がなかった。四半期ごとに投資会社から、私がお金を出している証として報告書が送られてきたが、しばらくするとその封を切るのが憂鬱になってきた。たいていの場合、その運用成績は私が感心するには程遠かったからだ。所有する投資信託の口数は増えていたが、一口あたりの値段はほとんど変わらなかった。正直なところ、私はこんなに業績の悪い投資を買った自分がばかに思えてきた。

六ヵ月後の一九六六年の夏、今度は夏休みでハワイに戻った。あいさつをしに金持ち父さんのオフィスに立ち寄ると、金持ち父さんは早めのランチに誘ってくれた。「投資信託の調子はどうだい?」レストランで席に着くと金持ち父さんはそう聞いた。

「ええと……六カ月でぼくが注ぎ込んだお金は百ドル近くになりますが、ファンドには動きがありません。投資を始めた時の一口の値段はおよそ十二ドルでしたが、今日も十二ドルです」

金持ち父さんはくすりと笑った。「ちょっといらいらしてきたかい?」

「まあそうです。もう少し動きがあればいいのにと思います」

「いらいらするのはいいことじゃない」金持ち父さんはにこりとした。「投資には忍耐が大事だ」

「でもあのファンドは何もしてくれていないんですよ」

私の言葉を聞いて金持ち父さんは声を立てて笑った。どうやら私の言ったことがひどくおかしかったようだった。「私はファンドについてどうこう言っているんじゃない。きみ自身の話をしているんだ。投資家になりたかったら、辛抱強くすることを学ばなくちゃいけない」

「でも、ぼくは辛抱強くしていますよ。ぼくのお金はもう十カ月近くあそこに入ったままです。それなのに、一口の値段はまったく変わらないんです」

「ほらね、気の短い投資家だとそういうことになるんだ」金持ち父さんは厳しい口調で言った。「気の短い投資家はよく、あせって投資する。で、あせっているせいで、業績の上がらない投資に投資してしまう」

「業績の上がらない投資……あせって投資したから、というだけの理由でぼくはそんな投資をしてしまったんですか?」

金持ち父さんはうなずいた。「投資すると決める前にどれくらいの時間、この投資信託のセールスマンと話をしたかい?」

「一時間くらいです。ぼくの人生の目標について聞かれ、ダウ・ジョーンズ工業平均が上がり続けている様子を示したグラフを何枚か見せられました。それから、長期にわたって少しずつお金を投資し続けることの価値について説明してくれました」

「それで、きみは心を決めて投資信託を買ったというわけだね」金持ち父さんがにこりとして言った。

「そうです」

「私に言わせれば、それが気が短いってことだ」金持ち父さんはくすりと笑った。「きみはじっくり待てなくてさっさと投資を決め、今も、投資した対象が何もしてくれないからと、いらいらしながら待っている。そもそもすばらしい投資がどんなものかも知らず、投資対象を見つけるのに喜んで時間を投資しようという気持ちもなくて、それですばらしい投資が見つけられるわけがない。きみは自分が支払ったものに見合うだけのものを得たんだ。きみの気の短さが、きみをさらにいらいらさせるような投資を見つけさせたんだ。最悪の投資は気の短い投資家のところへ行く。そのことを肝に銘じておくんだ。わかったかい?」

「よくわかりました」私はせっかちにそう答えた。「ということは、ぼくはお金を損しているってことですね?」

「いいや、違う」金持ち父さんが強い口調でそう言った。「今は儲けているとか損しているとか、お金のことは気にするな。今きみはお金には換えられない教えを学んでいる。たいていの投資家は気の短さについてのこの教えを決して学ばない。そうせっかちに先を急ぐんじゃない。時間をかけて教えを学ぶんだ」

「わかりました。きちんと時間をかけてその教えを学びます。そして、次に投資に関して何か決める時にはもっと辛抱強くします」

「よし。たいていの投資家は投資がうまくいかないと、自分ではなく投資そのもののせいにする。実際は、本当に問題なのは投資ではなく投資家なのにね。きみは今、自分が気短に行動したらどんな代価を支払うことになるかを学んでいる。これは最初に学ぶにはなかなかいい教えだよ。ま、きちんと学べればの話だけれどね」

「でもぼくはフルタイムの学生です。学業に専念しなくちゃいけないんです」私は反論した。「あの投資についてもっと学んだり、調べたりする暇はなかったんです」

「で、まもなくきみは学校を卒業し、社会に出てフルタイムで働く。そして、たぶん結婚し、家を買い、家庭を作り始める。そうなれば支出は増えるし、家庭のために割かなくてはならない時間も増える。学生の今、忙しいなんて言っていたら、仕事を始め、結婚して子供を持つようになったらどうするんだ? 今、よりよい投資家になるために学ぶ時間を作らなかったら、将来も今と同じように『もっと学んだり、調べたりする暇はなかった』と言い続けることになるだろう。せっかちで怠け者のままで、充分な時間がないなんてへたな言い訳をし続けていたら、きみは将来も今回と同じことをするだろう。つまり、見ず知らずの人にお金を預け、そのお金を使って彼らが何をしているかまったくわからないままでいるだろう」

●危険なのは投資家

私は黙ったまま、金持ち父さんの言葉が頭にしみ込んでいくのを待った。私には金持ち父さんが言っていることが気に入らなかった。少し腹も立ってきた。軍隊式の訓練を採用しているアカデミーの学生であることがどんなに大変か、課せられた学業をすべてこなし、スポーツもやり、友達と付き合う時間も見つけようと思ったらそれがどんなに大変か、それがわかっていれば金持ち父さんもそんなことは言えないはずだと思った。

「自分は気が短いってことを素直に認めるんだ」金持ち父さんがそう言った。「投資家になるために学ぶことに時間を投資する気持ちがない、そうするには忙しすぎると自分が思っていることを認めるんだ。ただ『忙しすぎる』と言いわけするよりその方がずっと正直だ。それが認められたら、今度は、いい投資を見つけるだけの忍耐力を持っていないことを認めるんだ」

「そうすれば、投資したものの業績がよくないと文句を言うこともなくなるわけですね」私はそう付け加えた。

「損をしたと文句を言うこともなくなるよ」金持ち父さんはお得意の笑みを口元に浮かべてそう言った。「投資信託でも損をすることがあるんですか?」

「何だって損をする可能性はある。でも、お金を損するよりもっと悪いことがある。それが何か、わかるかい?」

「いいえ」私は頭を横に振った。「わかりません。もっと悪いことって何ですか?」

「投資家になるために学ばなかった場合に最悪なのは、すばらしい投資に決して出会えないことだ」金持ち父さんは当然のことを話すようにそう言った。「投資家になるために学ぶ時間を投資しなかったら、きみは投資することに対して恐怖を感じながら生きていく。いつも『投資は危険だ』と言いながらね。そして、投資は危険だと信じているきみは投資を避けようとしたり、『あの人は賢明な投資をしているだろう』ときみが希望的に信じる他人にお金を預けたりする。最悪なのは、投資を避けていたら、最高にいい投資も見過ごすということだ。きみはすばらしい取引を探したり、見つけたりする興奮とともに生きるのではなく、恐怖とともに生きる。負けるのが怖いからと安全第一にしていたら、勝つことの興奮は味わえない。金持ちになっていく段階で感じられる興奮を味わい損なうんだ。辛抱強さが足りなくて、真の投資家になるための時間を投資しなかった場合に起こる最悪のことというのは、これだよ」

私は少しの間考え、また金持ち父さんの言葉が頭にしみ込んでいくのを待つうちに、投資信託を使った投資プランを私に売りつけたあのファイナンシャル・アドバイザーのセールストークを思い出した。

金持ち父さんには私の心が読めたようだった。「きみのセールスマンの友達は、株式市場が一年に平均して九パーセントずつ上がっていると言わなかったかい? それは、彼のようなセールスマンのほとんどが使う、お決まりのセールストークだ。どうだい? そんなふうなことを言わなかったかい?」

「ええ、そんなことを言っていました」

金持ち父さんは大声で笑った。「その人はおそらく本気で、それがとてもいいリターンだと思っているんだ。九パーセントのリターンなんて大したことないのにね！　それに、そのわずかなリターンを保証してくれるのかどうか、その人に聞いたとしたら、そんなことはできないと言うに決まっている。彼にできることと言ったら、一年に一度、きみにバースデーカードを送ってきて、『ご用命ありがとうございました』と礼を言うことくらいだ。彼は勝って、きみは負ける。でも、きみにとって最大の損失は、すばらしい投資に決して出会えなくなることだ。なぜなら、『長期に投資しろ。買って、持ち続け、分散投資しろ』という彼のアドバイスに従っていたら、偉大な投資家になることは決してないからだ。さらに悪いことは、最高の投資が、投資について最も高いファイナンシャル教育を受けている人のところへ回る一方、最悪で、リスクの一番高い投資が、最もファイナンシャル教育の程度の低い投資家のところへ回ってくるということだ」

「あなたは投資信託がすべての投資の中でリスクが一番高いって言っているんですか？」

「いいや、私が言っているのはそういうことじゃない」金持ち父さんはちょっといらいらした声でそう答えた。それから深く一息つき、考えをまとめてからこう言った。「いいかい、もう一度言うからよく聞くんだ。私は投資について話しているんじゃない。投資家について話しているんだ。投資家が充分な教育を受けていなければ、何に投資したとしても、その投資は危険だ。たまには幸運に恵まれることもあるだろうが、たいていは長期的に見れば、儲けたお金はすべて市場にまた吸い取られてしまう。私は、教育の足りない投資家が、とてもいい投資用不動産を手にしながら、それをすっかりだめにして差押えを受けるまでにしてしまった例や、利益を上げていた業績優秀なビジネスをあっというまに破産に追い込んだ例を見たことがある。また、そういう投資家が優良企業の株を買い、株価が上がるのをただながめていて、ピークに達した時に売り損ない、下がったあとも、もう死んでいる株にいつまでもしがみついていた例も見たことがある。だから、危険なのは投資自体じゃない。投資家なんだ」

私には金持ち父さんの言っていることがわかりかけてきた。金持ち父さんはほんの一握りの人しか見ることのできない世界、真の投資家の世界を私に何とか見せようとしていたのだ。

●投資について学ばない人が損をする

金持ち父さんは一息入れてから また続けた。「一方、無能な投資家がめちゃくちゃにしてしまった投資をプロの投資家が肩代わりし、それをいい投資に戻す例も見たことがあるよ。つまり、無能な投資家は損をして、賢い投資家がお金を儲けるんだ」

「賢い投資家は絶対損をしないということですか?」

「もちろん、そういうことじゃない。誰だって時には損をする。私が言いたいのは、賢い投資家はより賢い投資家になることに焦点を合わせているということだ。平均的な投資家はお金を儲けることだけに焦点を合わせている。今私はきみに、人生をどうしろこうしろと言いたいわけじゃない。今きみにしてもらいたいのは、立ち止まり、時間をかけて、自分が今何を学びつつあるかじっくり考えることだ。自分がいくら儲けているか、あるいは儲けていないかといったことじゃない。お金に焦点を合わせてはだめだ。よりよい投資家になるために学ぶことに焦点を合わせるんだ」

「つまり、長期に投資するだけでは、小切手を切って封筒に入れ、切手を貼ってポストに入れるだけでは、投資について大して学べないということですね」

「私が言っているのはまさにそれだよ。きみは投資家になるための勉強はしていない。貯蓄家、切手貼り屋になることを学んでいるんだ」

金持ち父さんは立ち上がり、大きく伸びをした。単純だが大切なこの教えを私の頭に叩き込むのに少し疲れてきたようだった。再び私の方を見ながら、金持ち父さんはこう聞いた。「さあ、投資信託への投資と、きみ自身について、今日何を学んだかい?」

「自分に辛抱強さが足りなかったことを学びました。投資について学ぶ時間をとらないでいることに対して、自分が言い訳をしていることも知りました」

「その結果、どうなる?」

「ぼくはいつも最良の投資を得られるわけじゃないってことです。つまり、わくわくするような投資、ごく少数の人しか見ることのできない世界を見過ごしてしまうってことです。それはまた、何も変えずに今のままでいたら、ぼくは投資家よりギャンブラーに近いということも意味しています」

「よく考えたね」金持ち父さんはにこりとした。「ほかにはどんなことがあるかい?」

私はしばらく考えたが、それ以上答えは思い浮かばなかった。「ほかにどんなことがあるか、ぼくにはわかりません」

「よく知らない人にお金を預けることについてはどうだい?」金持ち父さんがそう聞き返した。「それから、その人がきみのお金をさらにほかの人、きみがもっと知らない誰かに預ける、そして、その誰かがきみのお金を使って何をするか、きみにはまったくわからないってことについてはどうだい? きみは自分のお金からどれくらい手数料を引かれるか、知っているかい? 自分のお金のうち、実際に投資に回されるのがどれくらいで、そのお金を管理する人たちのポケットにどれくらい入るか、知っているかい? そもそもきみのポケットにいくらかでもお金は戻ってくるのだろうか? 彼らがきみのお金をなくしてしまったらどうなる? 損した分を返してくれと要求できるのかい? 今私が挙げた質問のうち、一つでもきみに答えられるかい?」

私は頭を横に振り、消え入りそうな声で「いいえ」と答えた。

「投資信託をきみに売ったその男の人に、自分も投資をしていて、そこからのお金で生活しているのか、それとも、きみが投資用に彼に預けたお金から差し引かれる手数料で暮らしているのか聞いてみたかい?」

「いいえ」私は小さな声で答えた。「ぜんぜん聞いてみませんでした」

間違いを犯したかもしれないと気が付いた時、私はそれをカーリング氏のせいにしたかったが、私にはもう少しよくわかっていた。投資家は私だった。充分な事前調査をせずに投資信託に投資しようと決めたのは私だった。ファイナンシャル・プランナーたちは投資やそのほかの金融商品（保険など）を平均的な投資家に売って手数料を取る。私たちは彼らに適切な質問をする方法を学ぶ必要がある。適切な質問とは、例えば、この投資信託の手数料はいくらか？　この金融商品を売ることで、どれくらいの歩合手数料をもらえるのか？　といったことだ。あの時金持ち父さんは、お金のことに関して何か決める時、決定をコントロールする力を他人に渡してしまうのではなく、自分でそれを持ち続ける必要があることを私にわからせようとしていた。

●なまぬるいお灸

二〇〇二年、ニューヨーク株式市場で最大級の企業数社に対し、ニューヨーク州司法長官のエリオット・スピッツァーは十四億ドルの罰金を科した。理由は不正行為と利益相反だった。メディアを集めた会見で、スピッツァーは次のように語った。「市場にはリスクがつきものだということはすべての投資家が知っている。だが、すべての投資家が期待してしかるべき、また受けてしかるべきなのは、誠実なアドバイスだ。つまり、利益相反によってゆがめられていないアドバイスと分析が与えられるべきだ」投資家たちに七兆ドルから九兆ドルの損をさせた後始末として十四億ドルの罰金を払うのは、七千ドルから九千ドルの損失に対して一・四ドルの罰金を払うことに等しい。これはじつになまぬるいお灸だ。七兆ドルから九兆ドルのお金を失った投資家たちからそれらの企業が稼ぎ出した手数料にも満たない。

十四億ドルの罰金によって決着をつけるに際して、司法当局と企業の間で一つの取り決めが行われた。それは、ニューヨーク株式市場の調査にかかわるグループと株式を売るグループとの間に利益相反の問題が生じないように一連の規則を作り、システムを改革することだ。これにより今後、企業の株式アナリストたちは株式の調査に対し、同じ企業の投資部門から支払を受けられなくなるはずだ。

不正行為に対してなまぬるいお灸がすえられ、わずかな罰金が科せられてからまもなく、ウォールストリート・ジャーナル紙に次のような見出しの記事が載った。

「メリルリンチ、二〇〇二年の功を称え、役員に大きなボーナス」

記事の内容を簡単に言うと、自社の主要ビジネス部門の多くに打撃を与えた株式市場の値崩れがまだ続いているにもかかわらず、メリルリンチがこの年、会長とCEO（最高経営責任者）に七百万ドルのボーナスを出してその功を称えたという内容だ。

記事はさらにこう続く。二〇〇二年、メリルリンチは六千五百人の従業員を解雇して規模を縮小した。これにより、従業員数がピークに達した二〇〇〇年以降の解雇者数は二万千七百人となった。

新聞を持った手を下ろしながら、私は不思議に思わずにいられなかった。投資家たちが何兆ドルというお金を失うのに手を貸し、不正行為を問われ、ビジネスが拡大しているどころか二万二千人近くの従業員をくびにしたその会社が、どうして経営幹部に何百万ドルというボーナスを出してその「功を称える」などということができるのだろうか？

公平を期し、メリルリンチだけを槍玉に挙げているわけではないことを示すために、同紙はほかの金融関連会社のCEOの年俸も公表していた。

モルガン・スタンレー	一千百万ドル
ゴールドマン・サックス	一千二百十万ドル
リーマン・ブラザーズ	一千二百五十万ドル
ベア・スターンズ	一千九百六十万ドル

これらの中には不正行為に対してニューヨーク州から罰金を科せられた企業も含まれている。

二〇〇三年六月と七月には、小口個人投資家たちが多数集まってメリルリンチを相手に集団訴訟を起こした。だが、不実表示が行われたという確かな証拠があったにもかかわらず、彼らは裁判に負けた。個人投資家たちが裁判に負けるのはもちろんうれしい話ではないが、あの時の裁判官の決定には同感だと言わざるを得ない。裁判官は、投資の世界に入る時には、すべての投資家が自分が何をしているかよく知っている必要があると判断したのだ。別の言い方をするなら、裁判官は「お気の毒だが自業自得」と言ったのだ。

二〇〇三年のはじめ、ニューヨーク州司法長官スピッツァーは投資信託業界にその矛先を向け、こう言った。「投資信託に関連する取引は、そのほとんどすべてに、開示されない金銭的動機が伴っている」彼は投資信託管理会社が取る、目に見えない手数料と、投資信託が売られる方法との間に利益の相反がある点を問題にしている。彼が調査しているのは「レイト・トレーディング」と「マーケット・タイミング」と呼ばれる二つの手法だ。「レイト・トレーディング」とは、市場が閉まったあと、午後四時の値段で投資信託を買うことを意味し、市場が閉まったあとに何かあった場合、それがまだ反映されていない終値を使って得意客に儲けさせるための手法だ。「マーケット・タイミング」は投資信託の短期トレードで、長期の投資信託保有者にマイナスの影響を与える。この調査が進行中の現在、毎日次々と新しい不正が明らかにされる一方で、必然的に伴いがちな利益相反やインサイダー取引の問題は、一般投資家の信頼を根本から揺るがせている。

●よりよい投資家になるために学ぶ

前にも話した通り、投資の世界ではお金は消えてしまったりしない。ただ、持ち主が変わるだけだ。一万ドルを何に投資したらいいか、他人にアドバイスするのを私がためらう理由はここにある。自分のお金を使ってどうしたらいいかわからない人は、「お金」を投資する前に、まず投資について学ぶために「時間」を投資した方がいい。私の考えを言わせてもらうなら、何百万人もの人が何兆ドルものお金を失った大きな理由の一つは、彼らが「お金」を投資するだけで、自ら進んで「時間」を投資しようとしなかったからだ。

つまり、「私は一万ドル持っています。何に投資したらいいですか?」という質問に対する私の答えはこうなる――お金をどこかに投資して、「これがいい投資でありますように」と願ったり祈ったりする前に、よりよい投資家になるために学ぶことに時間を投資しなさい。

何年も前に金持ち父さんが私に言った言葉をいつも覚えておいて欲しい。「ファイナンシャル教育の程度があまり高くない人がセールストークの罠に一番かかりやすい。彼らはセールストークをアドバイスと勘違いするからだ」金持ち父さんは、お金を投資する前に本当の投資教育に時間を費やすことが大事だと考えていた。この本では、そのことについてお話ししたい。金持ち父さんはこうも言っていた。「投資に関する教育程度が高ければ高いほど、よりよい投資アドバイスが受けられる」

シャロンから一言

本書の第一章として、セールストークといい投資アドバイスとを見分けることを取り上げた理由は、投資家として成功したいと思っている人は、このとても大切な違いを必ず学ばなければならないからだ。今あなたがお金を払って得ているアドバイスは、あなたとあなたの投資にとって一番いいアドバイスなのだろうか、それとも、アドバイスをしている人間がより多くの手数料を稼ぎ出すのに一番いいアドバイスなのだろうか？　セールスマンの目的は「あなたから」お金を儲けることで、本当のアドバイザーの目的は「あなたのために」お金を儲けることだ。

●お金を駐車させておくか、加速するか？

現状では、平均的な投資家のファイナンシャル教育は、その大部分が、銀行や証券会社のセールスマンなど、金融機関やそこに勤める人が与えるアドバイスに基づいている。こういう業界の人間は投資家に、「長期の投資をしなさい」、つまり「長期にわたってお金を駐車させなさい、そして市場が毎年上がるのを待ちなさい」と言う。確かに「万が一のために蓄えろ」というこのアドバイスは、多くの人にとってはいいアドバイスだ。

「はじめに」で紹介した図「金持ちがどんどん金持ちになる理由」(二十九ページ)を見ると、たいていの人が生活しているのはE-Sの側で、セールスマンと一緒だということがわかる。そういう人たちは金融機関やセールスマンが与えるアドバイスに従い、市場が上がるように、引退の時期が来た時にお金がまだそこにあるようにと願いつつ、次に挙げるような方法でお金を貯める、つまりお金を駐車させる。

・貯金
・持ち家
・投資信託
・普通株
・401(k)、IRA(個人退職勘定)、SEP(簡易従業員年金)

問題はまだある。税金だ。「私のお金をとったのは誰だ?」という質問に対する最も一般的な答えは「政府」だ。なぜなら、たいていの人は従業員で、彼らは給料をもらう前に源泉徴収という形で、自分たちにとって最大の支出である税金をそこから差し引かれる。

金持ち父さんは、昔ながらの貯蓄重視の考え方や従業員的発想に取って代わるものを私たちに教えてくれる。それは「今」すぐにプラスのキャッシュフローを生み出す資産を「今」作り出す、あるいは買うという教えだ。これこそがプロの投資家のやり方だ。あなたは給料のためにせっせと働く生活に縛り付けられ、そこから抜け出せなくなっているように感じていないだろうか? 自分の代わりに自分のお金を一生懸命働かせるという状況を想像するのはあなたにとってむずかしいことだろうか?

本書を読めばきっと、あなたが貯蓄家から投資家へと変身するのに役に立つだろうと思う。

プロの投資家たちは、自分のお金を一つの資産から別の資産へ、どれくらい速く動かせるか知りたがる。彼らは三種類の資産のすべてに投資し、それらに対して使える加速装置を可能な限り利用する。彼らのゴールは自分のお金を常に動かし、投資資金に対するリターンを増やすことだ。

資産の加速装置

ビジネス

OPM（他人のお金）
法人形態の選択
OPT（他人の時間）
税法
慈善活動

不動産

OPM（他人のお金）
法人形態の選択
税法
・減価償却
・受動的損失

紙の資産

非課税
ヘッジファンド
オプション

PPM（私募債）
IPO（新規公開株式）

プロの投資家たちが利用するこれらの投資手段やリターンの加速方法は、使おうと思えば誰でも使える。正しいファイナンシャル教育と正しいアドバイザー、そして自ら行動を起こそうという気持ちがあれば、あなたは自分のために自分のお金を働かせ始めることができる。

第二章……

牧場主と酪農家に聞く

「株式を持ち続ける期間として私が一番好きな時間枠は永遠だ」
――ウォーレン・バフェット

金持ち父さんは、私がせっかちに投資信託への投資を始めたことの誤りを指摘したあと、いつものように自分の投資方法について以前に話したことを繰り返し、私に思い出させてくれた。その話というのは、牧場主と酪農家の違いを喩えに使ったお金についての教えだ。

●キャピタルゲインとキャッシュフローの大きな違い

私が育ったハワイ島にはパーカー牧場というのがある。私がハイスクールに通っていた頃は、この牧場は個人所有のものとしてはアメリカで最大の規模を誇っていた。私が十六歳の時、金持ち父さんは息子のマイクと私をこの牧場に連れていった。パーカー牧場は昔も今と変わらずとても美しく、訪れるには最高の場所だった。ワイキキビーチの喧騒と人ごみから遠く離れたこの牧場の一部には高い山もあって、緑の丘が幾重にも重なったその敷地は、世界で最大級のクロカジキが生息する、真っ青な太平洋が打ち寄せる水際まで延々と続いていた。この牧場の中心にある小さな町カムエラは、もっとゆっくりした生活が送れるようになったらそこに住みたいと、今も私がよく夢見る場所だ。

金持ち父さんに連れられて牧場を訪れた時、ちょうどカウボーイたちが牛の群れを牧草地から食肉処理場へ追い込んでいた。金持ち父さんは牛が肉にされる前に私たちをほかの場所へ連れていったが、私たちにはそれから何が起こるかわかっていたし、牛たちにもわかっていた。

その数ヵ月後、金持ち父さんは今度は酪農場に私たちを連れていった。朝早かったので、酪農家が乳絞りのために牛の群れを牛小屋に追い込んでいるところだった。そこにいる牛たちの様子は、数ヵ月前に見た牛たちの様子とはずいぶん違っていた。

この時金持ち父さんが私たちに学ばせようとしていたお金に関する教えは、食肉用の牛を飼う牧場主も乳牛を飼う酪農家も、自分が所有する牛を資産と考えている点は同じだが、その取り扱い方が異なり、また、異なるビジネスモデルに従って仕事をしているということだ。

金持ち父さんが私たちを二つの牧場に連れていったのは、キャピタルゲインとキャッシュフローの間にある、とても大切な違いを強く印象付けるためだった。

簡単に言うと、食肉用の牛を飼育している牧場主はキャピタルゲインを目的に投資する人に似ていて、酪農家はキャッシュフローを目的に投資する人に近い。

これほど多くの人が投資でお金を失ったり、投資は危険だと思っている理由の一つは、食肉用の牛を飼育している牧場主のような投資の仕方をしているからだ。彼らは乳を搾るためではなく肉を利用するために投資している。

キャピタルゲインを目的に投資しているかどうかは、その人の話の内容や使う言葉からわかる。例えば次のような言い方をする人はキャピタルゲインを目的に投資している。

「純資産が増えた」
「持ち家の評価額が上がった」
「一株十ドルで買った株が十五ドルに上がったところで売った」

「家を買い、それを修理して売って二万三千ドル儲けた」

「あの会社は収益が増えているから株価も上がるだろう」


キャッシュフローを目的とする投資家も、話の内容や言葉から見分けることができる。例えばこんなことを言う人だ。


「経費を全部差し引いたあと、この物件から得られるリターンはどれくらいか?」

「この株式は一株につき五十六セントの配当がある」

「減価償却から得られる利益を計算に入れたか?」

「これは非課税の地方債で七パーセントの利率だ」

「タックス・リーエン証券から年十六パーセントの利子を受け取っている」

●一番愚かなのは誰?

たいていのファイナンシャル・アドバイザーはあなたにこんなふうに言う。「若い人には積極的に攻める成長型ファンドを勧めます。そして、引退後は安定収入型ファンドに切り替えることを勧めます」これを別の言い方で言うとこうなる。「若い時はキャピタルゲインを目的に投資し、年をとったらキャッシュフローを目的に投資しなさい」

一九九〇年代の終わりに、あれほど多くの人があれほど多くのお金を失った主な理由としては、強欲と不正行為のほかに、人々がキャピタルゲインを目的に投資していたことが挙げられる。テクノロジー業界がもてはやされた前回のバブル期には、状況はとてもひどく、投資家たちは配当どころか収益すらあげていない企業にどんどん投資した。彼らがやっていた投資の方法は「より愚かな人をあてにする」方式だ。つまり、自分よりも愚かな人がいることをあてにして投資していた。このバブルの最盛期に、動きの早い賢い投資家は市場からすばやく出ていき、一番愚かな人たちが入ってきた。こういったことは今も起こっているのだろうか？　それは百パーセント間違いなく、起こっている。

二〇〇三年九月、ニューヨークにいた時、私は全国放送されている投資番組に出演し、インタビューを受けた。解説者は名の通った金融の専門家で、すぐに私にくってかかり、私の投資戦略に文句をつけてきた。彼はうすら笑いを浮かべてこう言った。「ダウは五十パーセント近く上がっていますよ。これについてあなたは一体どう言うつもりですか？」

「『だからどうなんだ』って言いますよ」かなり攻撃的な相手の態度に多少たじろぎながら、私はそう応じた。

この解説者は明らかにキャピタルゲインを目的として投資するタイプの人間で、私はキャッシュフローを目的に投資するタイプの人間だった。つまり、彼は食肉用の牛を飼育する牧場主のように投資し、私は酪農家のように投資する。このあと、インタビューがうまく運ばなかったのは当然と言えば当然だ。

ウォーレン・バフェットはこう言っている。「株式を買う理由として世界で一番愚かな理由は、株価が上がっているからという理由だ」

誰かが「長期の投資をしている」と言うのを耳にすると、私はよく「何を目的に投資しているのですか？キャピタルゲインですか、それともキャッシュフローですか？」と聞く。キャッシュフローを目的に投資する場合、私にとって値段はどうでもいい。プラスのキャッシュフロー、つまり私のお金に対するリターンが今すぐあるなら、値段に関係なく投資する。ここで大事なのは「今」という点だ。つまり、将来ではなく今、長期の投資ではなく今ということだ。ほかの言葉で言うなら、「金《かね》を見せろ——今すぐに」ということだ。

●ただでお金がもらえる？

ここでちょっと考えてみて欲しい。もし今私に十ドルくれたら、これからずっと毎月一ドルあげると言ったら、あなたはそれをいい投資だと思うだろうか？　あなたには「そう思う」と答えてもらいたいが、どうだろう？　この提案をほかの言葉で言い換えるなら、十カ月後にはあなたは十ドルを取り戻し、そこから先はただでお金がもらえるということだ。

これほど多くの投資家がこれほど多くの損をしている理由の一つは、投資信託に一カ月に十ドルずつ注ぎ込んではいるが、それが四十年後に残っているかどうかわからないからだ。こういうのを私は「お金をもう一度駐車させる」と呼んでいる。もちろん、たいていの場合は四十年後もいくらかはそこに残っているだろう。だが、いくら残っているかが問題だ。暮らしていくのに充分なだけ残っているだろうか？

この例を読んで、「こんなのばかげている。十ドル投資して毎月一ドルもらうなんて非現実的すぎる」と思った人がいるかもしれないが、私の言葉を信じて欲しい。この例はばかげてなどいない。たいていの人はキャピタルゲインを目的として投資するように教えられているから、キャッシュフローを目的に投資することの持つ力を見過ごしてしまう場合が多い。

私が投資信託に投資したと聞いて金持ち父さんが腹を立てた理由の一つは、私がキャピタルゲインを目的とした投資に引きずり込まれそうだったからだ。金持ち父さんが息子のマイクと私に食肉牛の牧場と酪農場の両方を見せたのは、牛を肉にすることと乳を搾ることとの違いを教えたかったからだ。金持ち父さんはよくこう言っていた。「だれかが市場で『大儲けした（make a killing）』と言ったら、その人は文字通り誰かを殺したんだ。つまり、別の不運な投資家が殺されたということだ。動きの鈍い投資家が損をして、動きのすばやい投資家は利益を手にして市場から出ていく……こういうことは株式市場に限らず、どの市場でも日常的に起きている」

本書の先を読めば、今十ドル投資して、これから先、何年もの間毎月一ドルずつもらうという例がなぜ現実的で可能性のあることか、その理由がわかってくるだろう。だが、そのためには、牧場主ではなく酪農家のような考え方をしなければいけない。

また、本書を読んでいくうち、ウォーレン・バフェットが「株式を持ち続ける期間として私が一番好きな時間枠は永遠だ」と言った意味もわかってくると思う。

ウォーレン・バフェットは、酪農家のように考えて投資する。金持ち父さんもそうしていた。投資する資産の種類は関係ない。ビジネスに投資する場合、それを太らせてから肉にして、別の人に売ってしまうだけという人もたくさんいる。不動産や紙の資産でも同じようにする人はたくさんいる。本書に込められたメッセージをよりよく理解するためには、肉にすることを目的に牛を飼う牧場主の考え方をやめ、乳を搾ることを目的とする酪農家の考え方をする必要がある。

●「より愚かな」投資家たちの運命

私がたいていの投資信託に興味を持てない理由の一つは、それが牧草地を連想させるからだ。肉にする直前まで太らせるために牛を囲っておく牧草地だ。本当の牧草地と「投資信託の牧草地」との違いは、そこに囲われているのが牛ではなく一般の小口投資家たちだという点だ。「分散投資」されたポートフォリオの価値が上がるにつれて、彼らは丸々と太っていく。すると次に、馬に乗ったカウボーイが登場し彼らのお金を根こそぎ取っていく。

私が投資信託や株式市場に反対していると思っている人は多いが、それは間違っている。私がよくないと思っているのは、無知、行き過ぎた欲、そして愚かさだ。今お話ししたような、小口投資家たちを太らせる方法はどんな市場でも行われていて、不動産市場でも毎日目にする。アリゾナ州フェニックスの不動産市場は、今アメリカで最も急速に成長している市場だが、ここでは差押えがどんどん行われ、多くの人が家を失い、投資家たちは不当に高い値段で買ってしまった不動産物件から手を引き始めている。一方、オーストラリアでは、金利がまた上がり始めている。このことは、不動産市場に参加している「より愚かな」投資家たちが近いうちに食肉にされることを意味している。
全国ネットのテレビ局のゴールデンアワーの番組で、あの有名な司会者に向かって私が「『だからどうなんだ』って言いますよ」と答えた理由は、食肉にされてしまうのがいやだからだ。株価が上がっているから、あるいは不動産の値段が上がっているから、金利が下がっているからというだけの理由で、その市場に吸い込まれるのは私はいやだ。

●ニュースの裏にある現実

二〇〇三年の終わり頃、株式市場に関して次のようなニュースをよく耳にした。

一日目「今日株価が上がった。どうやらとても大きな反騰のようだ」
二日目「今日株価が下がった。どうやら投資家たちが昨日の反騰による利益を回収しているようだ」
三日目「今日株価が上がった。これこそ待ちに待った反騰のようだ」
四日目「インサイダーが売りに出ているという情報があり、今日株価が下がった」
五日目「高収益とのニュースが発表されたため、今日株価が上がった」
六日目「政府が金利を引き上げるという噂が流れたため、今日株価が下がった」

この一連のニュースが本当に言わんとしているのは、動きの遅い投資家たちが株価の上昇を祈りながらお金を株式市場に注ぎ込み続けている（駐車し続けている）ということだ。値段が上がるとそのたびに、動きのすばやい投資家たちは利益を手にして市場から出ていく。

●キャピタルゲインをあてにして投資するのはギャンブルだ

未来に何かが起こることを期待して投資する人はギャンブルをしているのと同じだ。キャピタルゲインをあてにした投資はまさにこれだ。それが悪いというわけではない。大事なのは、自分のやっている投資の目的が何なのかはっきり認識し、勘違いしないことだ。

キャピタルゲインをあてにして投資するのは、フットボールシーズンに先駆けて、スーパーボールでどのチームが優勝するか賭けをするようなものだ。実際のところ、シーズンが始まる前に優勝チームを予想してそれに賭ける方が、キャピタルゲインをあてにして投資するよりリスクが少ないと言えるかもしれない。なぜか？　それはナショナル・フットボール・リーグに所属するチームは数チームだけだが、株式や投資信託の種類は何千とあるからだ。

●優先順位の問題

今までいろいろ書いてきたが、実は私もキャピタルゲインを目的にした投資をやっている。管理を人任せにするファンドにもいくらか投資しているし、時にはギャンブルもやる。また、「信頼できる筋からの情報」を頼りに投資することもある。問題は優先順位の違いだ。本書を読めば、金持ち父さんの投資方法は次のような優先順位に従っていることがわかるだろう。

1．キャッシュフロー
2．レバレッジ
3．税金面での優遇
4．キャピタルゲイン

たいていの投資家はキャピタルゲインだけのために投資する。平均的な投資家たちの退職口座を見ればわかるが、その大部分はキャッシュフローが外に流れ出していて、レバレッジはほとんど、あるいはまったく活用されておらず、税金面での優遇措置もほとんど使えないでいる。いわば彼らのお金は飼育場に閉じ込められ、太らされている。市場の状況が変わると、カウボーイたちがやってきて、動きのすばやいお金はすぐに逃げ出し、動きのとれない退職口座を抱えた人たちが一番大きな損失をこうむる。

●チャールズ皇太子も早めに手を引いた

二〇〇三年五月二十七日火曜日、シドニー・モーニング・ヘラルド紙は次のような見出しの記事を掲載した。「不動産投資への賢明なる切り替え。皇太子、静かに大儲け（Quiet Killing）」

ここでも前と同じように、「株での大儲け」を意味する言葉として killing が使われている。それに quiet「静かな」と形容詞がついているのは、この動きを完全に終えるまで、皇太子がそのことを公にしないでいたことを意味する。記事は次のように続く。

ロンドン発——英国皇太子は来月、七百年前から歴代の皇太子が引き継いでいる遺産からの利益が記録的なものになると発表する見込み。これは資産の運用を株式から不動産市場へと切り替えた時期がよかったためだ。

歴代の皇太子に収入をもたらすコーンウォール公領が昨年の会計年度中に二千五百万ドル近い記録的な収益を上げたことが発表されれば、同皇太子が「不動産王」という新しい称号を得たことが明らかになるだろう。

皇太子の収入総額は前年度を約二十五パーセント上回るが、一方、この同じ時期、経済の落ち込みのために多くのビジネスが年間収益の減少を示している。

この記事は金持ちがさらに金持ちになっていくもう一つの理由をよく表している。金持ちが静かに自分のお金を移動している間、少ししかお金を持っていない普通の人たちは飼育場にいて、食肉にされるのを待っている。

飼育場の中で太っていくこと自体は悪いことではない。だが、カウボーイがやってくる前にそこから出ることを忘れてはならない。

●パイプラインを築く

本書は、あなたに経済的自由をもたらすプラスのキャッシュフローを呼び込むパイプラインを作ることについての本だ。また、すでにあなたが持っているパイプラインを太くすることについての本でもある。

私が何かビジネスを始める時、そこに入るキャッシュフローが私の財布からのキャッシュフローだけだということもよくある。しばらくすると、園芸用ホースほどの太さのパイプラインからしたたり落ちる程度の、わずかな外からのキャッシュフローが生まれる。そして、さらに時間がたつと、このパイプを太くすることが事業家としての私の仕事になる。私の仕事はビジネスや不動産、紙の資産を「食肉にして」売り払い、また新たなビジネス、不動産、紙の資産を探すことではない。そんなことをするのは、私に言わせればパイプラインを築くのではなく、重いバケツを引きずって水を運ぶようなものだ。

お金が流れ込んでくるようになったら、それを別の種類の資産に注ぎ込む。そして、またプラスのキャッシュフローが生まれたら、三つ目の別の種類の資産に注ぎ込む。私の仕事は、市場を出し抜こうとしたり、市場の先を読んだりしながら資産を売ったり買ったりすることではない。もっと単純だ。パイプラインを築き、それを太くし続ける。それが私の仕事だ。

シリーズ第一弾の『金持ち父さん　貧乏父さん』でマクドナルド社の話を例として取り上げたのは、同社が今話したような、「パイプラインでつながれた三種類の資産への投資方式」の実践例のうち、一番なじみのある例だからだ。

そう遠くない昔、レイ・クロクは一つのビジネスプランに従ってビジネスを始めた。それは、世界中で最高の立地条件の不動産をハンバーガービジネスに購入させるプランだった。事業が軌道に乗り、そのような立地の不動産――にぎやかな交差点の角地――を世界各地で購入するようになると、マクドナルド社は株式を公開した。あなたが今度、にぎやかな交差点の角にマクドナルドの店を見つけたら、ハンバーガー「ビジネス」が最高の立地の角地に「不動産」を買い、何百万もの株式、つまり「紙の資産」を世界中で売っていることを思い出して欲しい。このように三種類の資産に投資する方法こそが、金持ちが投資する本当のやり方だ。

二〇〇三年、レイ・クロクの妻のジョアンが亡くなった。二人が築いたビジネスは世界中に広がり、何百万人という雇用の機会を生みだし、多くの人を金持ちにしてきた。ジョアン・クロクは確かに金持ちだったが、それだけではなく、気前のよいことでも有名だった。ジョアンがさまざまな運動や慈善事業に寄付した額は数十億ドルと見積もられている。金持ちは悪魔だ、強欲だなどと言う人がいると、私はよく、マクドナルドについての本を読むように言う。

●楽な道ではない

これは投資方法として一番簡単なやり方だろうか？　答えは「ノー」だ。それでは、一番利益の上がる方法だろうか？　私の考えでは、この二番目の質問に対する答えは「イエス」だ。私が真剣にこの道を歩み始めたのは二十五歳の時だった。読者の中にはご存知の方もあると思うが、三十五歳まで、私は惨めな敗北者だった。だが、三十五歳を過ぎた頃から、三つの資産の間にパイプラインを築く仕事はどんどん楽に、どんどん楽しくなった。お金のゲームの第四クォーターに入った今、パイプラインがどれも太く、強固なものになると同時に、キャッシュフローも増えている。私にとって、これこそが「長期に投資する」ということだ。

金持ち父さんはこう言っていた。「お金の問題には二つの種類がある。一つは充分なお金がないこと、もう一つはお金がありすぎることだ」どちらの問題を抱えたいか？　それはあなたが決めることだ。

ウォーレン・バフェットはこう言っている。「人々は、時間をかけて金持ちになるチャンスを約束されるより、これこそ来週のあたりくじだと太鼓判を捺《お》してもらうことの方を好む」

●キャッシュフローを目的に投資する人が多くない理由

セミナーをやるとよく、「それなら、キャッシュフローを目的に投資する人がもっといてもいいはずじゃないですか？　そうならないのはなぜですか？」と聞かれる。理由はいろいろあるに違いないが、主な理由は一つだと思う。それは、充分なキャッシュフローがあって、しかも値段が手ごろな資産を見つけるのがむずかしいからだ。

ビジネスだろうが、不動産だろうが、紙の資産だろうが、今言ったような資産を見つけられるかどうか、それを売っている投資アドバイザーに聞いてみよう。たいていの人が「それは無理だ」と言うだろう。彼らが「無理だ」と言う理由は、おそらく彼らにはそれが不可能だからだ。もしそれができるなら、自分でそこに投資しているはずだ。彼らの仕事は投資をすることではない。あなたに商品を売って、自分の食卓に食べ物を乗せることだ。このように、顧客による資産の売買に基づいて報酬を得ている人は、キャッシュフローではなくキャピタルゲインを生み出すような資産を商品とするビジネスをやっている。この場合、たとえ顧客である投資家が買った時の価格より安く資産を売って売却損を出したとしても、彼らは販売手数料を手にする。

最近、投資信託にまつわるスキャンダルについて友人から話を聞いた。彼はこう言った。「平均的な投資家は気付かないでいたけれど、投資信託業界はこれまでもいつだってファンドから利益を掠《かす》め取ってきた。

そのことがやっとみんなに知られるようになってよかったと思うよ」掠め取るという表現は厳しすぎて語弊があるかもしれないが、ファンドの市場価値が上がろうが下がろうが、管理会社が手数料をそこから取るのは事実だ。アメリカの証券取引委員会（SEC）はすべての投資信託に関し、その目論見書のはじめの部分で、手数料基準に従った手数料の仕組みを明らかにすることを要求しているが、目論見書をそこまで詳しく読む一般投資家が一体どれくらいいるだろうか？ ブローカーを通じて投資をしている人は、その人がどのような形で報酬を受けているか聞いてみるといい。

投資信託会社は、販売時、あるいは売却時に顧客に請求する手数料（短期間で解約する場合は追加手数料を請求し、それによってさらにブローカーが報酬を得る場合もある）によってブローカーへの支払をする。また、ブローカーが顧客から、お金を管理していることに対する報酬として管理費を受け取る場合もある。よくあるのは、顧客の投資信託口座の純資産額の一パーセントから一・五パーセントを年に一回受け取るやり方だ。また、このほかに、証券会社などの仲介業者に口座管理料を払ったり、投資アドバイザーに顧問料を払っている場合もあるが、それらの費用は投資信託の目論見書に明示された手数料には含まれていない。

●キャピタルゲインを目的とした投資が簡単に売れる理由

もう一つ私がよく聞かれるのは「キャピタルゲインを目的とした投資が危険だとしたら、それが簡単に売れるのはなぜですか？」という質問だ。これに対する私の答えはこうだ。「夢を売るのは簡単だ」

金持ち父さんはよくこう言っていた。「夢で問題なのはそれが現実ではないことだ」

ウォーレン・バフェットはこう言っている。「ギャンブル癖は、少ない掛け金で大きな賞金が当たるとなると常に拍車がかかる。ラスベガスのカジノが少額の掛け金で大金の当たるスロットマシンを宣伝したり、州政府発行のくじの高額な賞金が新聞に大きく取り上げられたりするのはそのためだ」

●大事なのはキャッシュフローの速度

これまでに私たちが「金持ち父さんシリーズ」として出してきた本、特に『金持ち父さんの投資ガイド』（邦訳は『入門編』と『上級編』の二冊組）を読み、ボードゲーム『キャッシュフロー』をやったことのある人には、今私がお話ししている「三つの資産」という概念が、私たちが作っている教材のすべてに共通するテーマであることがわかると思う。中には、パイプラインとバケツについての話を覚えている人もいるかもしれない。ほかの本を読んだりゲームをしたことのない人で、この三種類の資産のすべてを手に入れたい人、あるいはそれを作り出す方法をもっとよく知りたいという人は、ぜひ『金持ち父さんの投資ガイド』を読み、ゲームをやってみて欲しい。

本書がこれまでの本と違うのは、三種類の資産の間の相互作用だけに焦点を合わせるのではなく、キャッシュフローの「速度」にもしっかり焦点を合わせている点だ。金持ち父さんから私が学んだ教えの中で特に大切なものとして、「自分のお金を銀行や飼育場に何年も寝かせておくな」という教えがある。私のお金がやるべき仕事は、私のためにせっせと働き、より多くの資産を獲得することだ。

三種類の異なる資産の中を駆け巡るお金の速度を上げるためには、次の三つの要素を理解し、利用しなければいけない。

1．ＯＰＭ（他人のお金）
2．法人形態の選択
3．税法

この三つについては本書の先でもっと詳しく説明する。

これらが持つ力はお金にスピードを与えると同時に、お金を保護するのにも役立つ。

●速度が大事な理由

お金が動く速度が大事な理由の一つは、速く動いていないと、容赦のない税金の攻撃にさらされることが多く、また、他人のお金をレバレッジとして使えるチャンスも減り、あなたのお金を狙う盗人たちの格好の餌食になってしまうからだ。退職口座に何年もお金を寝かせておく人たちのお金はほとんど動かない。そして、そのために過剰な税金を払い、盗人や、もっと速くお金を動かしている投資家たち、市場の力などに対し無防備になっている。

ここでもう一度、本書が同種のほかの本と違う理由を思い出して欲しい。この本がほかの本と違うのは、投資の対象となる資産よりも、あなたのお金の速度に焦点を合わせている点だ。

これから先の内容をよりよく理解するためには、キャッシュフローを目的とした投資がキャピタルゲインを目的とした投資とは異なることを理解する必要がある。キャピタルゲイン投資家とキャッシュフロー投資家のものの見方は大きく異なる。この章のはじめに言ったように、牧場主と酪農家はどちらも自分の牛を資産と思っている。違いは牛の扱い方だ。

キャピタルゲイン投資家とキャッシュフロー投資家の違いを説明するのに私がこれほど多くの時間をかけたもう一つの理由は、たいていの人がキャピタルゲイン投資家だからだ。投資アドバイス業界が大衆にそうさせようと教育しているのもキャピタルゲイン投資だし、たいていの投資家が「投資は危険だ」と考える理由もここにある。

●投資の腕前と運

キャピタルゲイン投資家の中にも、すばらしく腕のいい人はたくさんいるが、たいていの人は自分の腕ではなく運を頼りに投資している。一方、キャッシュフローを目的に投資する人には、優秀な腕と多くの知識が欠かせない。キャッシュフローを目的に投資を始めるとすぐに、たいていの投資はプラスのキャッシュフローを生み出さないこと、少なくとも手ごろな値段の投資はそうだということがわかる。つまり、キャッシュフローを得ようとすると、たいていの投資は割に合わない、悪い投資だということがわかってくる。

ファイナンシャル・プランナーのところへ行き、いわゆる「分散投資」がされていて、損をするだけのポートフォリオを買うのは簡単だし、損する不動産物件を買うのもとても簡単だ。また、自分でビジネスを始め、それを倒産に追い込むのに高度な知能は必要ない。本当の投資家の腕の見せどころは、プラスのキャッシュフローを生む資産、つまり、あなたのポケットからお金を取っていくのではなく、そこにお金を入れてくれる資産を獲得するところにある。

プラスのキャッシュフローを生む資産を獲得するには、腕、つまり技能と、少しばかりの運が必要だ。運に恵まれるのは私も大好きだが、自分の将来の経済状態を安定させるためには、運よりもお金に関する自分の技能をあてにしたい。

たいていの人は自分は運がいいと思っている。不運に見舞われるまでは……。たいていの人は「そういうことは誰かほかの人に起こることだ。私には起こらない」と信じる傾向にある。

私も人生という名の贈り物を与えられたことをとても幸運に思っている。だが、自分の経済的安定、経済的自由に関しては運をあてにしてはいない。本書の第一部を読むと、キャッシュフローを増やし、それを守る方法が学べるが、それと同時に、運がころがりこんでくるのを待つのではなく、賢くなることで自分の運を上向きにする方法についても学べる。賢くなるための第一歩は、適切なアドバイザーから適切なアドバイスを得ることから始まる。

●適切な人から適切なアドバイスをもらう

ある時、テレビを見ていると、壇上に座った女性が「どうも私は間違ったタイプの男性を惹きつけてしまうようなんです」と胸の内を明かしていた。女性司会者はちょっと意地悪そうな笑いを浮かべながら、「男の人を惹きつけるのはいいことですよ。問題は、あなたが自分の電話番号を間違ったタイプの男性に教えてしまうことです」と言った。

金持ち父さんはこう言っている。「大きな金融会社の副社長などといった、たいそうな肩書きのついた名刺を持っているからといって、その人が投資について何か知っているとは限らない。世の中には、間違った人間に電話をして、自分の電話番号を教えてしまう人が多すぎる」

本書は、人々に損をさせたことで誰かを非難するために書かれた本ではない。個人的な損失に関して誰かを責めたり、どこかの会社や組織のせいにしたりするのではなく、自分の身に起きたことに対して自分で責任を取り、その間違いから学び、適切な人から適切なアドバイスを受けるようにした方がずっといい。私がはじめて投資信託に投資したあと、金持ち父さんが私にさせようとしたのもそれだった。金持ち父さんは私を適切なアドバイザーのところへ連れていったが、それと同時に、アドバイザーの考え方はその人なりの考え方だということも教えてくれた。私はまず、自分にとって何が適切なアドバイスか、それを見分ける方法を学ばなければならなかった。

●私からの励ましの言葉

たいていの人は、せっせと働いて稼いだお金を、お金の管理をしてくれる他人に預け、その人が賢い投資家であるようにと祈ったり願ったりする方がいいと思っている。確かにこの方法は、ファイナンシャル教育を自分に受けさせる気のない、大部分の一般投資家にとってはいいやり方かもしれない。だが、私に言わせれば、これは危険であるばかりでなく、おもしろみもあまりなくて、利益もあまりあがらないやり方だ。

先に進む前に、ここで読者のみなさんにいくつか励ましの言葉を贈りたいと思う。

投資信託を買ったことを金持ち父さんに報告したあと、私はおそらく自分はすぐには金持ちになれないということに気が付いた。そして、まずは資産を築いたり買ったりし始めなければいけないのだということが次第にわかってきた。あの時、私はとてもがっかりしてやる気をなくした。だから今、二つあるいは三つの異なる種類の資産を作ることを考えた時、あなたがどんなふうに感じるか私には想像がつく。特に、三つの資産のうちまだ一つも持っていない人がどう感じるか、私にはよくわかる。

そんな私からの励ましの言葉はこうだ――二つあるいは三つの異なる種類の資産を作るか手に入れることを、二つか三つの異なるスポーツをマスターして試合をすることと同じように考えよう。例えば、「テニスとラケットボールとゴルフのやり方を学ぶために、これからの十年を投資しよう」と自分に言い聞かせ、それを実践したとしよう。今、この三つのスポーツのどれもあまりうまくなくても、十年たてば、かなりうまくなるに違いない。少なくとも、同じ十年間、そのどれもまったくやらないでいた友達よりは、はるかにうまくなっているだろう。

お金と投資に関してもこれと同じことが言える。私は何年もの間、苦労した。十年たってもまだあまりいい得点はあげられなかったが、それでもかなり試合運びがうまくなった。二十年たった今、私はさらに試合運びがうまくなって、得点にもその成果が見えている。つまり、今では、昔私より多くのお金を稼いでいた何人かの友人より、ずっと多くのお金を稼いでいる。

自分はそんなに頭がよくないから無理だ……と感じている人に、私はこう言いたい――私もそうだと。それでも、時間こそ人一倍かかったが私は一生懸命に学んだ。そして、頭のいい人を周りに集めた。また、何かを新しく始めることが怖いと思っている人にも、私もそうだったと言いたい。だから私はスタートを切るのを助けてくれる友達を探した。『金持ち父さんの若くして豊かに引退する方法』を読んだ人は覚えているかもしれないが、あの本は、親友のラリー・クラークとキムと私が、雪に覆われた山中の山小屋で次の十年間の計画を立てるところから始まる。その十年後、私たちは経済的自由を手に入れていた。

金持ち父さんが言ったように、「自分に充分な時間を与えてやれば、どんなことも可能だ」。

●自分にとって何が理にかなっているか?

私に「あなたが勧めていることは危険だ」と言う人は多い。

そう言われた時の私の答えはこうだ。「私は何も勧めていません。ただ、金持ちがどうやって金持ちになるかを説明しているだけです」

すると多くの人はこう言う。「だとしても、たいていの人にとって、あなたが説明しているようなことをやるのは不可能です」

これに対する私の答えはこうだ。「不可能ではありません。本当とは思えないだけです。私が書いていることを実際にやった人もいます。私自身そうしてきましたし、ほかにも多くの人がそうやって大金持ちになっています。そうするのが不可能かどうかを決めるのはその人自身だと思います。確かに私も始めたばかりの時や、その後ずっと苦労を重ねていた頃は、そんなことは不可能だと思っていました。でも今の私は、多くの人が一生かかって稼ぎ出す以上のお金を一日で稼ぎ出しています。これは個人の選択の問題です。私たちは自由の国に住んでいるんですから」

あなたが「なるほど」と思えるのはどんな道だろう? 私がやっていること、それについて書いたり話したりしているやり方は、確かに楽に歩める道ではない。私がこの険しい道を選んだのは、楽な道が私には「なるほど」とは思えなかったからだ。つまり、次のような考え方は、私にはどうしても理にかなっているとは思えない。

1. 仕事を見つけ、従業員となり、将来自分が所有する見込みもなく、売ることができるようにも決してならない会社のためにせっせと働く。もし仕事をやめれば、キャッシュフローは止まる。

2．二十五歳の時に何らかの年金プランにお金を入れ始め、そのままそこに「駐車」させておき、六十五歳になるまでそのお金には二度とお目にかからない……。私は五年以内に自分のお金を取り戻したい。そして、そのお金で買った資産を持ち続けたい。自分のお金を取り戻すために資産を「食肉にして売り払う」などということはしたくない。

3．自分のお金を「飼育場」に四十年間入れておき、カウボーイやペテン師、市場の変動による略奪に対して無防備のままにしておく。ペテン師や市場の変動が私たちのお金を狙っているのはもちろんだが、投資信託管理会社もそのほとんどが、平均して年に一・五パーセントのファンド管理料をとる。これはたとえ管理会社が「とっていない」と言っても、システムとしてそうなっている。四十年払い続けることを考えたら、この管理料は相当な額になる。おまけにそのファンドであなたがお金を儲けても儲けられなくても、管理料を支払うことに変わりはない。

自分が何を「これは理にかなっている」と思うかが、人生において道を選択する際に決定的な影響を与えることは多い。私が「これは理にかなっている」と思ったのは、自分の資産を作り、作った複数の資産の間をパイプラインで結び、キャッシュフローの量を増やし、自分のお金の速度を速めるために、適切なアドバイザーから適切なアドバイスをもらうことだった。本書でこれからお話しするのは、私が二十五歳の時に、やっと理にかなっていると思えるようになった考え方についてだ。私がこの本を書いたのは、その考え方をあなたに伝え、そのうち一部分でも、あなたがなるほどと思い、あなたの将来に役立ててもらえれば……と願ってのことだ。

シャロンから一言

キャッシュフローがファイナンシャル・ライフ（人生の経済的側面）に対して果たす役目は、空気が人間の身体に対して果たす役目と同じだ。キャッシュフローは金持ち父さんの教えの基となる土台であり、私たちが作る、本をはじめとするファイナンシャル教育用の製品のすべてに共通する考え方の基礎でもある。金持ち父さんとロバートが、お金に関するほかの専門家や教育者たちと異なる点は、プラスのキャッシュフローを得ることを目指し、それを作り出すように教えている点だ。

キャッシュフロー　対　キャピタルゲイン
酪農家　対　牧場主
毎月ポケットに入ってくるお金　対　売った時に入ってくるお金
システム　対　一回の取引
パイプライン　対　バケツ

これは実に単純な考え方だ。ではなぜ、みんなキャッシュフローに投資しないのだろうか？　私たちは「安く買って高く売るのが一番いい」という考えにとらわれ、そこから出られなくなっているのではないだろうか？　あなたの毎月のキャッシュフローは全部、あるいはほとんどが給料からのものではないだろうか？　もしあなたが病気になって働けなくなったら、そのキャッシュフローは一体どうなるのだろうか？

私たちは社会全体として、「貯金」と「投資」を相反するものとしてとらえるように教え込まれてきた。だから、本書で私たちが紹介している考え方、つまり三種類の資産とその加速装置という概念が極端で複雑に見えて当然だ。だが、少しずつ消化していけばきっと自分のものにできる。

資産のうちビジネスは、たった一台の自動販売機でもいいし、コインランドリー機一台でも、インターネット上の会社でも、ネットワークマーケティングビジネスでも、フランチャイズビジネスでもいい。また不動産は、貸家でも、マンションの一室でもいい。私たちからのアドバイスは、小さく始め、間違いから学ぶことだ。

『金持ち父さん　貧乏父さん』の中には「自分のビジネスを持つ」という章がある。これには「自分のやるべきことをやる」という意味もある。あなたが給料をもらうためにやっていること、それが仕事や職業だ。そこからもらった給料を使って何をするか、それがあなたのビジネス、つまりあなたのやるべきことだ。仕事や職業から得たキャッシュフローは、余分なキャッシュフローを生んでくれる資産をあなたが買ったり、作り上げたりするのを手伝ってくれる。

やるべきことをやるのに加えて、自分がどんなふうに時間を使っているかも見直そう。あなたはお金のために働いているのだろうか？　それとも、あなたのためにお金を生み出してくれる資産を買ったり作り出したりするために働いているのだろうか？

金持ち父さんはビジネスを始めろ、不動産を所有しろと言うが、その目的は、毎月のプラスのキャッシュフローを生み出すことだ。私たちが開発したボードゲーム『キャッシュフロー』（ゲームの名前もゲームの目的と同じになっていることに注意！）の目的は、不労所得、つまりあなたが働くのではなく、あなたの資産が働いて生み出してくれる収入を作り出し、その額を毎月の生活費を超えるレベルまで上げることだ。その時点であなたは「ラットレース」から脱出する。

第三章……
銀行員に聞く

「たいていの人は銀行を利用しても貧乏になるだけだ。きみは自分がより金持ちになる手助けを銀行にさせる方法を学ぶ必要がある」
——金持ち父さん

「セールストークとファイナンシャル教育との違いは何か？」という質問に対する答えを見つけようとしていた私に、金持ち父さんは、自分と一緒に銀行に行き、担当の銀行員にいろいろ聞いてみるように言った。私が休暇でハワイに戻っていたある日、金持ち父さんは取引銀行に私を連れて行き、自分が気に入っている貸付担当者に私を引き合わせた。机をはさんで貸付係の前に座った私は、金持ち父さんに言われた通りにした。つまり、その銀行員に、引退後に備えて投資信託に投資しようと思っているが、そのためのお金を貸してくれないかと聞いたのだ。

私の言葉を聞いた銀行員はにこりとした。そして、金持ち父さんの方を見ながら、「この青年に何か教えようとしているんですね？」と聞いた。

金持ち父さんはうなずいた。「そうだよ。答えが聞けるところから直接聞くのが一番いいと思ったんでね」

ジムという名の銀行員はまたにこりとして、私の方を向いて聞いた。「その投資信託をどうするつもりなんだい？」

予定通りの質問だった。私は金持ち父さんから言われていた通りに答えた。「長期に投資するつもりです。

買って、持ち続け、投資信託の中で分散投資をするんです」

銀行員はうなずき、にやりとした。「早い時期に投資を始めるのはいいことだ」

「じゃあ、お金を貸してくれるんですね？」

「残念だが、だめだ」ジムはやさしくそう言った。「会社の方針として、当行では投資信託の購入のためにお金を貸すことはまずないんだ。きみが仕事に就いていて、これまでの借入金の返済が滞りなく行われていて、信用格付けが高ければ、個人向け融資としていくらか貸すことはできるかもしれないけれどね。きみはそのお金を投資信託に投資することもできるし、そのほかどんな使い方をしてもかまわない」

「もしぼくが不動産に投資したいと言ってここに来たとしたら、だめだと言う前に、少なくともどんな投資をするのかくらいは見てくれましたか？」

「ああ、もちろん、投資を検討しようという気持ちはその方が強かったと思うよ。でも、そうであっても、きみの個人的な財政状態や、これまでの借入金返済の履歴などは見せてもらうよ。銀行は、貸付けるお金の使い道にかかわらず、どういう人にお金を貸すのか知りたいと思っているからね」

「じゃあ、なぜ投資信託より不動産への投資を有利に扱うのですか？」

「その理由はたくさんある」

「不動産より投資信託の方が危険だからですか？」

「それは確かに理由の一つだね」ジムが静かにそう言った。「でも、今言ったように、ほかにも考慮しなければならない要素がある」

「ぼくが投資信託を買うのに銀行がお金を貸してくれないとしたら、なぜ世間には投資信託に投資する人がこんなにたくさんいるんですか？」

「いい質問だ」ジムはにこりとした。「それは私が自分自身に聞かなくちゃいけない質問だな。私も投資信託に投資しているからね」

「不動産には投資していますか?」

「いいや。持ち家はあるけれど……というか、実際に持っているのは銀行だね。それ以外、不動産には投資していない」

「なぜしないんですか?」私はとても不思議に思った。「あなたの銀行は投資信託に投資するお金は貸さないけれど、不動産に投資するお金は貸してくれるんでしょう? それなら、あなたの銀行のお金を使って投資したらいいじゃないですか?」

ジムはだんだん落ち着きを失ってきた。質問するのには慣れているが、質問される側になるのは苦手のようだった。「いいかい。もうしわけないが、ほかにも待っているお客さまがいらっしゃるんでね」ジムは礼儀正しくそう言うと、金持ち父さんの方を指してこう続けた。「ここにいるきみのお友達は投資用の不動産をたくさん持っている。そういった質問はお友達に聞いた方がいいかもしれないよ」

「そうします」私はうなずき、もう一度繰り返した。「そうします」

金持ち父さんと私は黙って建物から出て、止めてあった車の方へ向かった。私には、よりよい投資家になるための教育が着々と進行中であることがわかった。「あの人は本当の投資家じゃないですよね?」車のドアを閉めながら、私はそう言った。

「ああ、彼はプロの銀行員だ。で、おそらく、これからもずっと銀行員でいる。でも、投資はやっていなくても、彼は銀行員として、きみの投資教育に不可欠な大事な鍵を握っている」金持ち父さんは車のエンジンをかけ、バックして銀行の駐車場から道路に車を出した。「金持ち投資家、成功する投資家になるつもりなら、まず銀行の立場から投資の世界を理解する必要がある。銀行はお金を貸す相手が誰か、よく注意して見る。あの銀行員が、お金を貸す前にきみが誰か知りたがったのに気が付いたかい? 銀行は見ず知らずの人にはお金を貸さないし、きみもそうすべきではないんだ」

●政府や会社に面倒をみてもらう

そのあと、車が小さなコーヒーショップに到着するまで、私たちは何も言葉を交わさなかった。昼食にはまだ早かったので、店には客はいなかった。カウンターでサンドイッチを注文したあと、金持ち父さんと私は小さなテーブルをはさんで座り、勉強を続けた。金持ち父さんは黄色いレポート用紙とペンを取り出し、まず私に質問をした。「これまでに何回も言っているけれど、きみが現実の世界で成功するために重要な役目を果たす教育には三つの種類がある。それは何だったかな?」

「学問的教育、職業的教育、それとファイナンシャル教育(お金に関する教育)の三種類です」私がそう答える間に、金持ち父さんはペンを走らせていた。

「よくできたね」レポート用紙に箇条書きした項目に番号をつけながら金持ち父さんはそう言った。

1. **学問的教育**
2. **職業的教育**
3. **ファイナンシャル教育**

「今、きみが学校で受けている教育はどれかな?」

「職業教育です」私はすぐにそう答えた。「アカデミーで四年間の課程を修了すれば、理学士号と、商船に乗って世界中を航海できる三等航海士の免許がもらえます」

「金融や投資について学校でたくさん教えてくれるかい?」

「まだ大して教えてもらっていません」

「引退後の生活設計についてはどう言われているんだい?」

「今のところ、普通にいくなら、卒業したらステート・ラインズとかUSラインズ、マットソン・ナビゲーションといった大きな船会社に就職し、引退後に備えるための資金は会社が用意してくれると聞かされています」

「昔ながらの会社員の受給意識だな」金持ち父さんは、いつものようにちょっと皮肉っぽい笑いを浮かべながら、小さくそう言った。

「えっ？　何て言ったんですか？」金持ち父さんの言葉がはっきり聞こえなかった私は、そう聞き返した。

「何でもない」金持ち父さんはにこりとした。「いつかきみにもわかるよ。今の時代は、『面倒を見てくれ』と当然のことのように要求する人があまりに多すぎる。そんな意識に対する私の考え方をちょっと披露しただけだよ。今は、定年後、会社や政府に面倒を見てもらおうと期待する人が多すぎる。これは一種の『福祉頼み』の考え方だ。そういう人はよくこんなふうに言う。『あなたのために働くのだから、あなたは長期的な福祉を私に提供してくれなければいけない』とね。ただ、彼らはそれを『福祉』と呼ぶ代わりに、『受給資格』とか『給付』と呼ぶ。きみが私の年齢になる頃には、面倒を見てもらおうと期待する人が多すぎて、経済的に身動き取れなくなってしまう会社や政府がたくさん出てくるだろう。将来守ることのできない約束をしている会社や政府が今、多すぎるんだ」

「こういう問題はいつ始まったんですか？」

「一九三〇年代半ば、まだ私が若かった頃、今私たちが社会保障と呼んでいる連邦規模の制度が導入された。当時、アメリカは大恐慌の最中にあったけれど、『政府によって保証された年金』というこの考え方をいい考えだと思う人もたくさんいた。だが、その一方で、いい考えではないと思う人もたくさんいた。残念ながら、きみも知っているように、社会保障は今、政府主導のシステムの中で一番人気がある。いつかそれがアメリカ経済に大きなダメージを与えるようになるのにね……。当時も、社会保障がいいシステムじゃないと考える人たちの一部ががんばって反対したのに、多勢に無勢で負けてしまったんだ。今、社会保障と、そのあとに制度化された高齢者医療保険は、福祉、あるいは受給資格とか給付という名でよく知られている政府のシステムの中で巨大な怪物に変身しつつある」

●著者注――社会保障の成立

一九三五年八月十三日、フランクリン・D・ルーズベルト大統領が社会保障法に署名した。一般的な福祉に関するいくつかの規定に加えて、この新しい法律は、退職した六十五歳以上の労働者にその後も継続していくらかの収入を支給するという、一般に「社会保障」と呼ばれている社会保険システムを作り出した。一方、高齢者医療保険は、一九六五年の社会保障修正条項の一部として、リンドン・B・ジョンソン大統領によって承認され、法制化された。

●ただ飯のつけはあとで回ってくる

「なぜあなたは呼び方にこだわるんですか？　福祉と受給資格、給付、この三つの大きな違いは何ですか？」

「私が呼び方にこだわるのは、これらの政府のシステムが福祉という名で提供された時、高い自尊心を持った多くの人たちがそれに拒否反応を示したからだ。たいていの人は、福祉と聞くと貧しい人、あるいは無力な人だけのためのものだと感じる。でも、その同じシステムが名前を変え、受給資格、あるいは給付という名前で登場すると、大衆にとって受け入れやすいものになる。これが言葉の持つ威力だ。実質的に福祉であることは変わりなく、ただ名前が変わっただけなのにね」

「つまり、福祉は貧しい人のためのものだけれど、受給資格や給付なら中流の労働者のためのものだというわけですね」

金持ち父さんは黙ってうなずき、こう続けた。「それに、金持ちのためのものでもあるんだ。実際のところ、金持ちの多くは形こそ違うが一種の福祉システムを持っている」

私は頭を横に振った。話の内容についていけなくなっていた。そこで、自分にわかるレベルに話を戻そうと、こう聞いた。「社会保障システムが悪い考えだとあなたが思っているのはなぜですか?」

「一九三〇年代には、多くの人がそれは悪い考えだと思っていた。このシステムに反対する人たちは『社会保障は浪費国家を生み出す』と言い続けた」

「で、そうなったんですか?」

「私はそうなったと思っている。私と同世代の多くの人は、第二次世界大戦から帰ってきた時、引退後に備えてお金を貯める心配をする必要がなくなっていた。政府の年金、社会保障制度があったからね。そのため、投資について学び、引退後の自分の面倒を見る準備をする代わりに、アメリカという国は、まるで『明日はない』と言わんばかりに、せっせとお金を使い始めた。当時は経済が猛烈なスピードで成長していたから、多くの点から言ってこれはいい考えだった。だが、いい考えだったことは別として、結局アメリカは浪費国家となり、今も浪費の度合いはどんどんひどくなるばかりだ。そして、福祉を文化の一部とする国になってしまったんだ。でも、福祉、受給資格、給付などと呼ばれるシステムが引き起こした最大の問題は別にある」

「福祉が文化の一部になってしまうよりも悪いことってなんですか?」

「他人に面倒を見てもらおうと期待する人がたくさんいる国家を作り出したことだ」

「それって悪い考え方なんですか?」

「何にでも常にいい面と悪い面がある。ただでランチを食べさせてもらって、他人がその代金を払ってくれることを期待する人はいつの時代にもいる。問題は、今、そういう人の数がどんどん増えていることだ。前にも言ったように、たぶんいつか、きみがまだ生きている間に、きみの世代の人間は私の世代の人間が今ただでみんなに食べさせているランチのつけをすべて支払わなければならなくなるだろう。私だったら、二〇一二年以降の大統領選には絶対出たくないね」

「なぜ二〇一二年以降なんですか?」

「それは、きみの世代の人間が引退し始めて、それまで長年、そのシステムに注ぎ込んできたお金を回収しようとするからだ」

「そのどこがいけないんですか?」

「もうお金がなくなっているからだよ。残っているのは米国財務省の借用書だけさ。浪費国家になりつつあるアメリカは、世界一の金持ち国家から世界一の借金国家になっていく。だから、きみの世代の人たちは、気が付いたら、自分が汗ぎ込んだお金がすべてなくなっていた……という事態になるのではないかと私は思っている。きみたちのお金は使われてしまうんだ。きみたちは確かにそのお金を受け取る権利があるんだが、ほかの人たちがそれをすでに使ってしまっているんだ。社会保障システムにフルにお金を注ぎ込んでいる最初の世代であるきみたちに、そのお金がなくなってしまったことをどう説明するか、政府にとってはそれが大きな問題になるだろうね」

「その問題はどうやって解決したらいいんですか?」

金持ち父さんは意地悪そうににやりとした。「さっき言ったように、それはきみたちの世代が解決すべき課題だ。私が考える問題じゃない」

注文してあったサンドイッチがテーブルに運ばれてきて、福祉や借金、どんどん大きくなる財政問題についての話はそこで中断した。

●著者注——クレジットカードの普及

一九六六年にはまだクレジットカードは使われていなかった。その後、クレジットカードの普及とともにアメリカは浪費国家から借金国家へと移行してきた。

●壁にぶちあたるアメリカ経済

二〇〇三年二月二十四日付のビジネス・ウィーク誌の記事の中で、連邦準備制度理事会のアラン・グリーンスパン議長は次のように述べている。「今後、大挙して引退の時期を迎えるベビーブーマーたちが、国家予算の大きな重荷となるだろう。これはアメリカ政府が無視するにはあまりに大きな、人口構成が抱える時限爆弾だ」ホワイトハウスの計算では、「社会保障制度は総額で五兆ドル近い赤字を抱え、高齢者医療保険は十三兆ドル以上の赤字を抱えている」。グリーンスパンは最後にこう言っている。「現在は、赤字を少なくすることに賛成する選挙民がたくさんいて、その数は増えているようだ。だが、赤字減らしを実現するために必要なことを進んでやろうという姿勢はそれに比べて少ないように思う」

グリーンスパンが言っているのは、アメリカ政府がどっぷりと財政難につかっているということだ。お金を使いすぎるという問題、そして約束をしすぎるという問題が解決されない限り、数年後にはアメリカ経済は壁にぶちあたる。そして二〇一二年までには、財政面での戦略を大幅に変える必要が出てくる。その頃にはいろいろな面で財政状況は大きく変わっていて、他人が自分の面倒を見るべきだと思っている人と、自分で自分の面倒を見るべきだと思っている人との間に大きな衝突が起こるだろう。

●ファイナンシャル教育で大事なこと

サンドイッチにかぶりつきながら、金持ち父さんは自分の考える「投資家教育」に従って説明を続けた。

「銀行の考え方と、きみに投資信託を売ったセールスマンの考え方の違いをいくつか教えてあげよう」

「お願いします」

「まず、ファイナンシャル教育にどんなことがかかわってくるか説明しよう」金持ち父さんは、黄色いレポート用紙を私の方に少し向けて、次のように書いた。

1. 稼ぐ／作り出す
2. 管理する
3. レバレッジを効かせる
4. 保護する
5. 出る

●稼ぐ／作り出す

書き終わると金持ち父さんは目を上げ、私の方を見て、こう言った。「たいていの人はお金を稼ぐ方法、つまりお金を作り出す方法を学ぶために学校に行く。問題は、彼らの教育がそこで終わってしまうことだ」

レポート用紙を自分の方へ向けると、金持ち父さんは次のように書き足した。

1. 稼ぐ／作り出す　　学問的教育
　　　　　　　　　　職業教育

---

2. 管理する
3. レバレッジを効かせる　　ファイナンシャル教育
4. 保護する
5. 出る

「今、きみは職業教育を受けるために学校に通っている。きみは船の高級船員になるために学んでいる。かなり給料のいい職業だ」レポート用紙の上に「稼ぐ／作り出す」と書かれたあたりを指差しながら、金持ち父さんがそう言った。

私はうなずいた。「今の時代、一番高い給料の取れる職業の一つです。問題は、働き口がどんどん減っていることです」

●管理する

「きみが金持ちになりたい、きみらの世代を待ち受けるお金の世界の荒海に船出する準備をしたいと思っているなら、ファイナンシャル教育の一環として、これから話すようなことを学ぶ必要がある」金持ち父さんは「管理する」と書かれたところを指差して、そう続けた。「たいていの人は仕事をしてお金を稼ぐ。だが、いくら稼いでいようと、みんな経済的に苦しんでいる。その理由は単純で、自分のお金を適切に管理する方法を学んだことがないからだ。多くの人の場合、お金を稼ぐ時はとても頭がいいのに、使う段になるとすっかり頭の働きが鈍ってしまう。このことはわかるかい?」

「はい、わかります」私はレポート用紙に手を伸ばしながら答えた。「だからこそ、あなたはマイクとぼくに、あんなに時間をかけて財務諸表の読み方や、資産と負債、収入と支出の違いを教えてくれたんです」私はそう言いながら、図②を描いた。

「今でも覚えていますが、ぼくがハイスクールの学生だった頃、あなたはぼくにこんなふうに言いましたよね。『学校の成績を見せろと銀行に言われたことはない。銀行は財務諸表を見たがる。銀行は私の成績の平均値や、どんな学校に行ったかなど気にしない。銀行が知りたいのは、自分のお金に関して私がどれくらい賢いか、どれくらいうまく自分のお金を管理できるかだけだ』」

●レバレッジを効かせる

「よく覚えていたね」金持ち父さんはそう言って、レポート用紙を自分の方に引き寄せた。そして、「レバレッジを効かせる」と書かれたところを指差しながらこう言った。「お金の管理の次に、きみがファイナンシャル教育の一環として学ぶべきことは、自分のお金にレバレッジ（てこの力）を効かせる方法だ」

「自分のお金でお金を作る方法を学ぶ、つまりぼくのお金をぼく自身よりせっせと働かせる方法を学ぶ必要があるということですね」

「きみのお金だけじゃない。銀行のお金もきみのためにせっせと働かせるんだ」

「銀行のお金を使って投資するってことですか？」

金持ち父さんはうなずいた。「自分のお金はうまく管理していても、それにレバレッジを効かせる方法を学ばなかったという、ただそれだけの理由で金持ちになれないでいる人はたくさんいる。たいていの人は、お金を貯めたり、借金をしないでいることで自分のお金にレバレッジを効かせようとする。これは確かに単純なレバレッジの形ではあるが、きみを金持ちにしてくれる『パワー・レバレッジ』とは言えない」

「銀行の担当者に私を会わせたのは、銀行がパワー・レバレッジの源だからですか？」

金持ち父さんはまたうなずき、次のように聞いた。「投資信託に投資した時、きみは誰のお金を使ったのかな？」

「自分のお金です」

「レバレッジを使った投資を本当に理解したいと思ったら、他人のお金――例えば銀行のお金――を使って投資する方法を学ぶ必要がある」

「でも、あの銀行の人は、投資信託に投資するならお金は貸さないと言いましたよ」

「きみに彼と話させたかったのはそのためだよ。偉大な投資家になりたいと思ったら、銀行の視点から世界を見なくちゃいけない。きみに投資信託を売ったセールスマンに、きみが投資信託に投資するためのお金を自分のポケットマネーから貸してくれるか聞いたことがあるかい？」

「いいえ、ありません」

「プロの投資家はいつでも、何らかの形でレバレッジを効かせる方法を探している。その一つはOPM、つまり他人のお金を使う方法だ。私がきみに、銀行の目でお金の世界を見る方法を学んで欲しいと思う理由はここにある。銀行員は、投資のリスクとリターンを銀行がどのように評価するかを教えてくれる、貴重な情報源になり得るというわけだ。たいていの人はお金を貯めるため、あるいは自宅や消費財を買うわずかなお金を借りるためだけに銀行に行く。金持ちになるためのレバレッジとして銀行のお金を利用する方法について銀行で聞く人はごく少数だ」

「いい借金と悪い借金の違いを知る必要があるとあなたがぼくにいつも言うのも、それだからなんですね。たいていの人は悪い借金、つまりその人をもっと貧乏にするだけの借金をしに銀行に行く……」

「この教えの意味がわかってきたかい？」金持ち父さんがそう聞いた。「レバレッジと投資の重要性についての教えだよ？」

私はうなずき、大きく一つ深呼吸すると、レポート用紙の上に書かれたリストに目を戻した。そこに書かれていることの大部分は、それまでに聞いたことのある内容だったし、金持ち父さんが銀行と取引をするところに立ち会ったこともあった。多くの場合それは、たくさんのお金の貸し借りにかかわる取引だった。こ

②銀行は財務諸表を見たがる

の日、金持ち父さんと一緒に銀行に行った私は以前より大人になっていたので、それまでに習ってきた教えが新しい意味を持ち、より大きなインパクトを持って伝わってきた。「つまり、人がお金のことで苦しむ一番の理由は、お金の管理の仕方を間違えているから、そして、二つ目の理由はお金にレバレッジを効かせられないからということですね」

金持ち父さんはうなずきながらこう答えた。「そして、そのたった二つのステップをきちんと踏んでいるおかげで、金持ちはどんどん金持ちになっていく。一方、そうでない人はせっせと働き、それでもお金のことで苦労している。私がきみにお金の管理の仕方と、レバレッジの効かせ方を学び続けて欲しいと思うのはそれだからだよ。どちらのステップも時間をかけて学ばなければならない大事なことなんだ」

「この二つのステップについてもっと学び続けるにはどうしたらいいんですか?」

「銀行の担当者から学ぶんだよ。喜んできみに手を貸そうという銀行の人からね」金持ち父さんはにこりとした。「私もそこから学んだ。これから先、きみも銀行の人と話す習慣をつけるようにするんだ。ランチに誘って、彼らの頭の中をのぞかせてもらうんだ。彼らがどう考えているか、何を重要と思っているか、ある人に『イエス』と言って、別の人に『ノー』と言う理由は何か……そういったことを教えてもらうんだ。そのためにきみが支払わなければならないのは、たまにおごってあげるランチだけだ。たまにおごるランチなんてたかが知れている。大学の学資よりずっと安くすむ」

●保護する

私はしばらくの間、黙ってただうなずいていた。それまで何年もの間、私は金持ち父さんが銀行の担当者や、そのほかのお金に関するアドバイザーたちをランチに誘うのを見てきた。そして、彼らにいろいろな質問をしていたこと、アドバイザーたちがランチを食べながら金持ち父さんに自分の知恵を喜んで伝授していたことを今でもよく覚えている。金持ち父さんは正式な教育は受けていなかったが、自分を教育することを決してやめなかった。いつも、いろいろな分野から優秀な人を集め、彼らを周りにおいて、自分が話すのではなく、彼らの話に耳を傾けた。自分が抱えるお金に関する問題や課題を彼らに率直に話し、それらを解決する方法について意見を求めることも多かった。金持ち父さんはそうやって学び、知識を得ることにより、お金の面で人より一歩先を歩んできたのだ。つまり、金持ち父さんはランチを食べながら、自分の頭をよくすると同時に、金持ちにもなっていった。金持ち父さんに銀行に連れて行かれたこの日、私はそのことを改めて学んだ。

「保護するというのはどういうことですか?」私は紙の上の「保護する」という文字を指差しながら聞いた。

「これはとても大きなテーマだ。でも、何とか簡単にして説明してみるよ。きみは保険をかけずに車を運転するかい?」

「いいえ」私は頭を横に振りながらそう答えた。

「じゃ、家はどうだい? 保険をかけないで家を持つことができるだろうか?」

私はまた頭を振った。「できません。それに、たとえそれができたとしても、そんなことをするのはばかげています」

「じゃあ、どうしてこんなに多くの人が保険をかけずに投資をするんだろう?」

「わかりません。投資に保険がかけられるとは思っていませんでしたし……」

「もちろんかけられるさ。プロの投資家たちは保険をかけて投資するが、アマチュア投資家はそうしない。アマチュア投資家が投資は危険だと言うのはそれだからだ。きみに投資信託を売ったセールスマンはその投資信託に対する保険があるという話をしたかい?」

「いいえ」

「買って、持ち続け、分散投資しろという話のほかに、株式市場は上がることもあれば下がることもあるときみに言ったかい?」

「いいえ。市場は平均して毎年九パーセントの割合で上がっているに言っただけです」

「それを保証してもいいと言ってくれたかい？」

「わかりません。聞きませんでしたから。聞いたら、九パーセントの年利を保証してくれたんでしょうか？」

金持ち父さんは苦々しげな表情で、頭を横に振った。「さあ、これで、きみが健全な投資教育ではなくセールストークに基づいて投資に関する決定を下したと私が言ったわけがわかっただろう？」

「少しずつですが……」私は小さな声でそう言った。そのあと少し考えてから遠慮がちにこう聞いた。「あなたはプロの投資家は保険をかけて投資すると言いたいんですか？」

「その質問は銀行員のジムに聞くのにうってつけの質問だね。抵当保険や権原保険、火災保険といった保険なしでお金を貸してくれるかどうか、ジムに聞いてみるといい」

「きみに銀行の目を通して投資の世界を見て欲しいと思うのはそれだからだよ。銀行の人は慎重すぎることが多いけれど、それが彼らの仕事だからね。何といっても銀行のお金を保護するのが彼らの仕事なんだから。銀行の人が財務諸表や個人の信用履歴、雇用記録、給料明細などを見たがるのはそのためだ。銀行はきみがやったように、見ず知らずの人に自分たちのお金を渡したりしない。相手が誰か、お金に関してどれくらい頭がいいかを知りたがる。学校の成績やどんな学校を卒業しているかなどは気にしない。彼らが見たがるのはお金の面での成績表である財務諸表だ。きみがお金のことに精通しているかどうか知りたいんだ。で、きみはそういう人間にならなくちゃいけない。お金に関して、正確できちんと整理された記録をつけ始める必要があるのはそのためだ。たいていの人はそういった記録をつけていない。彼らがお金のことで苦労するもう一つの理由がこれだ。それから、銀行の人はどんなにきみのことを信用したとしても、さらに保険を要求することも覚えておくんだ。危険に対する防御手段だ。プロの投資家になりたかったら、きみも同じことをしなくちゃいけない。まずきみを銀行の人に会わせたのはそのためだ。きみが取引する銀行の人は、お金と投資のゲームが実際にどのようにプレーされるかを知るための最良の教師だ。いいかい、お金に関する最良の教師は、購入のための貸付を銀行に断られるような投資をきみに売るだけの、あのファイナンシャル・アドバイザーじゃないんだ」

言いたいことをすべて言い終えた金持ち父さんは、黙って座ったまま私の方を見てにやりとした。

「わかりました」しばらくしてからやっと私はそう言った。「おっしゃりたいことがわかってきました」

金持ち父さんはまだにやにやしていた。そして、少し間をおいてからこう言った。「こんなにもたくさんの人が投資は危険だと思っている理由の一つは、彼らが資産の保護についてほとんど、あるいはまったく知らないからだ。プロの投資家は、ハゲタカのようにお金を狙う税金や損害賠償の訴訟、株価の変動、災害、景気のサイクルといったものから自分の投資を守る方法を学ぶ必要がある」

「つまり、あなたは、ただ買って、持ち続け、祈るというやり方はしないと言いたいんですね」私は少し皮肉っぽくそう言った。

「しないよ」金持ち父さんはにこりとした。「プロの投資家にとっては、保険と保護がとても大事だ。本当のところ、保護できないような資産は買うべきじゃない。さっきも言ったように、きみは保険をかけずに車を運転したり家を買ったりはしない。投資だって、保険なしには絶対すべきじゃないんだ」

レポート用紙の上のリストにあるそれぞれの項目について、まだまだたくさん学ぶべきことがあると気付いた私は、少しあせってこう言った。「そろそろ次の話に移りましょう」

●出る

「買って、持ち続け、祈ること以外に、何かきみは出口戦略を持っていたかい?」金持ち父さんがそう聞いた。「そもそもきみが投資信託を買おうと最終的に決めたのはなぜだったんだい? 何か出口戦略があったのかい?」

「特にこれといってあったわけじゃありません」私はおどおどと答えた。「ただ、さっさと書類にサインして勉強に戻りたいと思っていただけです」

「気持ちはわかるよ。でも、プロの投資家にとって、出口について学ぶのはとても大事なことなんだ。たいていのアマチュア投資家は買いはしても、その投資から出る時のことは考えない。だから、よくわからないから、『長期的に投資しろ』という言葉にしがみついて安心しようとする。この考え方はきみが未来について考えたり、展望を持つ時期を遅らせる。こういったことはいずれにしても、たいていの人にはむずかしいんだけれどね。たいていの人は先のことは考えずに、その場限りで生きている。明日のことではなく、今日のことだけを考えている。そして、五十歳をすぎたあたりで突然目を覚まし、先に残された時間に限りがあることに気付き始める。彼らが『もっと早くこれをやっていたら……』と言うのはそうなってからだ」

かなり時間がたち、二人ともランチを食べ終わっていることに気付いた私は、そろそろこの授業を終わりにしなければと思って、急いでこう聞いた。「出口戦略の例を挙げてもらえませんか?」

「もちろんだよ。投資していたものを売って出口から出る場合、そのやり方によって私は税金を払うこともあるけれど、払わないこともある。こういうのもたくさんある出口戦略の一つだ。投資信託のセールスマンは、きみに投資信託を売る前に、いろいろな出口戦略の説明をしたかい?」

「いいえ。ただ投資信託口座にお金を入れ続け、その価値が上がっていくのを見守っていればいいと言っただけです」

「つまり、彼はきみの小切手を受け取りながら、出口戦略や保護、レバレッジ、あるいは管理などについては何も話さなかったというわけだ」

「何か話してくれたかもしれませんが、ぼくは覚えていません」

●セールスマンと銀行員の考え方の違い

私の返事を聞きながら、金持ち父さんは財布を取り出し、ウェイトレスが持ってきた勘定書を見て支払をすませた。それから立ち上がる前に、レポート用紙を手元に引き寄せ、次のように新たに書いた。

セールスマン	銀行／投資家
お金を稼ぐ	お金を稼ぐ 管理する レバレッジを効かせる 保護する 出る

「投資アドバイスをもらうためにセールスマンのところへ行った場合、たいていのセールスマンが知りたがるのは、どれだけの資金をきみが出せるかだけだ。投資する対象が投資信託であれ、不動産であれ、あるいは新しい自動車であれ、それは同じだ。私がこの表のセールスマンの側に『お金を稼ぐ』以外に何も書かなかったのは、彼らにそれ以上の情報は必要ないからだ。一方、プロの投資家や銀行員のような立場の人は、もっと多くを知る必要がある。だから、銀行と投資家の側にはいろいろな項目があるんだ。プロの投資家や銀行は、お金の管理についてきみがどれくらい知っているか、レバレッジをどれくらい使っているか、資産を保護するための戦略、出口戦略はどうなっているかなどを知りたがる。きみの友達のセールスマンがきみに『やれ』と言ったのは、買って、持ち続け、分散投資することだけだった。たとえきみが何年にもわたって買い続け、持ち続け、分散投資し続けたとしても、長期的に見て、きみはそうすることからどれくらい学べるだろうか？」

「自分のお金を見ず知らずの人に渡して、何年にもわたってその人の言う通りにする、つまり買って、持ち続け、祈りながら、小切手を送るために封筒に貼る切手をなめ続けるだけだとしたら、きみはどんな種類の投資家になると思う？」

私はもう何も言う必要はなかった。ただ黙って座っていたが、頭の中はいろいろな考えが駆け巡っていた。

●二つの職業

金持ち父さんは立ち上がり、駐車場に向かって歩き始めた。そして、その途中で私の方を振り向くと、こう言った。「現実の世界で成功したいと思っているきみの世代の人間には、単なる学問的教育と職業的教育以上のものが必要になる。きみの世代の人間は、将来、金銭的にとても大変な時期を迎えることになるだろう。それはおそらく、私の世代の人間が生き抜いたあの恐慌の時代よりも大変な時代になる。今きみは名門のアカデミーに通っているが、その時になったら、そこでファイナンシャル教育について何も教えてもらえなかったことに気付くだろう。ファイナンシャル教育は自分で身につけなければいけない。この教育は、プロの銀行員の目でお金の世界を見ることから始まる。もうきみにもわかったと思うが、銀行員は必ずしもすばらしい投資家というわけではない。でも、うまくお金を管理できる人間とそうでない人間を見分ける方法を知っているのは確かだ。それに、彼らは常に保証と保険を要求する。きみも同じようにすべきなんだ」

「つまり、ぼくはたくさんの異なる職業について少しずつ知らなくてはいけないということですか？」私は金持ち父さんの後ろについて歩きながらそう言った。

「きみ自身が学ぶ必要があるわけじゃないが、必要な職業分野でプロとして能力を発揮している人を友達に持つ必要がある。どんな友達を持つか、あるいは、どんな人とランチを食べるかが大事なのはそれだからだ。たいていの人は自分と同じ職業の人と時間を過ごす。類は友を呼ぶというやつだ。私が銀行の担当者や会計士、弁護士、ファイナンシャル・プランナー、保険代理店の人、不動産ブローカー、株式ブローカーなどとよくランチを食べていたのは、きみも覚えているかもしれない。私はランチをおごってあげるだけで、世界で最高のファイナンシャル教育を受けていたんだ。それは実際的なお金の世界の教育だった。学問的なお金の世界ではなくね」

自分の車にたどりついた金持ち父さんは、運転席に乗り込みながらこう言った。「きみの世代の人たち、またそのあとの世代の人たちは、少なくとも二つの職業を持たなくてはいけなくなる。一つは自分自身のため、もう一つは自分のお金のための職業だ。きみは年をとるにつれ、自分よりお金に一生懸命働いてもらいたいと思うようになるだろう。私の場合、自分自身のための職業はビジネスオーナーで、私のお金の職業は不動産だ。私はそこに自分のお金を取っておき、それにレバレッジを効かせる——安全にね。私のお金と私の銀行のお金はとても安全だ。なぜなら私が見張っているからだ。誰かほかの見ず知らずの人が見張っているわけじゃない」

「二つの職業?」私は当惑した声でそう聞いた。心の中では「一つ目の職業を手に入れるだけでも苦労しているのに……」と思っていた。

金持ち父さんは車にエンジンをかけながらうなずいた。「私の世代の人間は福祉の考え方をきみたちに伝えた。今ではそれは給付とか受給資格とか呼ばれているけれどね。実際のところ、この世の中にはただで食べられるランチがあると思っている人、つまり、退職したあと誰かが自分の面倒を見てくれると本気で思っている人がたくさんいる。問題は、この国にはそういう考え方をする人が何百万人もいて、その数がどんどん増えていることだ。きみの世代はこの、本当はただではない『ただのランチ』の勘定書きをすでに手にし始めている。私がきみに、私の世代の人間の足跡をたどるなというのはそのためだ。安定した仕事、年金、医療補助、社会保障、高齢者医療保険などといったものを誰かが用意してくれて、それらに面倒を見てもらおうなどと期待してはいけない。こういった名のもとで行われている受給制度、給付金制度は高くつきすぎる。企業や政府はまもなくそれを払いきれなくなるだろう。だから自分で自分の面倒を見る方法を学ぶ必要があるんだ。私の予想によると、アメリカの経済はきみたちの世代が引退し始めると同時に大きな壁にぶちあたる。そうなったとしたら、あるいはそうなった時、きみの世代の人間はこんな疑問を持つだろう——『私のお金を取ったのは誰だ?』。だから、きみには二つの職業が必要なんだ。きみ自身のためと、きみのお金のための二つの職業だ」

●よりよい投資家になる

金持ち父さんは私と握手をすると、車で立ち去った。私は手を振って別れを告げ、自分の車の方へ歩いていった。会社や政府をあてにせず、自分で自分の面倒を見るという考え方を受け入れるのは簡単だった。どっちみち、他人やどこかの組織に頼りたいとは思っていなかった。それまであまり考えたことがなかったのは、投資すること自体と投資対象とがまったくかかわりを持っていないということだった。金持ち父さんは、投資信託、株式、ビジネス、社債、不動産など、投資対象となる資産のどれがいいとか悪いとか言っていたわけではなかった。金持ち父さんがこだわっていたのは、よりよい投資家になるために私に学ばせることだった。金持ち父さんにとっては私がどんな種類の資産に投資するかよりも、よりよい投資家になることの方がずっと大事だったのだ。

最良の投資はよりよい投資家になるために学ぶことであり、その教育は自分の取引銀行の担当者の話を聞くところから始まる——車に乗り込む私には、そのことがわかりかけていた。なぜ銀行の人かというと、投資のために銀行のお金を使いたいと思ったら、お金の管理、レバレッジ、保護、出口といった健全なるファイナンシャル教育の基本を学ぶ生徒になる必要があるからだ。

最近の数年の間に銀行の世界は大きく様変わりしたが、その主たる業務は依然として、お金を貸し、お金に関するサービスを提供することだ。ロバートの実の父親である貧乏父さんは銀行や引退後に備えた退職口座に自分のお金を入れた。これは今日、多くの人がやっているのと同じやり方だ。一方、金持ち父さんは自分のお金が常に動いているようにした。つまり、自分のお金に投資を買わせ、きちんと利益をあげて、投資したお金をすぐに取り戻し、さらに多くの資産を買って次に進みたいと思っていた。銀行にお金を「駐車させておく」という考え方は好きではなかったのだ。

あなたが銀行にお金を預けたとすると、銀行はそのお金を何度でも貸し出すことが法律によって許されている（これが銀行預金に対するレバレッジだ。銀行は預金の合計のうち一部を準備金としてとっておくことを要求されているが、それは合計額のほんの一部だ）。例えば、あなたが十万ドルを銀行に預け、年に一パーセントの利子、つまり千ドル受け取るとしよう。銀行システムはあなたの十万ドルを使い回し、何度も貸付に出す。例えばその合計金額が百万ドルになったとしよう。それに対して銀行が十パーセントの利子を取るとしたら、銀行はあなたの十万ドルを使って十万ドル稼ぎ、あなたのお金の使用料として千ドル払うことになる。あなたの預金に対するレバレッジを利用して銀行が得る純益は九万九千ドルだ（これは複雑な銀行・金融システムを非常に単純化した例だが、あなたが銀行にお金を貯めることと、あなたが貯めたお金を使うことによって銀行が生み出すレバレッジとの間の違いを具体的に説明するために、あえて単純化して紹介した）。銀行はこのようにしてあなたのお金を利用するが、その一方、同じレバレッジの概念をあなたの得になるように使うためのお金も貸してくれる。

金持ち父さんは自分のお金にレバレッジを効かせ、動かし続けるために銀行を利用した。実質的に銀行そのものになりたかったのだ。これから先の章では、どうやったら自分の十万ドルを元に銀行のお金を利用し、百万ドルの不動産を買うことができるか、その方法についてお話しする。お金を貯めるか、レバレッジの力を利用してお金を動かし続けるか、あなたには二つの選択肢が与えられている。

ロバートも言っているように、銀行は貸付を業務としている。取引先の銀行の担当者と顔見知りになり、あなたにアドバイスをしてくれる「チーム」の一員になってもらって定期的に連絡をとるようにしよう。私たちの場合は、銀行の担当者に常に最新の財務報告を送るようにしている。銀行の担当者としっかりとした関係を築き、自分たちの経済状態について最新の情報を与え続けることで、投資のチャンスが訪れた時に私たちはすばやく動くことができる。それに、こうしておけば、銀行の人は、銀行を通して提供される投資のチャンスについて私たちに教えてくれるようになる。

あなたが投資する際に、銀行やそのほかの担保貸付機関が提供してくれるレバレッジにはいろいろな利点がある。そのうち三つを次に紹介する。

1．投資を確保する

ビジネスや不動産を買うためのローンを組むことで、手持ちの現金にレバレッジを効かせることができる。「はじめに」で取り上げた例を思い出して欲しい。あの例では十万ドルの頭金を払うだけで、百万ドルの不動産を購入することができた。九十万ドルの銀行からの貸付は、私たちに九倍のレバレッジを与えてくれた。投資対象である不動産から入る家賃、あるいはビジネスからの収入は、銀行ローンの返済をしてくれるだけでなく、プラスのキャッシュフローを私たちにもたらしてくれる。

2．資産全体の減価償却の恩恵が受けられる

税法は、不動産やビジネスに投資した場合、その資産全体に対する減価償却控除を認めている。だから、たとえあなたが頭金として十パーセントの現金しか出していなくても、投資全体に対する減価償却の恩恵が受けられる。つまり、税法により減価償却分は収入から控除できるから、結果として税金が減る（これについては第五章で詳しく説明する）。

3. 資産価値の上昇分が自分のものになる
銀行などの貸付機関から借金することで自分のお金にレバレッジを効かせても、あなたは手に入れた資産の百パーセントの所有権を持っていられる。つまり、決められた通りに銀行に借金を返し続ける限り、資産の価値が上昇した場合、その全部があなたのものになる（たとえ購入金額の九十パーセントを借金でまかなったとしても同じだ）。

この三つのレバレッジは、投資からあなたが得る利益をさらに大きなものにするのに役立つ。銀行の人と親しくすれば、それだけの見返りは必ずある。

第四章……

保険代理店に聞く

「たいていの人は投資は危険だと思っているが、それは単に彼らが保険をかけずに投資をしているからにすぎない。投資すること自体は危険ではない。保険をかけないで投資する投資家が危険なのだ」

——金持ち父さん

一九六六年の夏休みは駆け足で過ぎようとしていたが、私はもう二週間近くも金持ち父さんと会っていなかった。ファイナンシャル教育を続けたいと思っていた私は、金持ち父さんに電話をかけてみた。

「オーケー、ビショップ・ストリートで落ち合おう。保険代理店の担当者とのランチに連れていってあげるよ。どっちみち彼には会うことになっていたから、一緒に来ればいい」金持ち父さんはそう言った。

今回はホノルルの中心街にある、ビジネスマンがよく出入りするしゃれたレストランで会うことになった。さまざまな取引の話がそこで行われ、成功や失敗が渦巻いているような、そんな感じのレストランだった。金持ち父さんは私より先にそこに到着していた。早めに来て、保険代理店の人とひと仕事終え、私が着いた時にはさあこれからランチというところだった。金持ち父さんは立ち上がり、私と握手をするとこう言った。

「こちらはダンだ。ダンは私の不動産のすべての保険を扱っている」

ダンは背が高く、きちっとした身なりで風格があり、年のころは金持ち父さんより少し上といった感じだった。「会えてうれしいよ」ダンは立ち上がり、私と握手をしながらそう言った。

「ロバートはニューヨークの学校に通っているが、今休暇で家に帰ってきているんだ。私は彼のファイナンシャル教育の手助けをしているんだよ」金持ち父さんがダンにそう説明した。

「そいつはいい。お金について学ぶのは早ければ早いほどいい。で、何を教えているんだい？」

「それなんだが……今日は私が教えるわけじゃない。きみが教えるんだ」金持ち父さんはにこにこしながらそう言った。「だからきみたち二人を引き合わせて一緒にランチを食べたいと思ったのさ」

「彼に何を教えて欲しいんだい？」ダンがそう聞いた。

「そうだな……まず手始めに保険の第一原則ってのはどうかい？」

ダンはくすくすと笑い、笑顔のまま「そうだな、そのあたりから始めよう」と言った。それから、考えをまとめるために少し待ってからこう言った。「保険の第一原則は『保険は必要になった時には買えない』ということだ」

「じゃ、いつ買うんですか？」何も知らない私は無邪気にそう聞いた。

「必要になる前だよ」金持ち父さんとダンは声を合わせてそう言い、大声で笑った。

それから、ダンが話を引き取ってこう続けた。「本当は笑い事じゃないんだ。実際、悲劇的なことなんだからね。保険が必要になってから私に会いに来る人がどんなにたくさんいるか、想像がつくかい？ 例えば、車をぶつけてしまってから自動車保険を買うのはむずかしいし、家が火事で燃えてしまってから火災保険に入るのもむずかしい。つまり、悲劇的だと言うのは、誰かが実際に保険を必要とする時には、たいていの場合、私は役に立ってあげられないからだ」

「じゃ、保険はそれが必要になる前に買うんですか？」

「そうだよ」とダンが答えた。「必要になる前だ」

ここで金持ち父さんが口をはさんだ。「いい投資家になりたかったら、投資する対象が何であれ、保険のことを理解する必要がある。保険というのは、要するに損失に対する保護だ。保険があれば投資のリスクは大幅に減る」

「つまり、『投資は危険だ』という人はたいてい保険に入っていないわけですね?」

「そうだ」と金持ち父さんは続けた。「このことについては、これまでにもよくきみと話をしているが、多くの人はきみと同じように、『長期に投資しろ、買って持ち続け、祈り、分散投資しろ』というセールストークを信じて、自分のお金を見ず知らずの他人に渡してしまう。そういう人は何か大変なことが起きてお金を失ってから、保険をかけたいと言ってくる。で、そういう大変なことはいつだって起こる可能性がある。こういうやり方は危険が多いどころか、まったく無茶な話だ」

ダンはただ黙ってうなずいていた。今度は笑ったりしなかった。それどころか、とてもまじめな顔をしていた。

「あなたは投資信託に対する保険を引き受けますか?」私はダンにそう聞いた。

「いいや」ダンはそう答えた。

「株式や債券に対する保険はどうですか?」

ダンはまた「いいや」と言った。

「じゃ、何に対する保険を引き受けるんですか?」

「ビジネスと投資の世界で、人間に対する保険を引き受ける。きみの友達の金持ち父さんのような重要人物に対する保険だ」

「重要人物っていうのはどういう人ですか?」

「会社の経営陣にとって実質的に重要な意味を持っている人だ。保険をかけておけば、その人に何かあった時に、会社はその人に代わる人を雇うだけの資金を得ることができる。でも、キーマン傷害保険として知られるこのような保険のほかにも、違った種類の保険がたくさんあるよ。人間に関する保険で基本的なものと言えば、生命保険、傷害保険などだ」

「ほかにはどんな保険があるんですか?」

「うちの会社では、不動産をはじめ、車や船、飛行機、設備といった財産に対する保険も引き受けている」

「でも、投資信託や株式に対する保険は引き受けないんですよね?」

「そうだよ。そういう保険を引き受けるところもあるかもしれないけれど、私の知る限りではないね。問い合わせはあるけれど、今きみに言っているのと同じように答える」

「なぜ投資信託に対する保険は引き受けないんですか?」

「危険が大きすぎるからだよ」ダンが答えた。「でも、今も言ったように、市場の動きによって損失が生じる場合に備えた、株式や債券、投資信託に対する保険を引き受けるところもどこかにあるかもしれない。私の知る限りではないというだけのことだ。どんなものに対しても保険はかけられる。きみにそのための代価を払う気があるならね」

「じゃ、年金に対する保険も引き受けないんですか?」

「そうだよ。でも、もしきみがそうしたいなら探してみるよ。そういう保険を扱っている会社もあるかもしれない。保険料はかなり高くなると思うけれどね」

私は金持ち父さんに向かってこう聞いた。「あなたは何か大変なことが起こって損をした場合に備えて、ビジネスと不動産への投資、両方に保険をかけているんですよね?」

「そうだよ」

「でも、ぼくの投資信託には保険がかかっていない……」

ダンと金持ち父さんはそろってうなずいた。

「つまり、賢い投資家は損が発生したあとではなくて発生する前に、損に備えた保険、つまり保護措置について考える必要がある。それが学ぶべき教えなんですね?」

ダンと金持ち父さんはまたそろってうなずいた。

●裸の投資家

前に言ったように、二〇〇〇年三月と二〇〇三年三月の間に、何百万人という人が何兆ドルものお金を失った。その損失額は、職を失ったり、給料以外のさまざまな形の収入を失ったり、精神的なショックを受けたりといった損失を含めたら、もっと大きくなるはずだ。ではなぜ、これほど多くの人がこれほど多くのお金を失ったのだろうか？　単純に言うと、それは、たいていの投資家が大きな変化による損失に対する保険をまったくかけていなかったからで、その代価が何兆ドルにもなったということだ。本当の投資家からのアドバイスではなく、投資のセールスマンからのアドバイスを鵜呑みにした代価だと言ってもいい。

投資に保険をかけていた投資家はいたのだろうか？　もちろんいた。プロの投資家の世界では、そういう場合「カバーされている」などといった言葉を使う。投資家が「私のポジションはカバーされている」あるいは「ヘッジされている」と言った場合、それは市場の状況の変化に対して自分たちが守られていることを意味している。一方、「ネイキッド（裸だ）」と言った場合は、カバーされていない、つまり保険で保護されていないことを意味する。プロの投資家は自分が裸だと、とても警戒する。不動産に投資しようとするあなたにお金を貸す時、銀行がさまざまな形の保険をあなたに求めるのとまったく同様に、株式市場に投資するプロの投資家は保険にこだわる——ただし、不動産の保険とは種類が異なる。ここで頭に入れておいて欲しい教えは、プロの投資家はカバーされているが、アマチュアの投資家は裸だということだ。

●魔女狩りが始まる

金持ち父さんの保険ブローカーのダンが言ったように、保険は必要になってから買うことはできない。株式市場が暴落し、多くの投資家が市場の暴落に対する保険をかけていなかったことに気付いた時、彼らは「保険をかけておくべきだった」と反省する代わりに、責任を押し付け、火あぶりにする相手を探した。

歴史的に言っても、株式市場の暴落のあとはいつも、怒り狂った投資家たちが責任を押し付ける相手を求めて魔女狩りを始め、一番派手にやっていたペテン師が目をつけられる。アメリカで一九八〇年代に投資家たちが血祭りに挙げたのは、イワン・ボースキーや、ジャンクボンドの帝王と呼ばれた、ドレクセル・バーナム・ランバート証券のマイケル・ミルケンなどだ。また、貯蓄貸付組合（S&L）が破綻し始めた時には、チャールズ・キーティングなどの不動産開発業者が槍玉に挙がった。

そして十年後、債券や不動産を扱っていた人間に代わって魔女狩りの対象となったのは、株式や投資信託を扱っていた人間や、アーサー・アンダーセンに代表される会計事務所の助けを借りて帳簿をごまかした罪を問われた企業、つまり、エンロン、ワールドコム、グローバル・クロッシング、タイコ、アデルフィアなどのCEO、重役たちだった。メリルリンチ、シティグループのソロモン・スミス・バーニー、ゴールドマン・サックス、クレディ・スイス・ファースト・ボストン、ドイツ銀行、モルガン・スタンレー、JPモルガン・チェース、リーマン・ブラザーズ、UBSウォーバーグ、ベア・スターンズなど、世界でも最大級の投資会社は、証券規制当局と個々に解決のための取り決めをし、総額およそ十四億ドル（罰金九億ドル、第三者による調査費用四億五千万ドル、規制当局が「投資家教育」のためと称した八千五百万ドル）を支払うことに同意した。そして、イムクローン・システムズのCEOサム・ワクサルなど数人が刑務所へ送られた。そのほかに、ケネス・レイ、バーニー・エバーズ、デニス・コズロウスキーなど、仕事上の地位を失った人もいる。投資信託は現在も不正行為防止のために厳しい監視のもとに置かれているし、アメリカで最大級のいくつかの企業では、証券規制当局によるインサイダー取引に関する細かい調査がまだ続いている。怒り狂った投資家たちは、今も昔と変わらず、責任を押し付ける相手を探しているのだ。

インサイダー取引についてよく知りたい人は、アーサー・レヴィットの書いた『ウォール街の大罪――投資家を欺く者は許せない！』を読むといい。アーサー・レヴィットが誰か知らない人もいるかもしれないので、ちょっと紹介すると、彼はクリントン政権下で証券取引委員会（SEC）の委員長を八年間務めた人物だ。この本の中でレヴィットは、アメリカの証券市場の真の姿、その仕組みと、なぜ小口の個人投資家たちが市場で儲ける確率が非常に低いのか、その理由を説明している。彼が細かに説明している内容を次にいくつか挙げておく。

・合法的なインサイダー取引、非合法的なインサイダー取引がどのようにして実際に行われるか。
・レヴィットはどのようにしてインサイダー取引と戦ったか、そしてその相手は誰だったか。
・レヴィットは自分に戦いを挑んだ相手の実名をいくつか挙げている。その中には政界の大物（その多くは民主党員）、銀行、証券会社のリーダー、大きな金融機関などの名があり、今も影で糸を引き、たくさんのお金を儲け、これから先もいかなる咎めも受けないだろう人や組織が含まれている。それらの名前を公表したレヴィットはとても勇気のある人だと私は思う。
・レヴィットは投資信託会社がついている嘘を暴露し、詳しく説明している。彼はそれを、投資信託会社がつく「汚い小さな嘘」と呼んでいる。
・レヴィットはまた、小口投資家がどうやったら大口投資家、つまり内側からこのゲームをコントロールしている投資家たちを出し抜くことができるか、その方法についても書いている。

もし株式と投資信託に投資するつもりがあるなら——私も実際投資しているが——アーサー・レヴィットのこの本は必読書だ。何も知らずに、金持ちかもしれないがよく知りもしない他人に自分のお金を託し、そのあと彼らがそのお金を使って何をやっているかまったく知らずにいるというのは、私に言わせればまったくばかげたやり方だ。映画『ウォール街』の中で、マイケル・ダグラス演じるゴードン・ゲッコーがそのことを実にうまく言っている。彼のせりふはこうだ。「もし内側にいなければ、おまえは外にいる」アーサー・レヴィットの本はこの内側を垣間見させてくれる。内側に隠されたどす黒い面を……。

レヴィットの本で私が一番おもしろいと思ったのは、SECの元委員長である彼が「フェア・ディスクロージャー（公平な情報開示）規則」を立法化するまでの戦いについて書かれた部分だ。FD規則と呼ばれるこの法律は、基本的には、お金と力を持っている人たちによるインサイダー情報の交換を阻止するためのものだ。すでに成功を収め、お金も、社会的影響力も持っている多くの人たちが、株式市場の内側が実際にどう動いているかを大衆に知られまいとしてどんなことをしているか、それを知るのはとても興味深い。

簡単に言うと、アメリカをはじめ世界の有名人、金持ちたちは、小口投資家たちがそれを知るよりずっと前に、インサイダー情報を手にしていた。言い換えると、そこには公平な情報開示はなかった。お金と力を持っている人たちにとってはインサイダー取引は合法だったのだ。はじめから小口投資家たちは、お金を儲けるための公平な機会を与えられていなかった。彼らがたとえお金を儲けたとしても、それはお金と力を持った人たちが金儲けをしたあとの残り物だった。

市場が暴落を始めた時、大口投資家たちは、自分たちの息のかかったファイナンシャル・アドバイザーやジャーナリストのネットワークを利用し、小口投資家たちに向かって「市場に留まり、長期に投資し、もっと買え」と言う一方で、自分たちはさっさと市場から手を引いた。つまり、小口投資家たちは、お金と力を持った人たちが売る株を買うように指示されたわけだ。これは必ずしも非合法とは言えないが、私に言わせれば、人を惑わせているのと同じだし、倫理的、道徳的にも正しくない。

長い戦いののち、FD規則は二〇〇〇年十月二十三日にやっと議会を通過した。二〇〇〇年三月の株式暴落開始の時期と、この規則の立法化の時期が一致していることに気が付いた読者もいるかもしれない。市場のバブルが崩壊するにはいくつもの理由がある。そのうちあまりよく知られていないものの一つは、市場があれほど激しく暴落したのは、情報を手にした大口投資家やインサイダーたちが、小口投資家たちにその情報を隠し続けることができなくなったからだ。だから彼らは、小口投資家たちに「買って、持ち続け、分散投資しろ」と言いながら大挙して売りに出た。

●本当のインサイダーは誰か？

二〇〇三年のはじめ、元ＳＥＣ委員長、アーサー・レヴィットがアリゾナ州フェニックスにあるフェニックス・カントリークラブでスピーチをした。彼の話を聞きにきた私のような招待客は二百人ほどいて、そのそれぞれに著者のサイン入りの本が手渡された。この時の彼の話が私の心に特に強く残ったのは、彼の本をすでに読んでいたせいか、あるいはレヴィット自身の口を通してそれを聞いたからだろう。レヴィットの話を聞いているうちに、金持ちに有利になるようにトランプのカードを並べ替えていたインサイダーたちの多くは、映画『ウォール街』のゴードン・ゲッコーのような派手な悪役ではないことがわかってきた。インサイダーの多くは、私たちが信用しがちな職業に就いている人たちで、お金と力を持った人のために働き、その希望をかなえているなどとは私たちが思いもしない、もっと地味な人たちだ。

この時のスピーチの中でレヴィットはこう言った。「小口投資家にとって市場をもっと公平なものにするための規則の変化に反対し続けているのは、大きな会計事務所だ」つまり、会計事務所は小口投資家ではなく大きな企業のために働いている。弁護士が公平ではないと思っている人はたくさんいるが、会計士が公平ではないと思っている人は少ない。

前にも言った通り、私はレヴィットが著書の中で多くの実名をあげたことは、とても勇気のある行為だと思っている。その名前の中には、民主、共和、両党の政治家のほか、レヴィットの昔の友人やビジネスパートナーも含まれている。レヴィットは自分の信条に従い、金持ちの側の人間と、小口投資家の側にいる人間をはっきりと区別して名指しした。

要するに、現実の投資の世界では、時として、あなたが「自分の側の人間だ」と思っている人たちから資産を守るために、保険という形の保護が必要かもしれないということだ。

●保険の種類は一つだけではない

わかり始めてきた人もあると思うが、投資に関する保険は一種類ではない。人間や財産に対する保険もあれば、市場のサイクルに備えた保険もある。そのほかに、間違い、不注意、訴訟などに備えた保険もある。金持ち父さんが私に学ばせたいと思っていた教えは、プロの投資家たちはいつも自分の投資を保護することについて考えるということだ。投資の専門家に自分のお金を預ける時、たずねるべき大事な質問は「私のお金はどれほど安全か?」という質問だ。プロの投資家たちは決してただ「長期に投資し、買って、持ち続け、分散投資し、祈る」ことはしない。

金持ちはまた、法人組織を保険として利用する。私の貧乏父さんは住んでいる家や車、そのほかの持ち物が自分の名義になっていることをとても誇りにしていた。一方、それとは対照的に、金持ち父さんは価値のある資産のほとんどを、企業、信託、リミテッド・パートナーシップといった法人組織の名義にしていた。訴訟好きな社会に生きる者として、金持ち父さんは個人的な所有物をできるだけ少なくしておきたかったのだ。金持ち父さんにとっては、法人組織を利用することが保険の一つの形だった。現在では、金持ち父さんの時代よりもさらに多くの種類の法人組織が利用できるようになっている。異なる資産には、それぞれに適した異なる保険を利用するといい。この点についてもっと詳しく知りたい人は、「金持ち父さんのアドバイザー」シリーズの中の一冊"Own Your Own Corporation"(ガレット・サットン著)を読むといい。

●二つの種類の保険

本書の後半では、投資家たちが検討すべき、いろいろな種類の保険について詳しくお話しするつもりだ。だから、ここでは、保険には大きく分けて二つの種類があることを説明するだけにとどめる。その二つの種類とは次の通り。

1．お金で買える保険

賃貸用の不動産を買う時、それに保険をかけるのは簡単だ。ただお金を払いさえすればいい。自動車保険や生命保険と同じだ。きちんとした保険代理店を見つけ、適切な保険を買いさえすれば、ほかにすべきことは何もない。

2．手に入れるために学ぶ必要がある保険

プロの投資家にとっては、適切な法人組織を選ぶことがとても大事だ。彼らは弁護士や税務アドバイザーなどの専門家にアドバイスを求め、投資対象が確実に最大限の保護を受けられるようにする。

私は知的所有権も別の形の保険として利用している。これは私が書いたり開発したりしたものが許可なしに使われないようにするためのもので、私の知的財産を守ってくれる。私たちの会社は著作権、トレードマーク、特許などをたくさん所有している。この種の保護についてもっと学びたいという人は、先ほどと同じ金持ち父さんのアドバイザーシリーズの“Protecting Your #1 Asset”（マイケル・レクター著）を読むといいだろう。

株式に投資する時、私は保険を利用する方法を学ぶ。例えば、プット・オプションやコール・オプションといったものだ。オプションは保険の一つの形であるばかりでなく、レバレッジの一つでもある。

この二つ目の種類の保険で問題なのは、それらの保険を使う方法を学んだり、専門知識を持った適切な人材を探して自分のチームに加えるために、実際に時間を投資しなければならない点だ。

●たいていの人は学ばない

たいていの人は、オプションや先物取引といった、株式市場での保険を利用する方法を学ぶために時間を投資したがらない。だから、彼らにとっては不動産に投資した方が安全なのだ。少なくとも保険という観点から言うとそうなる。

さらに、Bクワドラントのビジネスを起こすのに時間を費やそうという人は、もっと数が減る。それでもそうしたいと思って、ビジネスをうまく立ち上げ、適切な法人組織を選んでBクワドラントのビジネスを所有することができれば、それは世界で最も強力なレバレッジと保護をあなたにもたらしてくれる。Bクワドラントのビジネスを自分で起こすことに興味のある人は、昼間の仕事は今まで通り続けながら、パートタイムでビジネスを始めるといいだろう。自分がやりたいことはこれだと今思った人は、ネットワークビジネスについて調べてみるのもいいだろう。私がネットワークビジネスを勧めるのは、全部とは言わないがその一部は、あなたをBクワドラントの起業家にしてくれる、すばらしいトレーニングプログラムを備えているからだ。

金持ち父さんシリーズの一冊に『人助けが好きな人に贈る　金持ち父さんのビジネススクール』という本がある。薄いが中身の濃いこの本を読むと、Bクワドラントのネットワークビジネスが持つそのほかの利点がもっとよくわかるようになるだろう。

●ビジネスに興味がなかったら

オプションを利用する、Bクワドラントのビジネスを起こすといったことは、プロの投資家が使う保護措置の例だが、そういった「保険」について学ぶ気になれない人も心配には及ばない。ともかくこの本を読み続けて欲しい。そうすれば、自分に何ができるか、どんな投資が自分に一番合っているか、きっとわかってくると思う。投資する方法も投資の対象もほかに数え切れないほどある。私はただ、自分が知っている限りで最もレバレッジが効き、最も保護措置が行き届く投資についての話から始めただけのことだ。

Bクワドラントのビジネスを起こす方法を学ぶために時間を投資したことは、私にとって最良の投資だった。だからと言って、この方法を誰にでも勧められるかというとそうではない。ただし、このことははっきり言える。もしその気があるのなら、自分自身のビジネスを所有することは、最良の投資になり得る。どのような道を選ぶかはあなた次第だが、選んだ道がどれであれ、ここでよく頭に入れておいて欲しいのは、資産の保護に関してプロの投資家は常に先を見越して行動するということだ。「保険は必要になった時には買えない」という保険の第一原則をいつも思い出そう。二〇〇〇年から二〇〇三年にかけて、何兆ドルものお金を失った多くの投資家たちには保険が必要だった。だが、それをかけていなかったのだ。

シャロンから一言

「保険」の定義は「損失・損害に対して保証すること」だ。自分で資産を作り出したら、保険をかけてそれを守りたいと思うのは当然のことに思える。

私は先日、保険会社を所有している友人と、この本について話をしたが、友人は私たちが本の中で保険会社のことを槍玉に挙げるのではないかととても心配していた。だが、話を進めるうち、この友人から一つとてもためになる話を聞いたので、ここでそれを紹介したい。彼はこう言った。「二十年以上この仕事をしているが、保険金を受け取った人で、それまでに支払った保険料が高すぎると文句を言った人は一人もいない」

●何も所有しないがすべてを管理する

保険という言葉は、この言葉を聞いてまず思いつく一般的な保険、つまり「買うことのできる保険」以外のものも幅広く含んでいる。法人形態を利用することであなたが手に入れることができる保険で最も大事なのは、投資対象の資産に対し、あなたがどのような形の権利を所有するかだ。所有の仕方には次のようなものがある（詳しくは『金持ち父さんの投資ガイド　上級編』を参照）。

・Cタイプの会社
・Sタイプの会社
・有限責任会社
・リミテッド・パートナーシップ
・ジェネラル・パートナーシップ
・個人事業

個人事業とジェネラル・パートナーシップは失敗への片道切符となりかねないので要注意だ。金持ち父さんのアドバイザーシリーズの"Own Your Own Corporation"の中で、著者のガレット・サットンは、金持ちが自分たちの所有するビジネスを稼動させ、資産を維持し、また保護するために何世代にもわたって利用してきた法律上の裏技、戦略、その仕組みについて詳しく説明している。適切な計画を立て、適切な法人形態を利用すれば、何千ドルもの税金が節税でき、あなたの家族の資産を債権者の手から保護することができる。

ビジネスを築き上げた、つまり資産を作り出した場合は、さらに著作権、トレードマーク、特許といった法人形態以外の保護措置についても考えた方がいいかもしれない。知的所有権に詳しい、いい弁護士を見つけ、自分のビジネスやアイディアを見直し、ほかの人があなたの許可なしにそれらを使うことができないように、きちんと保護する方法を考えよう。ロバートは金持ち父さんのアドバイザーシリーズの"Protecting Your #1 Asset"を読むように勧めているが、この本は手始めに読むには最適だ。この本を読めば知的所有権に詳しい弁護士に聞くべき質問がわかるようになる。

第五章……税務署に聞く

「税法はビジネスオーナーと投資家のために書かれている」
——金持ち父さん

お金を稼いで収入を生み出したら、そのあとのお金の管理、レバレッジ、保護に関して一番大事なことの一つは、税法を理解し、自分が利用できる控除と税の繰り延べを最大限に利用することだ。これらの税法上の優遇措置は、あなたの収入に加速度をつけ、お金を常に動かし、プラスのキャッシュフローを増やすのに役立つ。

税法のもとでは私たちは平等だとは言えない。税金は私たちにとって最大の支出で、人に雇われている従業員は税法上許されている控除の数が最も少ない。読者の中には「納税者解放記念日」という言葉を耳にしたことのある人がいるかもしれない。この記念日は毎年五月の半ばにやってくる。つまり、一月一日から五月の半ばまでに稼いだお金はすべて、その年の所得税の支払のためにあてられるということだ。この日が過ぎて、やっとあなたは自分のための収入を稼ぎ始める。ビジネスオーナーたちは仕事を生み出しているからという理由で、政府は税制面でのおいしい話をたくさん彼らのために用意しているが、従業員にはそれがない。金持ち父さんの「キャッシュフロー・クワドラント」をよく見てみると、税法の違いの本当の意味がさらにはっきりわかる。

キャッシュフロー・クワドラントについてよく知らない人もいるかもしれないので、ここで少し説明する。

これは金持ち父さんシリーズの第二弾『金持ち父さんのキャッシュフロー・クワドラント』に紹介されている考え方だ。この本は、自分の人生を変えたい、お金の面で違った生き方をしたいと思っている人にとって、とてもためになる本だ。キャッシュフロー・クワドラントの四つのアルファベットのうち、Eは従業員、Sは自営業者あるいはスモールビジネスオーナー、専門家を意味し、Bはビジネスオーナー、Iは投資家を意味する（図③）。この本には、四つのクワドラントに属する人の間の精神的、感情的、技術的違いが取り上げられている。

ここで、キャッシュフロー・クワドラントの左側と右側の違いについて簡単に復習しておこう。

クワドラントの左側のEとSはお金のためにせっせと働く人たちのクワドラントだ。一方、右側のBのクワドラントではチームワークが肝心で、Iのクワドラントではお金があなたのために働いている。金持ちになりたい人のゴールは、お金があなたの代わりに働いてくれる右側のクワドラントから、できるだけ多くの収入を得ることだ。クワドラントの左側と右側の違いとしてはほかに次のようなものがある。

③キャッシュフロー・クワドラントは四つの異なる考え方を表す

E…従業員(employee)
S…自営業者(self-employed)
　スモールビジネスオーナー
　(small business owner)
B…ビジネスオーナー(business owner)
I…投資家(investor)

E-S
個人
あなたのお金と時間
あなたが働く
学校が訓練してくれる
付加給付が大事
安全であることが大事
成功するとあなたは忙しくなる
収入は限られている
税金面の優遇はほとんどない

B-I
チーム
他人のお金と時間
システムがあなたのために働く
経験が教えてくれる
投資収益率が大事
自由が大事
成功するとあなたの時間が増える
収入は無制限
税金面で最大の優遇が受けられる

よく質問されることの一つに、SクワドラントのビジネスとBクワドラントのビジネスの違いがある。この違いはとても重要で、たくさんある。その一つは、Sクワドラントのビジネスオーナーは仕事をやめたら、たいていの場合収入がなくなるということだ。例えば、水道管の修理をする人は働くのをやめたら、収入も入ってこなくなる。

Bクワドラントのビジネスというのは、フォーブス誌の基準で「そのビジネスを支えるために五百人以上の従業員が働いている」とされるようなビジネスだ。この二つのビジネスのもう一つの大きな違いは、Bクワドラントのビジネスは同時に複数の場所で稼動できる点だ。そのいい例は、マクドナルドと、夫婦だけでやっているハンバーガーの店の違いだ。後者の場合、フルタイムで店を営業するためには夫婦が常にそこにいなければならない。

ビジネスオーナーを対象とした税の控除を利用するために、今どこかに勤めている人に私たちが勧める方法は、その仕事を続けながらパートタイムでビジネスを始めるやり方だ。Sクワドラントでビジネスを始め、それがBクワドラントのビジネスを作り出す第一歩になったという話はよくある。

●クワドラントが違えば税法も違う

税法はクワドラントによって大きく異なる。これまでにさまざまに異なる税法が立法化され、クワドラントの左側に大きな影響を与えてきた。そして、今では給料の高い従業員や自営業者までもが、収入源の種類によって多くの税金を課せられる仕組みになった。

一九四三年、アメリカ政府は現行納税法を立法化した。これは従業員の給料からの所得税源泉徴収方式を導入するものだった。その結果、従業員の所得税は雇い主によって源泉徴収され、そこから直接政府に送られるようになった。学校を出て働き始めた人が、決められた給料の額と実際に手にした額とを比べてびっくりすることがよくあるが、従業員が受け取るのはいろいろな税金をすべて差し引かれたあとの残りだけだ。私のお金を取ったのは誰か？　政府は従業員の給料からまず自分の取り分を確実に取れる仕組みにしている。

従業員が投資あるいは消費できるのは、税金を払ったあとの残りだけだから、選択肢は大きく限られる。現在、従業員が利用できる節税対策はほんの少ししかない。つまり、持ち家のローンの利子、401（k）、IRA、SEPといった退職口座への拠出金の控除を含む項目別控除のほかに従業員が利用できる税控除はほとんどない。

さらに一九八六年には、一九八六年税制改革法が立法化された。この法律により、それまで可能だった節税対策や控除の一部が利用できなくなった。その一つである受動的損失（賃貸不動産からの損失）の控除に対する制限は、医者、弁護士、会計士、建築家など、Sクワドラントに属する個人で特別な資格を必要とする職業についている人たち、高い収入を得ている人たちに大きな影響を与えた。今はさらに加えて、高収入の個人は通常の項目別控除さえも適用できない場合が多くなっている。これは控除が段階的に減っていくからだが、このことを知っている人は少ない。今は収入が増えると、項目別控除の割合が減る仕組みになっている。

このような税法の変化のせいで、今ではEとSのクワドラントに属する人が利用できる節税対策はほとんどなくなっている。その一方で、税法はBとIのクワドラントで活動する人たちには多くの優遇措置を与えている。EやSのクワドラントで昼間の仕事を維持しながらパートタイムでビジネスを始め、資産としてビジネスを築いて、ビジネスオーナーと投資家を支援するために作られた税法を利用するように私が勧めるのはこのためだ。

二〇〇三年には「二〇〇三年雇用と成長のための減税調整法」と呼ばれる、大型減税のための改正法が立法化され、所得税率が下げられて四つすべてのクワドラントに影響を与えた。だが、この法律で一番得をしたのはBとIのクワドラント、つまり大金持ちたちのクワドラントだと非難する人も多い。この指摘は正しいかもしれない。なぜなら、BとIのクワドラントこそが、「雇用と成長」が新たに生み出されるクワドラントだからだ。

確かに、この法律により、すべての納税者が税率の軽減などの恩恵をこうむった。ただ私が心配なのは、適切な教育を受けていない人が、減税によって余分に手に入ったお金をどう使うかだ。資産を買ったり築いたりするのではなく、ただ消費してしまうのではないだろうか?

●税制上の優遇措置は誰のためのものか?

二〇〇三年の減税は投資家に対する大きな優遇措置ということになっていた。なぜなら、所得税率の軽減に加え、Iクワドラントで発生するキャピタルゲイン(売却益)と配当に対する税率も引き下げられたからだ。これにより、長期キャピタルゲインに対する最高税率は二十パーセントから十五パーセントに引き下げられた。税率五パーセントカットは大きな減税だ。

一方、配当収入に対する最高税率も十五パーセントに引き下げられた（連邦所得税率が十から十五パーセントの個人の場合、配当収入に対する税率は五パーセント）。二〇〇三年の改正法以前には、配当収入は普通の収入と同等に課税され、最高税率は三十八・六パーセントだった。つまり、所得税の最高税率が適用される個人にとっては、配当収入に対する税率の二十三・六パーセントの軽減になる。私が大型減税と呼ぶのはこういう減税だ。

配当税率の引き下げは、法人収入と株主配当の「二重課税」の問題を解決することを意図したものだった。二重課税の問題は、同じ収入に対してまず法人として課税され、配当が支払われた時にまた株主として課税される場合に生じる。Bクワドラントのビジネスで Cタイプの多くの会社は、この二重課税を減らすか、あるいはなくすために、年間収入を注意深く見守り、計画的にことを運ばなければいけなかった。

私のほかの著作を読んだことのある人は、ビジネスを起こす時、私がCタイプの会社をよく使うことを覚えているかもしれない。このことについては、多くの会計士から「Cタイプの会社は二重課税になる」と批判を受けたが、自分が何をやっているかよくわかっていて、年間の税対策をあらかじめ立てるようにすれば必ずしもそうではない。私を批判した会計士たちは今でも自分の顧客に、個人事業やジェネラル・パートナーシップといった法人形態を使ってビジネスや不動産に投資するように勧めている。

法人形態についてまだあまりよく知らない人は、金持ち父さんのアドバイザーシリーズの一冊で前にも触れた、ガレット・サットン著の“Own Your Own Corporation”を読むといい。この本には、Cタイプの会社、有限責任会社（LLC）、Sタイプの会社の違いや、それらをどのような時に使ったらよいかが説明されている。この本を読めば、大いに時間とお金の節約になるし、あなたが会計士や弁護士に適切な質問をするのに役立つだろう。

ビジネスや不動産に投資する際に適切な法人形態を選ぶことは、その投資を保護する上でとても大切だ。ガレットの本は、個人事業とジェネラル・パートナーシップから得られる保護が最も小さく、あなたの投資を維持する上でかなり危険の多いやり方である理由も説明している。

●資産の種類によって異なる税法

資産にはビジネス、不動産、紙の資産（株式や債券）の三つの種類がある。そのそれぞれについて税法上有利な点を次に挙げるので、税制上の優遇措置の違いをさらに理解する助けにして欲しい。

資産の種類	税制上有利な点
ビジネス	ビジネスに関わる経費の控除 ビジネス上の損失の控除
不動産	減価償却 受動的損失（賃貸不動産からの損失） 買い換え
紙の資産	利子が非課税の有価証券 キャピタルゲイン税の税率 配当税の税率

●パートタイムのビジネスで自分を訓練する

ネットワークビジネスを自分でやっているわけでもない私が、それを始めることを人に勧める理由の一つは、ネットワークビジネスがごく普通の人たちにBクワドラントのビジネスを始めるチャンスを与えてくれるからだ。多くのネットワークビジネスは、無限の拡大の可能性を持つシステムを利用するチャンスを私たちに与えてくれる。はじめはSクワドラントのビジネスとしてやることになるかもしれないが、そのようなシステムを利用し指導を受けるうちに、それをBクワドラントのビジネスへ生まれ変わらせることが可能になる。前にも言ったように、Bクワドラントのビジネスとは五百人以上の従業員を抱えるビジネスだ。いいネットワークビジネスの会社を選んで参加すれば、精神的なサポートだけでなく、ビジネスに必要な技能の訓練を受けることもできる。この技能は学校では教えてくれないが、現実の世界で成功するためにはぜひ必要だ。金銭的に成功したい、経済的に自立したいと本気で思っている人に、私がネットワークビジネスをよく勧めるのはこのためだ。

最良の投資は自分自身のBクワドラントのビジネスに投資することだ。私がよくそう言う理由もここにある。Bクワドラントのビジネスは不確実性に満ちた今のこの社会で、一番確実な保護を与えてくれる。

Bクワドラントのビジネスを始めるのは危険ではないか？　この質問に対する答えは「イエス」だ。だが、何が確実か考えてみるとよくわかるが、何といっても一番確かなのは、EやSのクワドラントに属する人間には保護してくれるものがほとんどないことだ。彼らの場合、損をするかどうかはっきりしないどころか、損をすることが保証されているようなものだ。

●いい損失と悪い損失

投資することを恐れている人がこれほどたくさんいる理由の一つは、お金を失うのが怖いからだ。投資による損と言っても、すべて同じというわけではない。借金にもいい借金と悪い借金、収入にもいい収入と悪い収入とがあるように、損にもいい損と悪い損がある。

私の友人の一人に、二〇〇一年に株で百万ドル以上損した医者がいる。彼はお金を失ったことをひどく残念に思ってはいたが、その一方で、その損を節税に利用する方法が何かあるだろうと思っていた。つまり、損を有利に使える道具に変えられると思っていたのだ。

税理士の事務所から戻ってきた彼は私のところに電話してきてこう言った。「相殺できる損が一年あたり三千ドルまでだって知っていたかい？　この調子だと、百万ドルの損を相殺するには三百年かかるよ」この友人にとって株式市場での損は「悪い損失」だった。彼はお金を失ったが、その損失に対する税制上の優遇措置はたいして与えられなかった。

●最大の損失

さまざまな損失のうちで最も悲劇的な損失は、４０１（ｋ）などの引退プランを利用している平均的な投資家がこうむる損失だ。４０１（ｋ）でお金を失った人は、その損失に対していかなる税制上の優遇措置も与えられない。百万ドルを損した友人の医者は、少なくとも一年につき三千ドルを収入との相殺に利用できたが、引退プランの中で損をこうむった人には、税制上のいかなる優遇措置も与えられなかった。

４０１（ｋ）などの引退プランに拠出したお金はもともと課税対象になっていないから、損が発生しても税制上の優遇が受けられなくて当然だと私に言ってきた会計士もいる。つまり、拠出金は、拠出した年の課税所得からの控除と考えられるからだが、今、引退プランに注ぎ込んだお金が株式市場の暴落のせいで半分になってしまった人たちに話を聞いてみれば、その損が数字の上だけの話ではない、本当の損失だということがわかるはずだ。

●不動産とビジネスにおける損失はいい損失

一方、興味深いことに、ビジネスを築くことや不動産に投資している人は、ある種の損失に関して優遇措置を利用することができる。例えば、ビジネスオーナーがビジネスの上で数百万ドル損したとしよう。この人はそれらの損失をほかの収入と相殺できる場合がある。また、Ｃタイプの会社で損失が生じた場合、ビジネスオーナーはその会社を営業純損失（ＮＯＬ）つきのまま、ほかの会社、つまり利益を上げていてその損失を利益との相殺に利用できる会社に売ることができる。もちろんこういった場合は、従わなければならない厳しい規則がいくつかある。

ビジネスを築くのは危険が多いと言う話は私もよく耳にする。だが、税金面から資産を見るとよくわかるが、株式や投資信託に投資することの方がビジネスを築くよりずっと危険だ。ビジネスを築くことでたくさんのお金を損しても、私はその損を利益から差し引くことができる、つまり別の方法でその損を利用することができる。株式や投資信託といった紙の資産で大金を損したら、たいていの場合、税金の優遇措置もほとんど利用できない本当の損失になってしまう。

税法は不動産へ投資する投資家に対し、減価償却の控除を認めている。これは税を利用した一種の不動産投資奨励策だ。減価償却は財務諸表の上では損失のように見える。だが、本当のところそれは損失ではない。実質のない「見せかけの控除」を生み出し、それが書類上、損失となっている。つまり、いい不動産投資はあなたのためにプラスのキャッシュフローを生み出すが、減価償却による控除を利用することでその賃貸収入を守ることができる場合がある。賃貸収入に対する所得税を払わなくてすむかもしれないのだ。さらに、賃貸不動産からの損失をほかの収入から差し引くことができる場合もある。上限は年額二万五千ドルまでだが、あなたかあなたの配偶者が不動産のプロとしての資格を満たしていれば、この額はもっと上がる（ここで有利なのは、実際はあなたの不動産の価値は上がっているかもしれないが、それでも税法上は減価償却控除によってその価値が下がっていると主張することが許されている点だ）。

私が投資家としてスタートを切ったばかりの頃は、この「税務署からのボーナス」が一体どういう意味を持っているか、さっぱりわからなかった。もっとも今でも、どうしてこうなっているのか、その意味を理解しようとするとかなり頭をひねらなければならないが……。それはともかく、私が普通の人より高い収益率で投資できる理由の一つが、減価償却という名のこのボーナスのおかげであることは確かだ。

●紙の資産に対する税金対策

大部分の紙の資産に関して、税法は長期に投資する投資家を守る措置を施している。つまり、長期保有の資産に関するキャピタルゲインと配当収入に対する税率を軽減している。従業員が利用できる控除は非常に少ないが、その中の一つは引退プランへの拠出金だ。だが、これも金持ち父さんに言わせれば、投資ではなく貯金、お金の速度を上げるのではなく駐車させているということになる。

キャピタルゲインと配当収入に対する低い税率のほかにも、紙の資産に関する節税対策はいくつかある。金持ち父さんによる「金持ちになるためのプラン」は、まずビジネスを起こし、次に不動産に投資し、それから紙の資産に投資するというやり方だった。このプラン全体を通じた戦略の中には、資産の保護のほか、キャッシュフローと税金に対する配慮も含まれている。一般的に言うと、私は普通株式よりも、非課税の有価証券やヘッジファンド、オプションなどの方が好きだ。

普通株へ投資する人はよくEBITDA《イービットダー》（利払い前・税引き前・減価償却前利益）やPER（株価収益率）について話をする。これらの言葉は確かになじみのある言葉になってきたが、こういった数字がわかったところで、投資をする際に知る必要のあることが本当にわかるかどうかは疑問だ。

シャロンから一言

税金の問題はとても複雑で、ともするとわかりにくくなりがちだ。税務上の取り扱いは状況によって異なり、多くのさまざまな要因に影響される。取り扱いに違いをもたらすそれらの要因のうちほんの一部を見ても、あなたの個人的な納税状況、課税対象となる法人の種類、課税のタイミングなどいろいろある。だからこそ、有能な税務アドバイザーを持つことがとても重要なのだ。

税法を理解することの重要性をもう一度ここで振り返っておこう。

・適切な会社組織を選び、それを利用して資産を保有することにより、資産を最大限に保護し、税金を最小限にとどめることができる。
・税務アドバイザーと定期的に話し合い、適切な税金対策を立てることにより、節税することができる。
・税法に変化があったらすぐに税務アドバイザーに会い、あなたとあなたの投資に対する影響を分析する必要がある。
・まだ始めていない人は、パートタイムでビジネスを始めることを考えてみよう（そのビジネスは節税以外にきちんとしたビジネス上の目的を持っていなければいけない）。
・個人的な支出を見直し、ビジネスの経費として正当に認められるものはないかチェックしよう。
・投資で使われるいろいろな言葉を学び、アドバイザーたちに適切な質問ができるようにしよう。
・適切な投資戦略を立て、税金を最小限にとどめることにより、キャッシュフローを最大化することができる。
・節税分は再投資し、さらに多くの資産を買ったり作り出したりすることに使おう。

第六章……ジャーナリストに聞く

「嘘をつくことと真実を言わないこととの間には、細い線がある」と言う金持ち父さんに、私は「その二つはどこが違うんですか?」と聞いた。「細い線だよ」と金持ち父さんが答えた。「その細い線が見つかった時、きみは真実を発見する」

●嘘をつく自由

アカデミーに通っていた四年間、必修科目として海事法、会社法、国際法などがあった。私たちは弁護士になるための訓練を受けていたわけではなかったが、世界中の港に貨物を運ぶ船の高級船員として働くからには、職業訓練の一環としてさまざまな法律に精通していることが不可欠だった。

私の国際法のクラスの教官は合衆国憲法を熱烈に支持している人だった。そして、何かにつけて憲法の話を持ち出した。特にほかの国の法律とアメリカの法律を比較する時はそうだった。彼が特に熱狂的に支持していたのは修正第一条、言論の自由と報道の自由に関する条項だった。この教官は、全国民に保証されたこの権利こそがアメリカを偉大な国にしていると信じていた。彼は口癖のように「世界のほかの国々では報道の自由も言論の自由もない。アメリカでは自分の言いたいことを言う自由が保障されている。これこそ、アメリカが偉大なるゆえんだ」と言っていた。

若く、何も知らず、理想に燃えていた私は、国法たる憲法を書き上げたわれわれの祖先がどんなにすばらしかったかを熱っぽく語るこの教師の前で、ただ感激した。彼は憲法によってこの国のすべての人に認められた理想がどんなに革命的なものであったか、学生たちにわからせるために最善を尽くした。憲法が紙の上で確約しているこれらの理想が、現実の世界では理想とは程遠いことが多いとわかったのは、学校を卒業し、実社会に足を踏み出してからのことだった。若く、何も知らなかったあの頃は、言論の自由とは真実を言わなければいけないことを意味しているのだと思い込んでいた。言論の自由が嘘を言う権利も、あるいは、好ましいとは言いがたい話を伝える権利も守っているのだとやっと私にわかったのは、社会に出て数年たってからのことだった。

●政治家は嘘をつくか？

私が生まれてからの最近の歴史を振り返っただけでも、その一言とともに人々の記憶に残ると思われる大統領が少なくとも三人いる。

「私はあやしげなことはやっていない」（ニクソン大統領）
「よく聞いて欲しい。新しい税金は導入しない」（ブッシュ大統領）
「あの女性とセックスをしたことはない」（クリントン大統領）

●嘘をつくことに関する研究プロジェクト

イギリスのストラスクライド大学の政治科学研究者の一人が大規模な研究・調査を行い、政治家は嘘をつくという結論を出した。グレン・ニュイという名のこの研究者の発見は、イギリス政府が資金を出している経済社会研究協議会によって公表されたが、その中には、「政治家たちは自分たちが嘘をついていることに関してもっと正直になる必要がある」と書かれている。

アメリカの納税者の一人として、イギリス政府もまた、このように貴重で有益な研究・調査のために自国納税者の税金を使っているのかと思うと、大いに慰められる。遅すぎる感がしないでもないが、政治家について真実が明らかにされるのは好ましいことだ。私はこれまで、政治家は嘘をついているのだろうか、それとも本当のことを言っているのだろうかといつも不思議に思っていたが、今、やっと本当のことがわかった。

●嘘をついたり、だましたり、人を傷つけたりする自由

私も今はもう大人だし、少しは前より賢くなっているから、言論の自由と報道の自由という二つの理想がどんなに大きく、高遠なものであるかわかり始めている。一人で静かに過ごせる時間があると、私はよく、黙って座り、すべての国民にこのような理想を権利として認めたわれわれの祖先の勇気、賢明さをはっきりと意識するために、自分の認識を広げようと努力する。大人になった今の私には、これらの自由にいい面も悪い面もあることも、そして、私たちが今、読んだり、見たり、聞いたりするものについて、今まで以上に慎重になる必要がある理由もわかっている。

インターネット時代の今、私たちは一個人として、またグローバルなコミュニティーの一員として、国境のない世界からの挑戦をこれまでにも増して多く受けている。この世界にはルールがない、あるいはルールはあってもそれを守らせる強制力がない。インターネットの発達により、言論と報道の自由はまったく新しい意味を持つようになった。自己責任、また、異なる法律や倫理、道徳基準、人のやさしさを尊重することが今、これまで以上に強く求められている。あえて嘘をついたり、だましたり、人を傷つけたりする人はいつの時代にもいたし、これからもいるだろう。面と向かってではなく、インターネットを通してもそれは同じことだ。今は、たとえそうしたいという誘惑があったとしても、そういう人間にならないように、いつも気を付けていることがとても大事だ。

●情報管理

富を築くための設計図のなかで、「管理」はリストの二番目に入っている。

1. **稼ぐ／作り出す**
2. **管理する**
3. **レバレッジを効かせる**
4. **保護する**
5. **出る**

セミナーなどで教えている時、管理という言葉を持ち出すと、お金の管理のことだけの話だろうと思う人が多い。実際には、この言葉はとても大きな意味を持っていて、お金のほかに、時間、人、資源、情報の管理も含んでいる。中でも特に、最後に挙げた情報の管理はとても大事だ。私が思うに、投資家が管理する必要のある資産で最も大切なものの一つは情報の流れ、特にお金に関する情報の流れだ。二〇〇〇年から二〇〇三年にかけて、あれほど多くの人があれほど巨額のお金を失った理由の一つは、彼らが受け取っていたお金に関する情報の質が悪く、古くて、往々にして捻じ曲げられ、時として誠実さに欠けるものだったからだ。その一例が「長期に投資しろ、買って、持ち続け、分散投資しろ」という投資アドバイスだ。これはおいしい食事をしたいと言う人に「ジョーの店で食べろ」とアドバイスするのと同じレベルのアドバイスだ。ごく平均的なジョーの店で食べるのは、ごく平均的な人にとってはいいことかもしれないが、あなたにとっていいことだとは限らない。質の悪い食べ物は人間の身体に悪影響を与えるし、質の悪い情報は人間の富に悪影響を与える。

●真実とお金

お金のことを話す場合、言論の自由のおかげで、たとえそれが本当のことではなくても、自分の言いたいことをほとんど何でも言う権利を誰もが持っている。言論の自由が私たちに許している行為にはほかに次のようなものがある。

1. 守る必要のない約束をすること
2. 噂を広め、人の評判を落とすこと
3. 何も知らないことについてしゃべり、専門家のふりをすること
4. 批判すること
5. 人をだますこと
6. 人を傷つけること
7. 何か大事なことを隠し、それを公表しないでいること
8. 大げさな話をすること
9. 本当にそう思っていなくても「愛している」とか「ごめんなさい」と言うこと
10. 事実に基づいた話をしながら、嘘をつくこと

●謝る必要はない

二〇〇〇年から二〇〇三年の間、新聞、雑誌、インターネット、ラジオ、テレビなどに金融専門のジャーナリストがたくさん登場し、とても質の悪いアドバイスを垂れ流した。そして、そのアドバイスに従った何百万人という人が何兆ドルものお金を損した。これらのジャーナリストの大部分は、今も同じようなアドバイスを垂れ流し続けている。彼らが一度でも「もうしわけない。私が間違っていました」と言うのを私は聞

いたことがない。謝る必要がない、あるいは、自分が何を言っているか自分でもさっぱりわかっていなかったと認める必要がないというのは、言論の自由が認めるもう一つの権利でもある。

二〇〇二年十月二十七日のニューヨークタイムズ・マガジンに掲載されたマイケル・ルイスの記事「好景気を守るために」の次のような話は、ジャーナリストにもあてはまる。「ほかの新聞と同様に、かつてのウォールストリート・ジャーナルは華々しい成功に焦点を合わせ、インターネットブームをあおる片棒を担いでいた。そして、今もまたほかの新聞と同様に、同紙は今度は失敗に焦点を合わせている。失敗は、シリコンバレーにおいてさえ、ある日突然、悪とみなされるものになってしまった。これは残念なことだ。なぜなら、以前のアプローチは何かしら実体のある、数字で測れる利益を生み出していたからだ」

報道の力は測り知れない。だからこそ、確かな筋からの情報として自分のところに入ってくる金融情報の管理に充分気を付ける必要がある。

●一時間でワインの専門家

確かな筋からの情報と言うと、一つ思い出す話がある。私の友人でナパ・バレーにブドウ園を持っている人がいる。家族で三代にわたってそのブドウ園を経営するこの友人は、自分のところのワイン試飲ルームにやってきて、専門家を気取って知識を披露し、自分やそこで働くほかの人たちを感心させようとする観光客にまつわるおもしろい話をいろいろしてくれる。ある時、彼はこう言った。「今、ひとかどの人間ならワインにも通じていなくては……と考える人がたくさんいる。ぼくらにとってはこれは好都合だ。ワイン通であることが大事だと思う度合いが高ければ高いほど、より高いワインを売りつけるのが簡単だからね。実際のところ、飛び切り高いワインと、うちで作ったもっと安いワインに大した違いはないんだが」

種類によってワインに大きな違いがあるのかどうか聞くと、この友人はこう答えた。「ああ、違いはある。でもたいていの人は違いが本当にはわからない。ワインに関する限り、たいていの人はそのふりをしているだけだ。何か知っているようなふり、専門家だというふりをね。そのおかげでブドウ園は大儲けさ。舌が肥えているようなふりをするだけの似非《えせ》専門家たちのおかげだよ。そういう人たちに、自分は頭がよくて洗練されていると思わせることができれば、より高いワインを買ってもらえる。産地や醸造年が違っても、ワインにはあまり変わりないのにね。彼らのエゴをくすぐればくすぐるほど、高いワインが売れる。ワイン通を自称する人の大部分は、本気でワインの専門家になりたいと思っているわけじゃない。それよりも、次のディナーパーティーの席上で友達に『ほお……』と感心してもらいたいだけなんだ」

「じゃ、きみはいいワインと悪いワインをどうやって見分けるんだい?」

「ワインを買う時一番いいのは、自分においしく感じられて、値段も妥当に思えたら買うという方法だ。私は生まれた時からずっとワインビジネスに関わっているけれど、それでもワインの専門家だなんていうふりはしない。ワインに関する限り、本当に優れた専門家はとても少ない。だが、専門家を気取りながら、同じく専門家を気取るしろうとにワインを売りつける人はいくらでもいる」

「投資の世界の話を聞いているみたいだな」私はそう言った。

●貧乏な人が他人に金持ちになる方法を教える

金持ち父さんはよくこう言っていた。「お金の世界には、自分は貧乏なのに他人に金持ちになる方法を教える人がたくさんいる」

二〇〇三年、オーストラリアに行った時、私は地元の新聞に投資関係のコラムを書いているライターからインタビューを受けた。「明らかに、借金から抜け出すことこそ最良の投資です」彼はそう言った。

私は「それはどうかな」と思ったが、相手を傷つけないように礼儀正しくこう答えた。「そうですねえ、借金から抜け出した方がいい場合もありますし、借金をしていてもいい場合もあります。それどころか、自分のためになる借金だってありますよね」

「あなたはおかしいですよ」そのライターは声を荒げた。「自分が何を言っているか全然わかっていない。借金はどれも悪いんですよ。だからこそ、私はすべての読者に借金から抜け出せと言っているんです。そして、借金をすべて返したら、きちんとした管理会社のついているファンドを使って分散投資をしてポートフォリオを作ればいいんです」

「なるほど。あなたは自分が正しいと思っていることを書いているわけですね」

「そうですよ」

「でも、読者がいい借金と悪い借金の違いを知りたがっているとは思いませんか?」

「いい借金なんてありません。あなたが言っているのはただのたわごとです。金持ちになりたかったら、まずやるべきことは、請求書の支払をして借金から抜け出し、お金を貯め始めることです」

そこで私はこう聞いた。「あなたはジャーナリストとしてお金を稼いでいるんですか、それとも投資家としてお金を稼いでいるんですか?」

「そんなこと、あなたには関係ないでしょう?」ジャーナリストはそう言った。インタビューは終わり、借金を使って金持ちになるという私の考え方が彼の記事に登場することはなかった。

金持ち父さんはよくこう言っていた。「知性の定義は、自分と同じ意見かどうかだ。きみが私の意見に賛成していればきみには知性があり、賛成していなければきみは明らかにばかだ」

●ファイナンシャル・アドバイザーに聞く

お金に関する情報の源を管理する一つの方法は、あなたのファイナンシャル・アドバイザーに、私がオーストラリアであのジャーナリストに聞いたのと同じような質問をしてみることだ。例えば、こんなふうに聞いてみよう。「あなたはファイナンシャル・アドバイザーとして主にお金を稼いでいるのですか、それとも投資家としてですか?」この質問をしてみると、あのジャーナリストと同じような返事をする人が多いことがわかって、あなたはきっとびっくりするだろう。

金融ジャーナリストたちが問題なのは、メディアを通して彼らの話を読んだり聞いたりしているだけの私たちには、今のような質問を直接する機会がないことだ。それに、たとえそれが聞けたとしても、その答えを彼らはメディアを通して発表するだろうか？

これほどたくさんの質の悪い金融情報があふれている理由の一つは簡単だ。資格を持った金融の専門家になるのに大した経験も訓練も要らないからだ。実際のところ、ファイナンシャル・アドバイザーとしての資格を獲得するよりも、マッサージ治療師の資格を取る方が時間がかかるという場合も多い。

●あなたはそれを保証してくれますか？

二〇〇二年の終わり頃、『金持ち父さんの予言』のプロモーションで全国を回っていた時、私は自分のラジオ番組を持っているファイナンシャル・アドバイザーと激論を交わすことになった。マーケティングと見込み客の創出《リード・ジェネレーション》について知っている人にはわかると思うが、自分のラジオ番組を持っていることは新しい顧客を見つけるにはとてもいい、効果的な方法だ。このファイナンシャル・プランナーは私に向かってこう言った。「あなたの本は間違っていますよ。株式市場は暴落したりしません」

「なぜそう言い切れるんですか？」と私は聞いた。

「あなたは引退したベビーブーマーが株式市場から自分のお金を引き上げると言っていますが、そうはなりません。なぜなら、彼らはまもなく、両親からたくさんのお金を遺産として引き継ぐからです。それに、中国がアメリカの株式市場に投資を始めるでしょうし、そうなればあなたが言っているような暴落が起こるどころか、株式市場はうなぎのぼりですよ」

「なかなかいい話ですね。そうなる可能性は確かにあります。でも、そうなるとあなたは保証しますか？」

「保証するですって？」ファイナンシャル・アドバイザーはあざけるように笑い、早口で言った。番組を聴いている人にはあまり知性的な話し方には聞こえなかっただろう。「そんなの、もちろん無理ですよ。そんなことを保証できる人なんているわけがない。いや、私はもちろん、そんなことは保証しませんよ」

●私はそれを保証するか？

ファイナンシャル・アドバイザーはしばらくしてやっと気を取り直した。「あなたは保証しますか？」という私の質問があまりに唐突で、自分のごまかしがばれそうになってあわてたのだ。冷静さを取り戻した彼は私の方を向いてこう聞いた。「あなたはどうなんです？　自分の言ったことを保証しますか？　株式市場が必ず暴落すると保証しますか？」

「もちろんですよ」私はそう答えた。

「保証するんですか？」ファイナンシャル・アドバイザーはがっかりした様子で弱々しくそう聞いた。

「もちろんです」

「なぜそんなことができるんです？」

「簡単ですよ。投資家なら誰でも、市場が上がりもすれば下がりもすることを知っています。市場が暴落すると請け合うのは、来年の冬にアラスカで雪が降ると請け合うのと同じようなものです。プロの投資家は、気候に変化があるのとまったく同様に、市場にもサイクルがあり、常に変化があることを知っています。中国の投資家たちやベビーブーマーの親たちが市場の暴落を食い止める力を持っていると信じるのはばかげています。市場の暴落はサイクルの一部なんですから。投資の世界では、いつも必ず起こることがいくつかあります。そのうちの一つが市場の暴落です。私はそれを保証すると言っているんです。自分の書いた本の前提が正しいことが私にわかっているのは、それが必ず起こるからです。時期に関しては、厳密には正確ではないかもしれません。でも、請け合ってもいいですよ。市場の暴落はまた必ず来ます。市場の高騰のあとにはいつもやってくるんです。どんな市場も上がり続けることはできません。それは自然の法則にさからって飛ぶようなものです。投資家の一人として、私は中国の投資家の進出や、ベビーブーマーが遺産を株式に注ぎ込むなどということよりも、自然の法則を信じて、そちらに賭けたいと思いますね」

「だから株式ではなく不動産を勧めるんですね?」ファイナンシャル・アドバイザーは私に話題を変えさせようとしてそう聞いた。

「いいえ。不動産にもサイクルがあります。私がこの番組を聴いていらっしゃる方にお勧めするのは、ファイナンシャル・インテリジェンスを高めることです。目先が利く投資家は、市場に常にサイクルがあることを知っています。中国の投資家でも、手にした遺産で株式市場を暴落から救ってくれるベビーブーマーでもなく、市場のサイクルに私が賭けるというのはそれだからです」

「そろそろ時間です。貴重なご意見ありがとうございました」ファイナンシャル・アドバイザーは丁寧にそう言った。

私は生放送のラジオやテレビのインタビューが好きだ。その理由の一つは、私が言った内容を変えることがむずかしいからだ。視聴者は私が言ったことをそのまま聴く。そして、その内容が自分の気に入るか気に入らないか、自分で判断して決めることができる。一方、印刷物を使ったメディアのジャーナリスト、つまり新聞や雑誌、インターネットなどに記事を書いているジャーナリストたちは、私が言ったことを取り上げて、それを変えたり、微妙にねじ曲げたりする力を持っていて、時には私が言っていないことをでっち上げて嘘を書くことさえある。私がこれまでにメディアを通して受け取った反応のうち九十五パーセントは好意的なものだが、五パーセントはあまり好意的でないものが常にある。私はもう大人だから、世の中には白を黒と言いたがる人がいるのもよくわかるが、それにしても、印刷物を使ったメディアのジャーナリストは怖い。事実、好意的でない五パーセントの反響のほとんどは、そういったジャーナリストたち、つまり、たとえあなたがそう言っていなくても、そう言ったと主張するだけの力を持っているライターたちからのものだ。

●四つの単語からなる魔法の言葉

金持ち父さんが教えてくれたことの中に、四つの単語からなる魔法の言葉がある。金持ち父さんは絶対的な権威を持って何か言ってくる人に出会ったら、いつでも「Will you guarantee it?（あなたはそれを保証しますか?）」と聞くようにしろと言った。私はこの魔法の言葉を使い、専門家たちが物事を大げさに言ったり、時には嘘をついているのを見破ったことが何度もある。その回数を聞いたらあなたも驚くだろう。

金持ち父さんはこう言った。「嘘と、真実を言わないこととの間を区切る細い線を飛び越えるかどうかは、その人個人の責任だ」誰かに「あなたは自分の言っていることを保証しますか?」と聞けば、その人がその線のどちら側にいるか、あなたの側か、反対側か、それがわかる。

●事実と意見と原理を見分ける

前に、何でもあまりに自信を持って話をする人、つまりすべての答えを知っているような話しぶりをする人には気をつけた方がいいという話をした。「株式の暴落が起こることを保証する」と言った時の私も、自信満々で、あなたが注意すべき人間のように聞こえたと思う。私にもそのことはわかっているし、確かにあなたは注意しなければいけない。これは、一見して矛盾しているように聞こえるかもしれない。だが、ここには学ぶべき大切な教えが隠されている。その教えとは、優れた投資家になりたかったら、「……は確実だ」という人が「何について」確信を持っているのかを知っている必要があるということだ。

1. 事実
2. 意見
3. 原理

先ほどお話ししたあのファイナンシャル・プランナーが、自分のラジオ番組を聴いている人たちに、中国人とベビーブーマーが救ってくれるから市場は暴落しないと確約した時、彼は自分が確信する「意見」を述べていたのだ。

一方、「市場は暴落する」と言った時、私が確信を持っていたのは「原理」についてだ。

金持ち父さんはこう言った。「情報を管理するにあたっては、事実と意見と原理の違いを知る必要がある」何百万という人が何兆ドルものお金を失った理由についてよく考えてみるとわかるが、その理由の一つは、多くの投資家が事実や原理ではなく意見に基づいて投資に関する決定を行っていたからだ。

次のように自分自身に聞いてみて欲しい――「長期に投資し、買って、持ち続け、分散投資しろ」という投資のセールストークは事実だろうか、それとも意見だろうか、あるいは原理だろうか？　この質問に対する私の答えは「意見」だ。それも、事実は含まれておらず、原理には程遠い意見だ。意見を事実や原理と取り違え、その意見だけに基づいて投資をする投資家は思い違いをしているだけで、往々にしてお金を損する。

●金銭的な成功をもっと大きくする

これまでの著書で、私は何度か聖書の「そして言葉が肉となった」という一文を引用し、その重要性を強調してきた。この言葉を言い換えると、「あなたはあなたの言葉そのものだ」となる。私が投資信託へ投資した話を聞いたあと、金持ち父さんは意見と事実、原理との違いを知るようにと私に何度も言った。

私はこの三つを次のように定義している。

1．事実――何らかの証拠によって存在が証明できるもの

2．意見――事実に基づいている場合も、そうでない場合もあり得るもの

ここで注意して欲しいのは、どちらの場合もあり得るという点だ。つまり、意見は事実である場合もあるかもしれないが、それが証明されるまでは意見のままだということだ。例えば、誰かが「うちには十匹の子犬がいる」と言ったとしよう。この言葉は、私が自分でそれを確かめるまでは意見だ。あなたも気付いているかもしれないが、銀行はこの貴重なる教えをよく心得ている。あなたがローン申込に行って、申込書に二万五千ドルの貯金があると書いたら、銀行はたとえあなたのことを正直な人だと思っていても、それをきちんと確かめる。

3．原理――例外なく、どんな場合にも正しいもの

この一例は「水面波の運動」だ。例えば、水に石を投げ入れたとすると、そこにはいつも波が立つ。私が確信を持って暴落を予測できるのは、水面波の運動に私が確信を持っていて、波紋を予測できるのと同じことだ。

ここで私が言いたいのは、自分の「意見」に確信を持っている人に充分注意しろということだ。何百万もの人が何兆ドルも失ったのは、事実、あるいは原理だと思い込んで、意見に耳を傾けたせいだった。そのことをいつも忘れないようにしよう。「この人が言っていることは事実や原理ではなく、意見ではないだろうか？」と疑問を持った時、それを確かめる方法は簡単だ。ただ「あなたはそれを保証しますか？」と聞けばいい。

先日ハワイにいた時、マンションの一室を見せられたが、値段がとても高かった。私が「この値段は高すぎるように思えるが」と言うと、セールスマンはこう答えた。「ええ。でも、新しいゴルフコースがあそこにできれば、値段は倍になりますよ」

それに対して私はただこう聞いた。「そのことを書面にして保証してもらえますか？」

「とんでもない。そんなことはできません」セールスマンはそう答えた。

今紹介したちょっとした会話の成り行きは簡単に予想がつくし、セールスマンに悪気がなかったことも明らかだが、こういった状況は毎日、いろいろなところで何百万回も起きている。つまり、何百万という人が毎日、事実や原理ではなく意見に基づいて物を買っている。四つの単語からなる簡単な魔法の言葉を思い出そう。それを使うだけで、あなたは自分が今どんな人と話をしているか、事実、意見、原理のうちどれを聞かされているか知ることができるだろう。

●ジャーナリストに聞く

この章に「ジャーナリストに聞く」という題をつけたのは、プロの投資家になりたい人は、どんな出版物を読むか、充分注意する必要があるからだ。プロの投資家はどんな出版物から情報を取り入れるか、慎重に選ばなければいけない。

ある時、私はモーゲージバンカーのスコットとランチを一緒に食べた。抵当融資をするスコットの会社はアメリカでも最大級で、一年に数兆ドルもの融資を扱っている。食事の途中でスコットは突然こう言った。「ああいったしゃれたマネー雑誌には、なぜ不動産投資の話が載っていないんだろう? 派手なマネー雑誌のほとんどが、株式や債券、投資信託の話しか載せていない。不動産の話はあったとしても、自宅を修繕する話や、別荘を買う話、あるいはREIT《リート》(不動産投資信託)に投資する話だけだ。これはどれも本当の不動産投資じゃない」

私は「そうだ」とうなずきながら、こう答えた。「それは雑誌が広告主を喜ばせる必要があるからだよ」

●ジャーナリストは誰のために書いているか?

投資情報の正当性をチェックする最良の方法は、まず、あなたが読んでいる出版物の広告主が誰かチェックすることだ。投資信託に長期に投資するという考え方を支持する多くの出版物は、広告収入の大半を投資信託会社から得ている。暴落の前もその最中も、さらにはそのあとも、これらのメディアが投資信託の有利な点について書き続けた理由はここにある。

雑誌社に聞けば、報道内容の健全性を保つために、編集部門は広告部門と独立していてはっきり区別されていると言うだろうが、マネー雑誌が表紙に「投資信託は最悪の投資だ」とか「今すぐ投資信託から手を引こう」などと銘打つことが、経済的な後ろ盾を失う自殺行為に等しいのは明らかだ。だから、こういう出版物は毎年、毎号あいも変わらず、「どの投資信託が一番有利か？」「二〇〇二年度運用実績優秀ファンド、トップテン」「今こそ債券ファンドを始めるべきか？」「どのセクターファンドが儲かるか？」などといった、スポーンサーが喜ぶことがわかり切っている見出しを掲げ続ける。問題は、このような出版物が公正で偏見のないものであり得るかということだ。

彼らは洗練された金融情報をあなたに提供できるだろうか？　彼らはあなたのために書いているのだろうか、それとも広告主のために書いているのだろうか？　その出版物の読者の、お金の面での洗練度はどの程度だろうか？　これらの質問に対する答えはあなた自身に見つけてもらうことにしよう。

『マネー崩壊――新しいコミュニティ通貨の誕生』の中で、著者のベルナルド・リエターはメディアの信憑性に対するアメリカ国民の信頼が薄らぎつつあることについて書いている。そして、ノーム・チョムスキーの「主要メディアの目的は……（中略）……起こっていることについて報道すること、あるいは報告することよりも、有力企業の意向に沿った大衆の意見を形作ることにある」という主張を取り上げている。さらにリエターの話はこう続く。「多くの雑誌が、記事をあらかじめ広告主に見せ、内容をチェックさせることを手順の一部にしている。ロサンゼルス・タイムズは広告主と編集部との協力体制を強化するために、経営陣の再編成まで行った」

私がこの章を書いたのは、手に入れる金融情報の質がとても大事だからだ。あなた自身のお金がかかわっていればなおさらだ。

私はよくみんなに、ジャーナリスト、特に出版メディアのジャーナリストに二つの質問をしてみるように言う。一つ目の質問は、「メディアで報道されていることはすべて本当で、事実のみに基づき、公平かつ客観的で、広告主への配慮といった商業的な意図を持っていないか?」という質問だ。

私のアドバイスを受けてこの質問を実際にしてみた人は、メディアが正直だなどという話はどのジャーナリストも笑い飛ばすと私に報告してくる。たいていのジャーナリストは、メディアの報道の大部分が、百パーセント真実に基づいているものでないことを認める。その大部分は読者を楽しませるためか、広告を売るためのものだ。

二つ目の質問は「あなた自身が書くことはすべて本当で、事実のみに基づき、公平かつ客観的で、広告主への配慮といった商業的な意図は含まれていないか?」という質問だ。

多くの場合、この質問に対する答えは先ほどの答えとはずいぶん違ってくる。たいていのジャーナリストは、たとえほかの多くのジャーナリストはそうではないと思っていても、自分だけは誠実で、事実のみに基づき、公平かつ客観的で、広告主への配慮といった商業的な意図を持っていないと信じている。

セラピストをしている私の友人はこれを「選択的思い違い」あるいは「職業的非礼」と呼んでいる。彼はこう説明する。「プロの職業人は、自分以外はすべていかがわしいペテン師だが自分は違うと信じる傾向にある。たいていのプロは自分こそが真実の旗を掲げ、その職業の名誉を守っていると心から信じている。たとえ、仲間の多くは、その人が掲げているのは愚か者の印のアヒルのついた旗だと思っていたとしても……。これが選択的思い違いの例だ。プロの職業人はすべてこの欠点を抱えている」

●投資市場にはアヒルがうようよ

中国を訪れた時、私は数百羽のアヒルの群れを市場へ歩かせている飼育業者を見かけた。アヒルたちが道路を横切るのを待つ間、車の中に座っていた私は、友人のセラピストから聞いた「選択的思い違い」の話を思い出した。そして、隣に座っていた友人に向かってこう言った。「まるで会議に集まった金融の専門家たちが一斉に道路を渡っているみたいだな」

友人は声を上げて笑い、こう続けた。「よく見てごらんよ。アヒルはただガーガーと鳴き、ほかのアヒルのあとをついていくだけだ。おそらく、あんなふうに仲間うちでわめき合うんじゃなくて、あの飼育業者に向かってガーガーと鳴いた方がいいのにね。そして、一体自分たちをどこに連れて行くのか聞いたらいいのに……」

●飼育業者のために働いているアヒル

ファイナンシャル・アドバイザーの世界では、私も選択的思い違いの罪を犯している。つまり、私自身もアヒルの一羽だ。正直に言って、心の底では、真実の旗を掲げ、この業界の名誉を守っているのは私だと本気で信じている。だがそれと同時に、同じ業界のほかの人たちが、私が持っている旗にアヒルが描かれていると思っていることも知っている。お金に関するアドバイスをする立場の人間として、私は自分も思い違いをしているアヒルの一羽であることをよく承知している。

私や仲間のアヒルたちが何に向かってガーガーと鳴いているか、それはともかく、私が一番気になるのはアヒルの飼育業者、大勢の人を市場に導こうとしているように見える、あの無言の人物だ。また、お金の世界のアヒルたちの中に、本当は自分の仲間のアヒルのためではなく、飼育業者のために働いているアヒルがいることも気になる。飼育業者のために働いている多くのアヒルは、ジャーナリスト、投資アドバイザー、銀行員、保険代理店員、政府の役人といった隠れ蓑をまとっている。一匹狼のアヒルが突然、ほかのアヒルに向かってガーガー鳴くのをやめて、「おい、あの飼育業者はぼくらをどこに連れて行こうとしているんだ?」と言い出したとしたら、飼育業者のために働いているほかのアヒルは、そのアヒルをいかさま師呼ばわりして、さらに大声でガーガーと鳴き出すだろう。本当は飼育業者のために働いているアヒルも含め、そこにいるアヒルの多くがいかさま師なのに……。実際のところ、おたがいにガーガーとわめき合い始めると、みんな飼育業者について疑問を持つのをやめてしまう。

飼育業者のために働いているアヒルをつまみ出そうとしても、それは非現実的だし、実際的ではない。あまりに数が多いし、そのうちの多くは実際に役にも立っているからだ。一方、あなたがお金の世界でアヒルに出会った時、常に、「このアヒルは誰のために働いているのか? 私のためか、それとも飼育業者のためか?」と自分に聞いてみるのはそう非現実的なことではない。だから、いつもこう自問しよう――このアヒルは私を経済的自由に導こうとしているのか、それとも食肉市場へ導こうとしているのか?

●より質の高い情報

一九六五年、投資信託のセールスマンを相手に貴重な体験をした私に、金持ち父さんはこう言った。「よりよい投資家はよりよい情報を求める」また、こうも言った。「いい金融情報は簡単には手に入らない。それは探しに行かなければ得られない」

今の私は、自分が読む金融情報の質に常に気を配っている。客の手に取りやすいようにスーパーマーケットのレジのそばに置かれたマネー雑誌の見出しをながめるくらいは私もする。時には並んで待っている間に手にとって、ざっと目を通すこともある。そして、気になる記事があれば、雑誌を買って読むこともある。でも、記事がたとえおもしろくても、それを読む私の頭には広告主のことがいつも頭にある。また、記事を書いた人の大部分は、高い教育こそ受けているかもしれないが必ずしもお金の面で成功しているわけではないことも忘れない。それから、その雑誌がターゲットとしている読者はどんな人間か、年齢構成はどうなっているか、アヒルの飼育業者からその雑誌が資金を得ていないかといったことも常に考える。

一般によく読まれているマネー雑誌は、高い教育を受け、高収入で、専門職についている人たちをターゲットとしている場合が多い。こういう読者は正式なファイナンシャル教育はほとんど受けていないが、そういった教育に投資する時間もなく、そのために投資信託に投資している。彼らのような読者にとっては、この程度のマネー雑誌が自分たちに理解できる限界なのだ。アヒルの飼育業者たちはこういった種類の投資家が大好きだ。飼育業者が独自の雑誌を発行することがよくあるのはそのためだ。多くのマネー雑誌は、生きのいいアヒルの居場所を突き止めるための飼育業者の道具だ。

私がここで言いたいのは、金銭的にもっと成功したいと思っている人は、金融情報を自分から探しに行かなければいけないということだ。なぜなら、金融情報が載っている出版物のうち、本当に役に立つものの多くはスーパーマーケットでは売っていないし、本屋でも手に入らない。

●自分の頭に誰を招き入れるか？

一九六五年に私が学んだ教えは、自分の頭の中に誰を招き入れるか、充分注意しなければいけないということだ。金持ち父さんはこう言った。「家の玄関に鍵がついているのにはちゃんとした理由がある。同じ理由から、頭にも鍵をつけておかなくちゃいけない」

今、確かに私も、新聞やビジネス雑誌を読んだり、テレビで金融情報番組を見たりするが、頭の一番奥まで取り入れる情報は、誰かに雇われていて収入の大部分を給料という形で得ているようなジャーナリストではなく、成功して金持ちになっている投資家から得たものに限っている。私は主に不動産とビジネスに投資しているが、不動産に投資しない投資家たちに向けられた情報を仕入れたり、そうした投資家たちから学ぶのも、とても楽しい。私が頭の中に招き入れるのは、ウォーレン・バフェットをはじめ、連邦準備制度理事会の議長アラン・グリーンスパン、ジム・ロジャーズ、ジョージ・ソロス、ウィリアム・リース＝モッグといった人たちだ。

テレビに登場する人としては、CNBCのマーク・ヘインズとロン・イスタナには大きな尊敬の念を抱いている。二人には、テレビで活躍する大勢の新しいジャーナリストにはない、深い知識と経験があるように思う。同じく、CNBCの『クッドロウ&クラマー』という番組もなかなかいい。この番組のホストの二人は視聴者を楽しませてくれ、気持ちのいいほど自説をはっきりと主張し、株式市場に明るい展望を持っている。彼らは、希望を持ち続ける多くの人たちのために光を掲げる灯台だ。一方、出版メディアのジャーナリストで私が読んで面白いと思うのは、『レクサスとオリーブの木――グローバリゼーションの正体』の著者トーマス・フリードマンだ。

優秀なジャーナリストはほかにもたくさんいるが、今挙げた人たちが言ったり書いたりしたことを聞いたり読んだりした時にはいつも、私は時間をかけて、その内容がきちんと頭に入るようにする。だが、それでももちろん、彼らに偏見はないかどうか、そのあたりに気を付けることは忘れない。

新聞に関して言うと、私が読むのはウォールストリート・ジャーナルとバロンズ誌だ。その理由は、前者が楽観的な論調で、後者が悲観的な論調であることが多いからだ。また最近は週刊の新聞エコノミストも楽しめるようになった。これは前にも読んでみようと何度も試みたが、むずかしすぎて何もわからず、あきらめるしかなかった新聞だ。年齢を重ね、少しは知識も増えた今、読めるようになった記事の数が多少は増えた。今の私はエコノミスト紙で読んだことの約六十五パーセントは理解できる。

ビジネス関連のニュースの情報源として、ビッグビジネスのトレンドについていくのに役立つと私が思うのは、ビジネスウィークとフォーブスだ。スモールビジネスのトレンドを知りたい場合は、フォーチュン・スモール・ビジネスやファースト・カンパニーなどの雑誌がいいと思う。

不動産関連のニュースに関しては、私は多くの不動産会社が出している市場レポートの中から情報を引き出す。このようなレポートの多くは無料で、市場のトレンドと、プロの不動産投資家が直面する課題についての情報が満載されている。

もっと過激で、テーマの絞られた情報を得るために私がやっているのは、投資に関するニューズレターを定期購読することだ。まだニューズレターを購読していない人は、一つだけ購読を始めてみればそれで充分だ。こうしたニューズレターを発行しているところの多くは、たがいに顧客リストを売り買いしているので、そうすればすぐに、かなり過激なニューズレター発行所がいくつも勧誘攻撃をかけてくる。中にはいかがわしい人間が書いているものもあるが、彼らの型破りな考え方、あいまいな情報の断片からも、私はいつも何か学ぶところがある。

いろいろな情報源を紹介したが、私が読んでいるものをみなさんにも読むようにと勧めるつもりはまったくない。ここで名前を挙げたのは、より質の高い金融情報を積極的に探しに行くように、あなたに刺激と激励を与えるためだ。あなたにとって最大の資産はあなたの頭脳で、そのドアにはしっかり鍵をかけておく必要がある。

●金融情報のまとめ

自分が受け取っている金融情報がどんな種類のものか迷った時は、キャシュフロー・クワドラントの図を思い出せばいい（図④）。

この図をもとに、金融情報の種類を三つに分けて考えることができる。

1. EやSに属する人が同じクワドラントに属する人に向けて書いたり話したりする出版物やラジオ・テレビ番組
よく売れているマネー雑誌や、金融の専門家がホストを務めるラジオやテレビの番組の大部分がこれにあたる。また一般誌のお金や投資に関する記事も、そのほとんどがこのカテゴリーに属するが、中には次のカテゴリーと重なる記事もある。

2．EやSに属する人がBやIに属する人について書いたり話したりする出版物や番組
ウォールストリート・ジャーナル、フォーブス、バロンズなどの出版物、CNBC、ブルームバーグTVなどのメディアがこのカテゴリーに属する。

3．BやIに属する人が同じクワドラントに属する人、あるいはそれらのクワドラントに入ろうとがんばっている人たちのために書いたり話したりする出版物や番組

この一例はウォーレン・バフェットが出している年次報告書だが、これは毎年たくさんの人に読まれている。また、投資用不動産を扱う不動産会社から出されている不動産情報もなかなか役に立つ。そこにある情報は、居住用不動産を販売する会社の大部分は持っていない情報だ。また、正真正銘BやIに属する人たちが書いた、多くは非常に技術的で特化されたニューズレターも多く出されている。金持ち父さんシリーズや金持ち父さんのアドバイザーシリーズの本、あるいは私たちが提供するそのほかの製品はこのカテゴリーに属すると言っていいだろう。私が知る限り、BやIに属する人が同じクワドラントに属する人のためにやっているラジオやテレビの番組はあまり多くない。これはもっとたくさんあっていいと思うが……。

●いいアドバイスを探す

「一万ドルをどこに投資したらいいか知りたい」と言ってくる人に対する私の答えの一つは、質のいい金融情報を載せている出版物にお金の一部を投資し、定期的に購読することだ。一方、自分の頭の中に入ってくる金融情報の質を上げ、つねに最新のものにしておく気のない人に対するアドバイスは簡単だ。そういう人にとっては銀行にお金を預けておくのが最良の方法だ。

投資に関する情報を得る相手として最も不適当なのは敗者だ。そして、面倒なことに敗者はどこにでもいる。一例を挙げよう。私が投資に関する簡単なセミナーを開いた時のことだ。一人の参加者が私の注意を引くために手を挙げた。

その人は立ち上がるとこう言った。「不動産は悪い投資です」

「なぜそう思うんですか?」と私は聞いた。

「会社の同僚がアパートの一室を投資用に買ったんですが、損ばかりしていて、全然儲けになっていません」

「どんな損をしているんですか?」

「ええと、まず買値が高すぎました。それから、投資のためのお金をそれほど持っていなかったので、頭金をあまり出せませんでした。おかげで毎月のローンの返済額が多すぎて、家賃だけではその返済を含めた経費をまかなうことができないんです」

「なるほど、それはよくないですね」

「状況は悪くなるばかりです」その人は続けた。「友人が家賃を上げると、借家人は出て行ってしまいまし

④その情報はどのクワドラントからのものか

た。新しい人が入っては来たんですが、部屋をめちゃくちゃにして、しかも家賃を払ってくれなかったので、出て行ってもらうしかありませんでした。友人は今、アパートを売ろうとしていますが、修繕をしなくては彼の望む値段で買ってくれる人は誰もいません。修繕のためにこれ以上お金をかけるのも、価格を引き下げるのも友人はいやなんです。なぜなら、家賃を払ってくれる人がいなくなってしまったので、前より多くのお金を損しているからです。彼はもう二度と不動産には投資しないと言っています。不動産は悪い投資だと私が言うのはそれだからです」

これは、敗者から投資アドバイスを聞いたいい例だ。投資対象が何であれ、つまり株式だろうが、不動産だろうが、投資信託だろうが同じことだ。どの投資の場合も敗者はいくらでもいて、あなたに投資アドバイスをしようと待ち構えている。投資家として成功しない人がこんなにたくさんいる一番大きな理由は、このような敗者からアドバイスをもらう人が多いからだ。

●頭にドアをつける

この章のはじめで、言論の自由と出版の自由の大切さについて話をした。これらの自由は、敗者や、負けることを恐れてばかりいる人にも適用される。だから、負けることを恐れる人が、損をした敗者についての話を広める張本人になることが多い。

話を先に進める前にはっきりさせておきたいが、私は敗者を責めるつもりはない。私自身、これまでに何度も損をしている。実際のところ、私はみんなに、もっと負けるように、そしてもっと学べるようにしろと勧めている。何といっても、人間は間違いから学ぶように作られているのだから。私が異議を唱えているのは、損をしてもそこから学ぼうとせず、人のせいにしたり、出来事のせいにしたりする敗者だ。さらに悪いことに、彼らは成功に見放されている自分の状況を他人に「感染させる」ことが多い。

あなたの頭にドアをつけ、そのドアをしっかり見張っている必要があると私が言う大きな理由の一つは、このような敗者がいたるところにいるからだ。お金のことで苦労している人を見ると、私はよくその人に、身近にいる人は誰か、お金や投資、成功に対するその人の姿勢はどうかをたずねる。たいていの場合、経済的に苦労している人は、すでにお金を損した人か、損することをひどく恐れている人、どちらかの種類の人からアドバイスをもらっている。自分が恐れていることを認めるか、あるいは自分が損をしたことを認める代わりに、こういう種類の人たちはやたらに疑い深かったり、あら探しばかりしていて幸せではないことが多い。そして、耳を傾けてくれる人なら誰にでも、悪いニュースを吹き込む。確かに人は誰でも、悪いニュースを広めたり、自分の感情を偽ったり、成功しないのを他人のせいにしたり、成功している人を批判したりする権利を持っている。その権利は憲法修正第一条で国民に保証されている。

家庭はお金に関する大きな情報源だ。また、お金に関する策略や、権力争い、嘘が渦巻くところでもある。家庭を理由にした否定的なコメントもよく耳にする。

「私は投資を始めたいのですが、妻（夫）がやりたがらない。危険すぎると言うんです」

「仕事をやめて自分でビジネスを始めたいのですが、父が仕事を続けろとうるさいんです。父は、薄給でも給料があるのは、ないよりましだと言うんです」

「家族は私の考えはおかしいと思っています。だから、家庭の平和を守るために、何もしないでいるつもりです」

●自分の中に敗者がいる

ベトナムで私が学んだ大切な人生の教えの一つについてこれからお話しする。これについては前にも書いたことがあるが、人生のあらゆる面に応用できるこの教えはとても大事だと思うので、もう一度ここで繰り返しておきたい。

ある日の早朝、私はパイロットとして仲間の兵士と一緒に敵地まで飛んだ。私たちが乗っていたのは戦闘用ヘリコプターで、兵士たちを戦闘地区に送り届けるヘリコプターを護衛していた。すると突然、地上に煙が見え、敵が私たち目がけてマシンガンを撃っているのがわかった。戦闘経験のなかった私はパニックに陥った。操縦桿を握る手がおぼつかなくなり、ヘリコプターを飛ばすことより死ぬことの方が気になってしかたなくなった。私が気持ちの上ですでに戦いに負け始めていることに気が付いた上官は、私のヘルメットをコツコツと叩き、端を少し引っ張って、私の目を覗き込むようにしてこう言った。「少尉、この仕事で何が問題か知っているか?」

「いいえ」私は頭を横に振った。

「この仕事で問題なのは、一番になれなかったら二番はないということだ。こっちが勝つか、それとも地上でマシンガンを撃っている敵が勝つか、それしかない。今日家路につけるのはどちらか一方だけなんだ」

戦闘の只中で恐怖におののく私の耳に上官の声がはっきり聞こえた。彼はそれまでにも私のような新米パイロットと同じような状況になったことがあったのだ。私には自分が恐怖におののいているのがわかっていたし、上官にもそれがわかっていた。私の頭の中では疑いの気持ちや恐怖、不安が渦巻いていた。私は自分のことばかりを考え、ヘリコプターに同乗している四人の若い兵士たちのことを忘れていた。「何をしたらいいんでしょう?」私はそう聞いた。

「今言った通り、この仕事で問題なのは二番がないことだ。殺すか、殺されるか、それしかない。きみが死ぬのを怖がっていたら、私たちは全員死ぬ。自分の仕事に神経を集中させるんだ——自分が怖がっているものにではなくね。きみの中の敗者ではなく勝者に耳を傾けるんだ。怖がることはかまわない。だが、自分の中の敗者に大きな顔をさせてはだめだ。勝つことに神経を集中させるんだ、少尉。自分の仕事をしろ。私たちを家まで送り届けるんだ」

私はうなずいた。それから視線を地上に戻し、私たち目がけて飛んでくる弾丸を真正面から見据えた。そして、勝つことに焦点を合わせ、自分の仕事をやり遂げた。

●敗者に勝たせるな

あの日、私が学んだ教えは、人間は誰でも自分の中に勝者と敗者がいるということだ。お金の面で自分が持っている可能性を充分に発揮できない人が大勢いる主な理由の一つは、お金に関することとなると、自分の中の敗者に勝たせてしまう人が多いからだ。

何年もの間、上がったり下がったり、金銭的な成功と失敗を繰り返して来た私だが、自分の中の勝者や敗者を相手に奮闘しているのは今も同じだ。先日、海岸で売りに出ている土地を眺めていると、敗者の声が聞こえてきた。その声はこう言った。「おまえは本当にこれが欲しいのか？　この土地は高すぎる。それに、経済情勢が変わったらどうする？　金利が上がったら？　もしそうなったら、不動産の値段は下がるぞ。そして、不動産がうまくいかなくなれば、おまえのほかの投資やビジネスはどれもうまくいかなくなる」

あなたの中にいる敗者が悪者だというわけではない。敗者はとても重要な役割を果たす。多くの人にとって問題なのは、敗者の声しか聞こえなくなっていることだ。そういう人の頭の中には言論の自由はない。憲法修正第一条がないのだ。お金に関することとなると、多くの人の場合、戦う前にすでに敗者が勝っている。「安全第一でやれ。安全で安定した仕事に就いてリスクを取るな。お金を貯めて借金から抜け出せ。それが賢いやり方だ」という声に耳を傾け始めた瞬間、その人は負け始める。私に言わせれば、そういう声こそが敗者の声だ。私はその声をよく知っている。なぜなら、毎日その声を聞いているからだ。

私がベトナムで学んだ教えは、私たちがそのために戦っていたこと自体に関係のある教えだった。私たちは自由のために戦っていたが、自由の中で最も大切なものの一つは言論の自由だ。ベトナムでのあの日、私は自分の中の勝者にその言論の自由を与えた。

●勝者と敗者の両方に話をさせる

では、なぜ言論の自由がそんなに大事なのだろうか？　それは、自分が自分につく嘘が最大の嘘である場合がよくあるからだ。その嘘とは例えばこんなものだ。

「私にはそれを買う余裕はない」

「そんなことは私にはできない」

「私は決して金持ちになれない」

「私はそんなに賢くない」

「それはむずかしすぎる」

「お金が手に入ったら投資する」

「もっと時間があったら投資する」

ダイエットをする人が大好きな嘘は「明日からダイエットを始める」だ。

憲法修正第一条の理想を守るためには、自分の中にいる勝者にも言論の自由を与える必要がある。勝者と敗者の両方が大事だ。両方がその声を聞いてもらう権利と必要性を持っている。それが言論の自由というものだ。

投資に関するワークショップで、私はよく、人間の中の勝者と敗者の話を持ち出す。実際のところ、かなり突っ込んだところまで学習するワークショップでは、多くの時間を使ってこの問題を取り上げることがよくある。その理由は、勝者と敗者の戦いがその人の人生の成功と失敗を分ける大きな要因となることが多いからだ。

一方、この話題をもっと軽く取り上げることもある。そんな時、私はよく人に、自分の中の敗者が勝者を打ち負かした時のことを書くように言う。そうやって出てくる話の多くはひどく滑稽だったりする。どんな人にも、敗者にばかり話をさせたために、とてもいい取引やすばらしいチャンスを逃した経験があると思う。

あなたもワークショップに出席しているつもりになって、自分を勝利から遠ざけるような話を自分自身にしてしまった時のことを詳しく紙に書いてみよう。そして、少し時間を投資して、あなたにそうさせる動機となった考え、恐怖を分析してみよう。

●敗者から学ぶ

自分の中の敗者に勝たせてしまった話は、私にもたくさんある。中でもよく人に話すのは、一九七三年に、とても立派な分譲マンションの中で、山側にある安い方の一室を買った時の話だ。

あの時、私は海側の四万八千ドルの物件を買う代わりに、造りはまったく同じだが面している向きが違う三万四千ドルの物件を買った。三年後、私が思っていた通り、不動産市場が急騰した。どちらの物件も価値が上がったが、その時の売買価格は、海側の物件は十五万ドルほど、山側は七万ドルほどだった。ちょっと計算してみれば、長期的に見て山側の部屋の売値がずっと割高になっていたことがわかる。さらに、私が買った時、銀行が要求していたのは十パーセントの自己資金だったから、海側の値段との差額一万四千ドルは、私にとっては千四百ドルの違いにすぎなかった。つまり千四百ドル余分に払えば、十万ドル近く儲かったということだ。だが、私はそうせずに千四百ドルを節約したため、三万五千ドルしか儲けられず、六万五千ドルを儲け損ねた。

この経験から私が学んだことは、まず「値段」ではなく「価値」に注目するということだ。今投資に関する決定を下す時、私はいつもこの取引のことを思い出す。そして、あの時、自分の中のけちな人間に話をさせてしまい、敗者に勝たせてしまったことを肝に銘じる。

もう一つ私が学んだ貴重な教えは、私の中の敗者は、私が恐れていたり自信がない時に、より大きな声で話すということだ。最近は自分の中の敗者が話し始めるといつも、勝者からもアドバイスを得なくてはいけないことを自分に思い出させる。あの不動産投資からは、そうしようと思えばできたはずの儲けは得られなかったが、お金には換えられない貴重な教えを学んだ。

自分の中の敗者が勝者を打ち負かしたという個人的体験はほかにもたくさんあるが、今お話ししたのはその一例だ。大切なのは、学ぶ機会を与えられた時にそこから学ぶことだ。損を他人のせいにしないで自分の中の敗者から学べば、頭の中に取り入れる情報を管理する責任をよりよく果たすことができるようになる。そして、それができれば、最終的に勝者が勝ちを手にする。

シャロンから一言

金持ち父さんはこう言った。「頭の中に誰を招き入れるかに注意しろ」

事実と意見、そして原理の三つの違いを理解することは、日々私たちのもとに飛び込んでくる情報を分析する時に非常に重要な意味を持つ。情報源をよく知っていれば、それだけ速く、その情報が自分自身、あるいは自分の状況に適用できるかどうか決めることができる。

金持ち父さんはこうも言っていた。「ファイナンシャル・インテリジェンスとは、自分のキャッシュフローに関するコントロール能力を持つことだ」キャッシュフローを目的とした投資とキャピタルゲインを目的とした投資とを比べて何かを決める時は、その決定を行うために使う情報の種類をきちんと認識する必要がある。

キャッシュフローを目的とする投資を分析する際は、「今この時点の」情報を見て、「今この時点の」プラスのキャッシュフローに基づいて決定を下す。これは事実に基づいて決定を下すことを意味する。

一方、キャピタルゲインを目的とする投資を分析する際は、自分が値上がりすると信じたもの、あるいは誰かからそう言われたものに投資するのが普通だ。つまり意見に基づいて投資する。

　この二つの投資はどちらも大事だ。キャッシュフローを目的とする投資は今のあなたの経済状態に影響を与える。一方、キャピタルゲインを目的とする投資は、未来のあなたの経済状態にプラスの影響があるように願ってする投資だ。

第七章……ギャンブラーに聞く

「テーブルについている間は手持ちの金を数えるな」
――プロのギャンブラー

何百万人もの人が何兆ドルものお金を失ったのは、長期に投資をしたためだった。このように、「長期に投資しろ」というのは最悪の投資アドバイスにもなり得る。

金持ち父さんはこう言った。「プロの投資家は三つのことを知る必要がある。いつ市場に入るか、いつ市場から出るか、そして、どうやって自分のお金をテーブルから引き上げるかだ。プロの投資家としてきみは、市場に入るべき時を教えてくれるサインを見逃さないようにする必要がある。そして、市場から手を引くためのプランを持ち、いつ手を引くかあらかじめ考えておかなければいけない。アマチュアの投資家は自分のお金をテーブルの上にずっと置いておいて、結局は全部損してしまう」

「なぜ全部損してしまうんですか？」私はそう聞いた。

「結局は市場が勝つからだよ。市場は儲けさせてもくれるが、私たちがただそこにお金を置いたままにしていると、結局はすべてを取り戻す」

●ルールを破る

何十年も前、まだ二十代の頃、私はラスベガスへ遊びに行った。お金があまりなかったので、まずクラップスに少しだけ賭けてみた。サイコロを使ったこのゲームにわずか一ドルを賭けることから始めた私は、何度か勝ち、何度か負けた。そのあと突然に、今まで経験したことのないほどのものすごい連勝が始まり、ほんのわずかな時間で三百ドルを儲けた。サイコロを振る私に、周りの人はみんな大声で声援を送った。なぜなら私が勝つのと同時に彼らも勝っていたからだ。連勝が続くうち、私は周りの人が一度に何百ドルもかけているのに、自分はルールを守って安全第一にしていることに気が付いた。彼らの方が速く金持ちになっている。サイコロを振って連勝しているのは私なのに……そのことがわかってきたのだ。

そう気が付くと同時に欲が頭をもたげてきた。私は、金持ち父さんが教えてくれたルールに完全に反していると知りながら、賭け金を増やし始めた。連勝の波に乗っているし、みんなも応援してくれているんだから……。ルールを破ったことで、私の儲けは突然千五百ドルに増えた。そこで私はまたルールを破り、千五百ドル全部を賭けて、また勝った。分別ある自分が頭の中で「いくらか自分のポケットにしまい、賭け金を百ドルだけにしろ」と叫んでいるのは聞こえていたが、私はルールを破り続けた。つまり、ルールに従って三千ドルのうちの二千九百ドルをポケットにしまう代わりに、また全部賭けた。私は自分にこう言い聞かせていた。「六千ドルをポケットに入れたら、安全第一にしたっていいさ」その思いに後押しされて、私は三千ドルを賭けてサイコロを振り、負けた。

三千ドル損をしたのは痛かった。でも、この体験は投資に関して大事な教えを学ぶのに役立った。金持ち父さんは何度も「自分を抑えてルールに従え」と言っていたが、私はそのルールを破って、はじめてその教えを本当に自分のものにすることができた。

●やめ時を見極める

二〇〇〇年と二〇〇三年の間に多くの人がルールを破り、引退プランに入っている自分のお金をそのままテーブルに置いておいた。何百万という人が、自分の経済的な未来をサイコロの目にすべて賭けてしまったのだ。そして、損をしたあとも、彼らは市場が立ち直って損を取り戻せることを願いながら、テーブルに自分のお金を置いたままにしておいた。つまり今も、将来また同じ間違いを繰り返すような状況に自分を置いたままでいる。

プロのギャンブラーはみんな、損を取り戻そうとしてお金を賭け始めた時が「やめ時」だということを知っている。テーブルから離れ、少し休んで、新しい選択肢を探す時だ。残念ながら、現在の多くの引退プランのルールでは、プレーしている人が途中でテーブルから離れられないようになっている。つまり今、多くの投資家は、テーブルから離れてほかの投資にお金を注ぎ込もうとすると罰が科されるような引退プランを使っている。

●ギャンブラーの金言

「テーブルについている間は手持ちの金を数えるな」というのは、プロのギャンブラーの知恵の結晶とも言うべき金言だ。この言葉に照らし合わせて考えると、標準的な引退プランに自分のお金を入れたままにしておくのは、プロのギャンブラーや投資家が従うべき大事な三つのルールに違反していることがわかる。そのルールとは次のようなものだ。

1．お金がテーブルに乗っている限り、それはあなたのお金ではない。ゲームに参加している限り、そのお金はあなたのものではなく、ゲームを主催している側のものだ。

2．お金を数えることより、ゲームの方が大事だ。ラスベガスでギャンブルをしていた時、ゲームに神経を集中させていた間は、私はゲームに勝っていた。だが、勝ち始めた時、私はゲームに注意を払うのを忘れ、お金を数え始めた。そして、儲けが三千ドルになった時、私にとってゲームよりお金の方が大事になった。

私が負けた理由の一つはこれだ。ゲームよりお金を数えることの方が大事になってしまったのだ。

一九九五年と二〇〇〇年の間、株価がどんどん上がり、引退プランが価値を増している時、多くのアマチュア投資家は自分が金持ちになったと思った。そして、彼らも私と同様、ゲームよりもお金に神経を集中させ始めた。引退プランの明細書の封筒を開け、純資産額が増えているのを見て金持ちになったと思った彼らは、大きな家に買い換えたり、新しい車を買ったり、あるいは貯蓄口座からお金を引き出して、ただ闇雲に市場にさらに多くのお金を注ぎ込んだ。純資産額が増えるにつれて、多くの人は自分が金持ちになったと勘違いして、ゲームではなくお金に神経を集中させるようになったのだ。

自分が住んでいる家の値段が上がった時にも、同じような思い違いが起こる。「家の価値が四万ドル上がった」とうれしそうに言う人はよくいる。家の値段が上がると多くの人が安心し、自信を持つ。そして、動機を見失い、ゲームから注意をそらせてしまう。手持ちの純資産の額を数え、ゲームに勝ったと思ってしまうのだ。多くの人が経済的に後退を始めるのはまさにこの時だ。

3．ゲームの本当の目的は、テーブルから自分のお金を引き上げ、そのあともゲームに留まることだ。プロのギャンブラーや投資家は、最終的にはＯＰＭ、つまり他人のお金を使ってゲームをしたいと思っている。彼らにとってゲームの目的はそこにある。持ち金をすべてテーブルの上に置いた時、私はゲームの目的を見失っていた。

●お金の四つの種類

もう知っている人もいると思うが、税金面から見た場合、所得には三つの種類がある。勤労所得とポートフォリオ所得と不労所得だ。プロの投資家はこの三種類の所得と、次のような四つの種類のお金についてよく知っておく必要がある。

1. 自分のお金
2. 銀行のお金
3. 税務署のお金
4. 賭場のお金

●お金の速度

プロのギャンブラーはできるだけ早く、賭場のお金でプレーできる状態になりたいと思っている。ラスベガスにいた時、私がもし自分のお金をポケットに入れ、儲かった分だけでゲームをしていたら、「賭場のお金で遊ぶ」というい い例になっていただろう。だが、実際は私はそうせずに、全部のお金を賭けた。そうし始めた時、私はゲームに負けたのだ。なぜなら、ゲームに留まる点では同じでも、自分のお金ではなく他人のお金を使ってプレーするという目的を見失ったからだ。

プロの投資家として、私は次のようなことをやりたいと思っている。

1. 自分のお金を資産に投資する
2. 投資したお金を取り戻す
3. 資産をコントロールする力を維持し続ける
4. 自分のお金を新しい資産に投資する
5. 投資したお金を取り戻す
6. 以上のプロセスを繰り返す

私はこのプロセスを「お金の速度」と呼んでいる。金持ちがどんどん金持ちになり、平均的な投資家がすべてを失う危険を犯す理由の一つがこれだ。

このプロセスをもっとよくわかってもらうために、一つ例を挙げよう。例えば、賃貸用に、寝室二つ、バスルーム二つのマンションの一室を十万ドルで買ったとしよう。私はこの資産を買うのに、自分のお金二万ドルと銀行のお金八万ドルを使った。そこで、収入から諸経費と借入金返済分を差し引いて計算する自己資本収益率（キャッシュ・オン・キャッシュ・リターン）が十パーセントで、不労所得として年に二千ドルの純益があったとする。この二千ドルの収入に加えて、減価償却そのほかの経費のおかげで生まれる節税分があり、それが表面には現れない余分な収入となる。この例の場合、私は十年後には賃料からの収入だけで頭金をすべて取り戻し（二千ドル×十年＝二万ドル）、その後も資産を持ち続ける。つまり、まだテーブルに留まっている。

でも、その時はすでに私のお金はテーブルから引き上げられている。私は同じゲームを続けてはいるが、今使っているのは、銀行や税務署、賭場のお金だ。戻ってきた自分のお金、つまり最初に出した二万ドルはほかで使ってしまわずに、新しい不動産、ビジネス、紙の資産などに再投資して同じプロセスを繰り返す。

多くの点で、私はすでにゲームの目的を達していると言える。だが、稼動中の資産の価値が上がったおかげで、ゲームはまだ続いている。一番いいのは、自分のお金をテーブルから引き上げたにもかかわらず（当初の投下資本二万ドルはすでに全額戻ってきている）、その資産から毎年二千ドルの賃貸収入を受け取れることだ。金融の世界の定義に従うなら、この時の私のＲＯＩ（投資収益率）は無限大だ。

●さらに大きな収入

この例を使ってもう少し説明しよう。例えばこの物件の価値が十八万ドルになったとする。税法に従うなら、あなたは現在の価値から抵当分を差し引いたエクイティ（純資産部分）を基に再融資を受けることができる。つまり値上がり分に当たる八万ドルの一部、たとえば七万ドルを新たに借りられる。しかも、これはその不動産のエクイティに基づく融資で、所得ではないから非課税だ。一方、私はその資産を所有し続け、それをコントロールする力も維持し続ける。

だから、私は十年後には、それまでの不労所得（帳簿上の支出である減価償却のおかげでこれも非課税になり得る）によって当初の投下資本二万ドルをそっくり取り戻し、エクイティの増加によって七万ドルの余分の借入金を手にし、しかも、不労所得を生み続ける資産をコントロールする力も維持し続けている。そして、その一方で、自分のお金をほかの資産に移動できるというわけだ。

二万ドルを取り戻し、七万ドルの貸付を受けた場合、この最初の資産に関する限り、私のお金はもうテーブルに乗っていない。その状態で、この九万ドルを使って四十五万ドルの資産を買うこともできる。

このプロセスをまとめるとこうなる。十年後、私はもとの十万ドルの資産（今は十八万ドルの価値がある）をコントロールする力を持っていて、そこから年に少なくとも二千ドルを受け取り続ける。そして、今度は九万ドルを四十五万ドルの資産に移動し、この二つ目の不動産から年におよそ一万ドルを受け取ることが可能な状態になっている。私の次の目的は、この二つの資産を使って同じプロセスを繰り返すことだ。つまり、再融資を受けることで二つの資産のエクイティ増加分を引き出し、それをさらに大きな三つ目の資産の購入のために再投資する。この例で、私は銀行からのレバレッジを八十パーセントとしたが、もっと積極的にやる気があれば、九十パーセントのレバレッジを使い、さらにお金の速度を上げることもできる。

今の例は、「自分のお金を動かし続ける」という投資家の目的、つまり「お金の速度」をごく単純化して説明している。おわかりのように、ここにある数字は不動産市場が上向きであることを前提としている。市場が横ばいだったり、下向きになれば、数字は当然変わってくる。

●お金に「サイドブレーキ」をかける

「私には借金がない」とか「お金は銀行や証券会社の口座に入れて長期に投資する」「借金なしで投資したい」などと言う人に会うと、私はいつも「この投資家は自分のお金を一つの資産あるいは引退プランに注ぎ込み、サイドブレーキをしっかりとかけてお金を数え始めたのだな」と思う。多くの人は借金をせずに投資することや、純資産が増えることで満足する。こういう投資家には、そういうやり方が安全な投資方法に見えるのだ。だが、プロの投資家にとっては、このやり方はとても危険で、時間がかかり、リターンも少ない投資方法だ。

借金なしの投資、あるいは抵当部分がほとんどなくてエクイティが大きい投資をしている人に、私はよく、エクイティに対する収益率を計算してみるように言う。そうすると、たいていはとても低い数字が出る。借金なしでエクイティが大きい投資をしている人は、銀行のお金、つまり他人のお金を使うことから生まれるレバレッジを利用していない。投資に注ぎ込む自分のお金が多ければ多いほど投資収益率は下がる。それが少なければ少ないほど、そして他人のお金を使えば使うほど収益率は上がる。

私はどちらの方法がいいとか悪いとか言っているわけではない。レバレッジの比率が高ければ、投資収益率を上げて自分のお金を増やす速度を上げられる。だが、高いレバレッジを利用するには、投資家に高いファイナンシャル・リテラシー（お金に関する読み書きの能力）が必要だ。

プロの投資家の目的は、ほかの資産に投資するために、できるだけ早くテーブルから自分のお金を引き上げることだ。この目的を理解しているからこそ、プロの投資家はお金の速度を利用してより速く先に進むことができるのだ。金持ちがどんどん金持ちになる理由の一つは、彼らのお金が動いているからだ。一方、たいていの人は、自分のお金を持ち家と、引退プランに組み込まれた長期の投資に注ぎ込み、そこに駐車させておく。

●なぜその方が安全か

自分のお金をテーブルに乗せたままにして長期に投資することは、なぜそんなに危険なのだろうか？　その答えはニュートンの法則の中にある。それは「すべての作用には、同じ大きさで逆向きに働く反作用がある」という法則だ。テーブルの上に自分のお金を残しておくことは、変化する自然の力にそのお金を委ねることを意味する。私がラスベガスで連勝の波に乗り、三千ドルまで稼いだ時、私は自然の法則を忘れ、連勝がいつか必ず終わることを忘れてしまった。今続いている連勝がいつ止まるか、私たちにはわからないわけだから、自分のお金をテーブルから引き上げる時期が早ければ早いほど、安全性は増す。

私は時々、法人組織を利用してキムと私がコントロールしている投資用不動産物件を友達に見せることがある。そんな時、友人たちが目の前の建物、つまり物理的構造を眺めている一方で、私はその建物がキャッシュフローを生み出している金銭的構造を頭に思い浮かべる。そんな時の私はだいたいにこにこ顔だ。もっとも、その物件を自分たちでコントロールしていて、そこから収入を得てはいるが、すでに投資したお金はすべて回収しているとわかっていればの話だが……。私たちにとってはそういう物件が最良の物件だ。理論的に言って、私たちにとって、そこからの収入はただで手に入るお金だ。失うものはほとんどないわけだから、この投資の危険性は限りなく低い。おまけに私たちのお金はすでにほかのところで働き始めている。

「お金の速度」というこの考え方は、どんな種類の資産にも応用できる。シャロンとキムと私は千ドルを出し合い、金持ち父さんのメッセージを伝えるための会社を始めたが、その会社はその後ほんの数年の間に、世界中に製品を売り、何百万ドルものお金を生み出した。この成長にエネルギーを与えたのは、他人のお金だった。私たちにはビジネス戦略上重要な意味を持つパートナーが何人かいて、製品の製造や販売のための資金を出してくれる。私たちがやっているのは印税や特許使用料を集めることだけだ。出版分野でのパートナーの一つは英語版を出版しているタイム・ワーナー・ブラザーズで、そのほか四十近い世界各国の会社が書籍やゲームを翻訳し、それぞれの市場で販売している。こういったパートナーが持つコネクションや販売網を利用してきたからこそ、自分たちの力だけでやろうとした場合よりもずっと効果的に、金持ち父さんのメッセージを伝えることができたのだ。

株式市場への投資の場合は、株式、あるいはヘッジファンドで儲けが出たら、私たちはテーブルから元本を引き上げ、あとは賭場のお金、つまり市場で儲けた分でゲームを続ける。プロの投資家はゲームには長期間参加していても、彼らのお金は短期で動く。

「長期に投資しろ」というアドバイスを耳にすると、私はよく「長期とはどれくらいの長さのことを言っているのですか?」と聞く。商品先物取引では「長期」が三十秒ということもあり得る。不動産やビジネスに投資した場合は、それが百年単位の長さだということもあり得る。

投資の期間を知ることが重要なのはなぜだろう? それは、どんな市場も自然の法則に従って動くからで、上がりもすれば下がりもするからだ。市場の上がり下がりに注意を払わずに投資対象をただ買うというのは、賢い投資戦略とは言えない。

●二〇―一〇―五の投資のサイクル

この「二〇―一〇―五のサイクル」については本書の後半で詳しくお話しするつもりなので、ここではこのサイクルが投資というゲームにどのような影響を与えるかを簡単に説明しておく。この二〇―一〇―五のサイクルに従ったトレンドが存在することを信じていない投資家も多いが、これに注意を払う投資家がほかに大勢いることも確かだ。この理論を簡単に言うと、株式市場は二十年間好調が続き、そのあと暴落があって、次の十年間は石油、金、銀、不動産、ガス、大豆、豚肉といった商品の価値が上がる。そして、最後の五は、五年毎に何らかの悲劇、例えば一九八七年の株式市場の暴落や二〇〇一年九月十一日の同時テロのような出来事が起こることを意味している。

私はこのサイクルに自分の時計を合わせ、それに従って行動するつもりはないが、サイクルの存在を知っていることは投資戦略上、大いに役立っている。なぜなら、市場が変化することを常に思い出させてくれるからだ。このサイクルはまた、涸れてしまった井戸に水がまた湧いてくるのを期待して何度もそこに戻るのではなく、異なる市場で投資のチャンスを探すことの大切さも思い出させてくれる。

二〇〇〇年と二〇〇三年の間に何百万人もの投資家が株式市場で損をしたのは、この市場の二十年のサイクルが終わりになったからだ。だが、多くの投資家は二〇一一〇一五のサイクルに従わず、株式市場にとどまり、ただ待っていた。商品市場に移っていれば、今現在、その市場は上り傾向にあるから、事情は変わっていたはずだ。一九九六年、ウォーレン・バフェットは株式市場に積極的に投資するのをやめ、静かに商品市場へと移動して、銀などの堅実な資産に投資を始めた。同じ年、私も株式市場から抜け出し、石油と金の市場に投資を始めた。なぜか？ それは市場のサイクルが変化しつつあったからだ。月が満ち欠けするように、どんな市場も変化する。

これを書いている今も、何百万人もの投資家たちが、株式市場で大金を失いながらも、市場が回復し、自分たちの持っている株の値段がまた盛り返すのをただじっと待っている。私に言わせれば、これは時間の無駄だ。市場は必ずいつかは回復する。だが、彼らがお金を失ったその市場は二度と戻ってこない。人生の四分の三を終えたところで引退後の生活のためのお金を失った人が、次の上げ相場が来るのをこれから十年待ったとしたら、その人はお金より大事なものを無駄にすることになるのではないだろうか？ 彼らが実際にやっていることは、長期に「投資する」ことではなく、長期に「待つ」ことだけだ。

この本の後半ではまた、この二〇一一〇一五のサイクルを私がどのように利用し、テーブルに自分のお金を置いたまま流れに乗り遅れたり、間違った市場に長くとどまりすぎたりすることなくお金を儲けているかについても詳しく説明するつもりだ。

●負けが保証されたやり方

母なる自然がいつか自分の足の下の絨毯を引っ張って自分を倒すのを知りながら長期に投資するというのは、私には理屈に合わないやり方に思える。

一人の人間の「お金のゲーム」を見てみよう。例えば、六十五歳でゲームから手を引けるようになることを期待しながら二十五歳で投資を始めたとする。ゲームから手を引くのは四十年後だ。つまり、多くの人は四十年間、自分のお金をテーブルの上に乗せておく。もし二〇一〇―一五のサイクルが正しければ、この長期投資プランは負けが保証されたやり方ということになる。二十年のうちに株式市場が上がって下がるなら、何も考えずに四十年の長期の投資をすることは自殺行為に等しい。その四十年の間に一度は負けることがほぼ百パーセント保証されているからだ。それどころか、二回負けるかもしれないし、もしかするとそれ以上かもしれない。

フロリダ州ペンサコラの海軍飛行学校のパイロット訓練生がまずとらなければいけない授業の一つは、空を飛ぶことではなく、パラシュートで降下することを学ぶ授業だ。私たちはパラシュートを着けて飛行機から飛び降りる方法、水上や陸上に着地する方法などを学ばなければならなかった。パイロットが飛行機を飛ばすことより先にパラシュートで降下することを学ばなければならない理由は何だろう？　この答えは誰にでもわかるはずだ。

ほとんどすべての引退プランでは、早めにお金を引き出すと金銭的なペナルティを科される。つまり、パラシュートを支給されるどころか、あなたは手錠で飛行機に縛り付けられている。二〇〇〇年から二〇〇三年にかけての市場の暴落の間、小口投資家たちの多くは、自分たちが座席に手錠で縛り付けられて逃げられないでいる一方で、パイロット、つまり投資信託会社のお偉方や企業のCEO、そのほか特別待遇を受けているインサイダーたちがパラシュートを使って安全な場所へ降下していることを知らなかった。

●よくある間違い

たいていの人はお金を動かし続ける代わりに「駐車」させておく。つまり、銀行や引退プラン、あるいは証券会社に預けたままにしておく。金持ち父さんは息子のマイクと私に、自分のお金を動かし続けるように教えた。つまり、ビジネスに投資していない時には不動産に投資するように、不動産市場があまり好調でない時はヘッジファンドや、短期の利益や流動性を目的とした動きの速い株式に移るように教えてくれた。金持ち父さんは自分のお金が何もせずにただじっとしている状態がきらいだった。お金はできる限り安全な状態でせっせと働き、速いスピードで動いているのがいいと思っていた。市場が動くことを知っていたからこそ、そう思っていたのだ。金持ち父さんが多くの時間を費やし、自分のお金を注ぎ込む――そして、いずれはそこから引き上げる――ための新しい投資を常に探していたのはそのためだ。

「純資産が増えた」「自宅の価値が上がった」などと言う人は、ついテーブルの上のお金を計算に入れてしまう人だ。彼らのお金はまだゲームに参加中だ。金持ち父さんは言っていた。「きみのお金は働いていなくちゃいけない。ただじっとしているのでなくね。お金をただじっと寝かせておいたのでは、きみは純資産からのリターンを受けていないことになる」

今、キムと私は自分たちの純資産がどれくらいだか知らない。レポーターから「お二人の純資産はどれくらいですか?」と聞かれると、私たちは「知らない」と答え、こう続ける。「純資産の額は知りませんが、お金がどれくらい速く流れているかは知っています」レポーターが「なぜ純資産の額にこだわらないんですか?」と聞いてきた時は、二つの答えをする。一つは「純資産の額についてあなたや自分自身に嘘をつくのは簡単です」という答えで、二つ目の答えとしてこう説明する。「私は寝かせているお金がどれくらいあるかには興味がありません。私が気になるのはお金がどれくらい一生懸命働いているか、どれくらい速く動いているか、そして、次に私が向かうのはどこかです。一つの種類の資産だけでなく、三つの異なる種類の資産のすべてについて、できる限り知りたいと私が思う理由もここにあります。例えば、不動産の値段が高すぎたり、いい物件が見つからなかったとしたら、私は自分のお金をヘッジファンドに移し、不動産市場が変化するか、ビジネスのチャンスが見つかるまで、二十五パーセントのリターンを受け取るようにします。私の世界では、自分のお金のスピードと安全性の方が、その額の大きさよりもずっと大事なんです」

この章の最後の教えはこうだ——ゲームの目的はテーブルから自分のお金を引き上げ、そのあともゲームに参加し続けることだ。そのことを決して忘れないようにしよう。

これはギャンブラーならだれもが知っていることで、プロの投資家は誰もがこれを目指している。引退プランにお金を注ぎ込み、サイドブレーキをかけてお金を駐車させておくのはアマチュアの投資家だけだ。

●お金のスピードを上げた例

あなたが今、投資資金として二万ドル持っているとしよう。あなたには次の三つの選択肢が与えられている。

選択肢①　利回り五パーセントの投資信託に二万ドルを投資する。

七年後には——市場の大きな変動がなければ、二万ドルが二万八千百四十二ドルになっている。

選択肢②　二万ドルを自己資本として投資し、銀行から十八万ドル借りて賃貸不動産を買い、ローンを返済し続けてエクイティ分を増やしていく。ローン返済を含めた経費は家賃収入でちょうどまかなえ、不動産の価格は毎年五パーセントの割合で上がるとする。

七年後には——市場の大きな変動がなければ、不動産は二十八万千ドルの価値を持ち、あなたのエクイティ分は十万千四百二十ドルになっている。

選択肢③　二万ドルを自己資本として投資し、銀行から十八万ドル借りて賃貸不動産を買うが、ただエクイティ分を増やしていくだけでなく、不動産の価値が上がった分をもとに二年毎に銀行からお金を借り、十パーセントの頭金でそれを新しい不動産に投資する。

七年後には――市場の大きな変動がなければ、あなたが所有する不動産を全部合わせた価値は二百二万二千二百十八ドルで、エクイティ分は二十七万三千百九十八ドルになっている。

二万ドルの投資のまとめ

	エクイティ（純資産）	二万ドルの投資に対する年利回り
選択肢①	二万八千百四十二ドル	五・八パーセント
選択肢②	十万千四百二十ドル	五八・二パーセント
選択肢③	二十七万三千百九十八ドル	一八〇・九パーセント

選択肢①と②はお金を駐車させておく人の例で、選択肢③はお金のスピードを上げる人の例だ。

（この例を考えてくれた公認会計士トム・ホイールライトにここで一言お礼を言いたい。彼はこの章を含め、この本全般に関し、専門家としての立場からいろいろとサポートをしてくれた。ありがとう。）

シャロンから一言

二万ドルを投資する際の三つの選択肢を比較検討してみると、お金のスピードを上げる③の方法が効率のいいことがすぐわかる。もちろん、このように収益率をどんどん上げられるようになるには、まずファイナンシャル教育に投資する必要がある。

プロのギャンブラーはプロの投資家に似ているところがある。それは、どちらも他人のお金を使う点だ。ギャンブラーは賭場のお金を使いたがるのに対して、投資家は銀行や、ほかの投資家のお金を使いたがり、どちらもお金の速度を速くしたいと考える。ギャンブラーとプロの投資家はテーブルの上にお金を駐車したままにはしておかない。

プロの投資家は次のようなやり方をする。

1. 自分のお金を資産に投資する
2. 投資したお金を取り戻す。
3. 資産をコントロールする力を維持し続ける
4. 自分のお金を新しい資産に投資する
5. 投資したお金を取り戻す
6. 以上のプロセスを繰り返す

●あなたにもできる！

次に書くのは、本書の中で一番大事なメッセージだ。

今紹介したプロセスを私たちは「お金の速度」と呼んでいる。金融に関わる機関は、収益力を増すために資金の量を増やすことがどんなに重要か知っている。たいていの個人投資家は、自分たちも資金の量を増やすことができ、それによって収益力を伸ばせることを知らない。一方金融機関は、自分たちのお金を動かすことで資金量を増やす。お金が何度も移動すればその分、資金の量が増え、お金の収益力が上がる。

一言で言うと、要するに、お金を動かせば資金の量が増える！　ということだ。連邦準備制度はこのことをよく知っている。なぜなら、これが、お金の供給とそのコストをコントロールする際の鍵だからだ。憲法は政府に貨幣の発行を許しているが、紙幣の印刷機のスピードを速くしたり遅くしたりするだけでお金の供給量をコントロールしようとするのは非現実的だ。紙幣は多く出回れば、すぐに価値を失う。

連邦準備制度は次のような三つの方法でお金の供給をコントロールしている。

1. 銀行の預金総額のうち一定の割合を準備金として連邦準備銀行に預け入れさせる
これは、流通するお金の量をコントロールするのに役立つ。

2. 銀行が連邦準備銀行からお金を借りる際、銀行が払う利息、公定歩合を調整する
これによって、銀行の借入能力に影響を与えることができる。

3. 公開市場操作を利用して政府発行の有価証券を買ったり売ったりする
有価証券を買う時、連邦準備制度はそれを買うための準備金を作り出すことにより、新たなお金を作り出しているのと本質的には同じことをする。これは結果として、経済界へのお金の供給量を増やすことになる。連邦公開市場委員会（FOMC）はまた、連邦準備銀行に預け入れるべき資金が不足している銀行が、ほかの銀行から資金を融通してもらう際の金利である連邦資金レート（FFレート）の方針も決定する。

では、このようなお金の動きが資金の量をどう増やすのだろうか？　例えば、ある銀行の準備金が一億ドル増えたとしよう。その銀行はそのうち九千万ドルまでを企業や個人に貸し付ける。そして、その企業や個人は借りたお金を同じ銀行かあるいは別の銀行に預ける。すると銀行はその資金をまた貸し付けることができるようになる。企業や個人は「駐車させている」預金に対し、約一パーセントのわずかな利子を受け取る

だけだが、銀行は資金を何度もほかに貸し付ける、つまり動かし続けることにより、より大きな収益を得ることができる。

私たちの税務アドバイザーのトムが考えてくれた先ほどの三つの選択肢の比較は、今説明したのと同じ原理をあなたのお金にあてはめ、あなた自身の資金量を増やすにはどうしたらいいかを示している。あの三つの例は、投資信託に投資した場合と不動産に投資した場合、不動産に投資し、その後、評価上昇分を使って二年毎にお金を借りてそれを再投資した場合の違いを表している。

三番目の選択肢をとった場合、あなたはお金を駐車させ、貯めておく代わりに、自分自身が銀行となり、お金の速度を上げる能力を手に入れる。そうすれば、あなたも政府が利用しているのと同じシステムを利用して得をすることができる。そして、それによって、自分の経済状況をコントロールすることもできるようになる。資産の違いによってコントロールの面でどのような違いがあるか、見てみよう。

自分のビジネスを持つ	**自分でコントロールできる**
不動産を持つ	**自分でコントロールできる**
401（k）	**コントロールするのは誰か？**
投資信託	**コントロールするのは誰か？**
株式	**コントロールするのは誰か？**

401（k）や投資信託、株式に投資した場合は、投資先の割合を変えたり、買ったり売ったりする以外は、あなたにはほとんどコントロールする力はない。企業には社長や取締役会があって、その企業の活動をコントロールする力を持っている。

プロの投資家たちは自分の資産とキャッシュフローをコントロールする力を持ちたがる。

●著者から一言——今行われているファイナンシャル教育

私はこれまでずっと、適切な投資先を見つける方法を学び、自分の出口戦略を知ることに努力してきたが、これからも一生そうし続けるつもりだ。たくさん間違いも犯してきたが、そこから何か学べば、間違いはお金には換えられない貴重な経験になる。よりよい投資家になるためにはどうしたらよいか、じっくり時間をかけて学びたいと思っている人、投資における入口と出口について学ぶことに興味のある人は、インターネットを通じて私たちが提供しているサイト（http://www.richdad-jp.com）をのぞいてみて欲しい。

第八章……ニュートンに聞く

「すべての作用には、同じ大きさで逆向きに働く反作用がある」
——アイザック・ニュートン

「水に石を落とすと、石の落下方向と直角に波が発生する」
——バックミンスター・フラー

「母なる自然をばかにするのはあまりいいことではない」
——母なる自然

●リンゴはいつも木から落ちる

学校に通っていた頃、先生からこんな話を聞いた。「アイザック・ニュートンはリンゴの木の下に座っていたおかげで、引力の法則を発見しました。木から落ちてきたリンゴが頭に当たった時、ニュートンはリンゴがいつも地面に向かって落ちることに気が付いたのです。リンゴは決して空に向かって飛んでいったりしません」

一九九六年、株式市場が高騰を続けていた時、どう考えても、母なる自然が引力の法則を無効にしたと信じているとしか思えないような人がたくさんいた。あの頃、「これがニューエコノミー（新しい経済）だ」

という言葉をよく耳にしたが、それは「リンゴはもう木から下に落ちない」と言っているのと同じだった。

金持ち父さんはよくこう言っていた。「歴史が繰り返すかどうか私にはわからないが、次々と登場する新しい投資家たちがいつも同じ間違いを犯すことは知っている。彼らがよく犯す間違いは二つある。一つは自分のお金をテーブルの上に長く置きすぎること、もう一つは市場が活気づくと多くの人が欲を出して、自然の法則を忘れてしまうことだ。どちらの間違いも高くつく」

●お金を失うのは誰か

二〇〇〇年から二〇〇三年の間に、何百万人もの人が何兆ドルものお金を失ったが、その理由は彼らが自然の法則を破ったからだ。彼らが破ったのは「すべての作用には、同じ大きさで逆向きの反作用がある」というニュートンの作用反作用の法則と、引力の法則だ。この二つ目の法則を簡単に言うと、上がったものはいつかは下がるということだ。自分のお金をテーブルの上に長く置いておき、401（k）などの、厳しい罰金を払わなければそこから出ることができないような投資にお金を注ぎ込んでいた平均的な投資家たちは、そうすることで自然の法則を犯し、お金を失うように自分を追い込んでいた。

一方、プロの投資家は自然の法則を尊重し、それを利用することを知っている。彼らだって自然の法則に反して何かやれば——そうする人はたくさんいる——自然が勝利を収める。プロの投資家たちが投資セールスマンからのアドバイスに従うよりも、自然の法則に注意を払うのはそれだからだ。そして、自然の法則に従おうと思ったら、トレンドに注意を払う必要がある。

●トレンドに注目しよう

お金の速度が大事だという大きな理由の一つは、トレンドが常に変わるからだ。金持ち父さんは自分の息子と私に、一つの種類の資産、例えば紙の資産の中だけで投資を分散するのではなく、異なる種類の資産に投資し、自分のお金をそこから出したり入れたりするように教えた。だから私は、ビジネスの方がいいリターンが得られる時は、お金をそちらに移動し、不動産の方が有利になった時は、そちらの市場に移動する……といったやり方をしてきた。また、余分な現金があって、しばらくそれを置いておく場所が必要になった場合は、ヘッジファンドや、少なくとも七パーセントの利子がつく非課税の債権などの紙の資産にしておいた。私は銀行にお金を駐車させておくことはめったにしない。今のような低利子の時代にはなおさらだ。一パーセントの利子で銀行にお金を寝かせておくのは、損をすることが保証されているやり方だと言ってもいい。なぜなら、預金は利子から税金を引かれるし、インフレによる目減りもある。それに、銀行に入っているお金はせっせと働いていないから、その分私がもっと一生懸命働かなければならない。

前の章にも書いた通り、私には投資家の傾向がある。つまり私は、自分のお金を資産獲得に注ぎ込み、次に、資産を持ち続けたまま、お金をそこから引き上げる。一方、トレーダーと呼ばれる人たちは、「売買する人」という言葉の意味からもわかるように、お金を儲けるために資産を売ったり買ったりする。私はたいていの場合、ただお金を動かすだけだ。

ほとんどのファイナンシャル・アドバイザーがこれは危険なやり方だと言う。そのことは私も知っている。だが、三つの異なる種類の資産に投資するための経験と教育を身につけていれば、このやり方は本当に危険ではない。ここで、その理由を説明させてもらいたい。

私がやっているような、異なる種類の資産に投資する方法が、一般的な引退プランに投資するより危険が少ない理由の一つも、先ほど言ったのと同じで、私がテーブルにお金を置いておかず、できるだけ早くそれを引き上げるからだ。つまり、市場が暴落したり、私が大きな間違いを犯したとしても、資産自体は打撃を被るかもしれないが、私のお金はすでに引き上げられていて、ほかに移っている。私のやり方の場合、目的は資産を獲得し自分のお金を動かし続けることだ。

●お金の速度について学ぶ

例えば一九九六年、金の値段が一オンスにつき約二百八十ドルでドルが強かった時、私はドルを金貨に換え始めた。そして二〇〇三年、金が一オンス三百八十ドルになった時、私は金貨の一部を売り、それを買うために使ったお金を全部取り戻したが、そのあとも相当の量の一オンス金貨が残った。この場合、たとえ金の値段が上がらず、金貨を売らなかったとしても、私のお金が有形資産の形で今も安全に守られていることに変わりはない。なぜなら、私は金の値段が低くドルの価値が高い時にそれを買ったからだ。トレンドが変わり、金の値段が上がり、ドルの価値が下がった時、ドルと金貨の立場が入れ替わった。

お金の速度についてもっと学びたい人は、キャッシュフロー101、202、フォーキッズなどのボードゲームか、このゲームの電子版のキャッシュフロー・Eゲーム、キャッシュフロー・フォーキッズ・アット・ホームを定期的にやり続けさえすればいい（電子版は現在英語のみ。http://www.richdad.com で手に入る）。そうすればじきに、お金の速度をどうやって上げたらいいかが見えてくるだろう。キャッシュフローゲームはお金の速度に関するさまざまな教えを組み込んだゲームで、ほかにこのようなゲームはない。お金に加速度をつけられれば、危険な場所からお金を動かし、新しい市場がスピードを上げ始める前に、そちらに移すことができる。

●分散投資とトレンド

数日前、テレビのコマーシャルで次のように言っていた。「投資家にとって最良の戦略は分散投資です」これはアマチュア投資家にはあてはまるかもしれないが、プロの投資家全員にあてはまるわけではない。私にとって、投資の分散とは、平均的な投資家により多くの株や投資信託を売りつけるためのセールストークの一部でしかない。これは、中古車の販売店に行って、「買った車が欠陥車だったらどうする？」と聞くのと同じだ。そう聞かれれば、セールスマンは当然こんなふうに答える。「危険を分散することをお勧めします。一台ではなく六台買うんです。そうすれば、そのうちの一台が欠陥車でも会社に遅刻せずにすみます」

分散投資が最良の戦略でないとしたら、何が最良か？　その答えはトレンドだ。なぜなら、トレンドは市場に作用する自然の法則に従った動きだからだ。プロの投資家たちはよく「トレンドはあなたの友達だ」と言うが、金持ち父さんは「トレンドは友達にも敵にもなり得る」と言っていた。一九八〇年から二〇〇〇年の間、株式市場のトレンドは強気だった。つまり上向きだったからお金を儲けるのも簡単だった。そこにお金を注ぎ込みさえすれば、まるで魔法のように資産の価値は上がった。だが、二〇〇〇年の三月、突然トレンドが向きを変え、その動きと共に変化しなかった投資家たちが何兆ドルものお金を失った。彼らは分散投資をしていたにもかかわらずそうなったのだ。

●彼らのお金を取ったのは誰か？

これほど多くの人がこれほど多くのお金を失ったのにはいくつも理由があるが、その一部を次に挙げてみよう。

1. トレンドに注意を払わなかったから
2. テーブルの上に自分のお金を乗せておいたから
3. 自分を手錠でテーブルにつなぐようなプランに投資していたから
4. アドバイザーがよくなくて、手を引くように言わなかったから
5. 手を引いてもほかにどこに行ったらいいかわからなかったから
6. 同じ種類の資産にお金を入れたまま、トレンドが戻ってくるのを待っていたから

●注目すべきトレンド

この章のタイトルを「ニュートンに聞く」としたのは、すべてのトレンドが自然の法則に従って動くからだ。九月十一日の悲劇が起こるずっと前に、金持ち父さんは息子のマイクと私に、トレンドに注意するようにと教えた。「静かな湖面を走るさざなみは誰の目にもはっきり見える。それとまったく同じに、プロの投資家には市場に立つ小さな波が見えるんだ。そして、彼らはそれに従って行動を起こす。早めに行動を起こせば、その波をうまく利用することができる。波を見逃していたら、それはきみたちに害を及ぼすこともある」

二〇〇一年九月十一日以降の現在の世界では、トレンドに注意を払い自然の法則に逆らわないようにすることが、これまでのどんな時代にも増して大切になっている。今私が注目し、お金に関する決定を下す際に参考にするトレンドのいくつかを次に紹介する。これらのトレンドを見守っていれば、お金を損をするのではなく儲けられるチャンスが増えるはずだ。

注目すべきトレンド❶ 人口統計

十九世紀のフランスの哲学者オーギュスト・コントは「人口統計は運命だ」と言っている。不動産市場にも上がり下がりがあるのを知りながら、アメリカにおいてその市場に投資することに私が積極的な理由の一つは、この国の人口が増え続けているからだ。国勢調査が最後に行われた二〇〇〇年、アメリカの人口は二億八千百万人だった。人口統計学者たちの予測によれば、二〇二五年までにこの数字は三億五千万から四億にもふくれ上がるとされている。

人口のトレンドを示した次の数字を見れば、アメリカの人口がどんなに急激に増えているかがわかると思う。

一八六七年　三千七百万人
一九〇〇年　七千六百万人
二〇〇〇年　二億八千百万人
二〇二五年　三億五千から四億人？

学者たちによって予測された数字がそれほど的外れでなかったとしたら、二〇二五年までに不動産の価格がどうなるか、考えてみて欲しい。今、不動産の価格が高すぎると思っている人もいるかもしれないが、二〇二五年までにはもっと高くなると私は確信している。

反対に、日本は人口が減少する傾向にある。ＩＭＦ（国際通貨基金）の季刊誌ファイナンス＆デベロップメントに二〇〇一年三月に発表された「日本――人口の高齢化と財政における課題」と題された記事によると、二〇二五年までに日本の労働人口のうち、二人に一人は高齢者になる。この記事にはまた次のように書かれている。

近い将来、人口構成上の変化は日本の顕著な特徴となるだろう。継続する出産率の低下が根本的原因となって、人口の高齢化と縮小が進んでいるが、この傾向は世紀が変わってもまだ長く続くと思われる。このような急激な人口構成の変化は、社会的にも経済的にも大きな意味を持っている。生産高の伸びがしばらく抑えられるだろうというのもその影響の一つだ。多額の公的借金と逆三角形の人口構成のおかげで、政府が対策を講じる余地はどんどん少なくなっている。公的財政をしっかりした土台の上に戻すために、いずれは強力な政策調整が必要となってくるだろう。現在、年金や健康保険システムで行われている改革は、正しい方向へ進む第一歩ではあるが、給与にかかる税金が大幅に引き上げられ、国が地方自治体を通じて支出する移転的支出が増加して、経済の活発化を奨励する方策がゆがめられ、経済成長が妨げられる事態を避けるためには、さらに一歩進んだ措置が必要となるだろう。

日本とアメリカに関するこの二つの予測が現実のものになった場合、不動産投資をするとしたらどちらの国が有利だろうか?

注目すべきトレンド❷
借金

政府レベルおよび個人レベルの借金が爆発的に増えた理由の一つは、今日では「お金がお金ではない」からだ。お金は借金だ。これはあまり知られていない事実だが、昔はアメリカドルは本当のお金だった。私が子供の頃、ドル紙幣の上の部分には「銀証券」と印刷されていた。これはアメリカドルが銀や金などの有価資産によって裏付けされた本当のお金だったことを意味している。

一九七一年八月、ニクソン大統領は政府が今後、通貨を金と引き換えないことを宣言した。現在ドル紙幣の上の部分にあるのは「連邦準備券」という文字だ。アメリカドルはもう資産に裏付けされた本当のお金ではない。今、私たちが使っているお金は借金、負債であり、紙幣は単なる借用書、アメリカ政府に対する担保債券にすぎない。

●金持ちがどんどん金持ちになる一つの理由

アメリカ政府がドルの裏付けを銀や金から借金に変えたおかげで、さまざまな結果が生まれた。そのうちの一つは、金持ちとそうでない人との間のギャップが大きく、深くなったことだ。過去三十年の間に起こった変化として次のようなものがある。

1．ニューヨークタイムズ紙によると、今日のアメリカでは、金持ち上位一万三千人の所得総額と、最も貧しい二千万人の所得総額がほぼ等しい。

2．アメリカ人の年間給料を一九九八年のドルの価値で換算する（つまりインフレの影響などを考慮して計算する）と、その変化は次のようになる。

労働者の給与
一九七〇年　三万二千五百二十二ドル
一九九九年　三万五千八百六十四ドル

二つの数字を比べてみるとわかるが、三十年間の増加率はおよそ十パーセントだ。フォーチュン誌によると、その同じ時期、CEOの稼ぎ頭トップテンの実質平均年間給与は次のように変化している。

CEOの給与
一九七〇年　百万三千ドル（平均的労働者の給与のおよそ三十九倍）
一九九九年　三千七百万五千ドル（平均的労働者の給与の千倍以上）

一九七一年の通貨の仕組みの変化、つまりドルを裏付けるものが銀や金から借金に変わったことがとても重要な理由は、ドルが借金に変わったために、政府と大企業はすべての人に借金をすることを奨励しなければならなくなったからだ。今のアメリカでは普通の人たちが借金をしなければ経済は成長しない。彼らがそれ以上お金を借りられなくなったら、経済は縮小し始める。借金のトレンドに注目することがとても大事な理由はここにある。

一九五〇年代、六〇年代のアメリカは本当の意味で中流階級の社会だった。当時人気のあったホームドラマ『ビーバーちゃん』に描かれた世界がそのまま現実だったのだ。確かに、高度の教育を必要とする専門職に就く人や中間管理職、大学教師などが、組合に属するブルーカラーの労働者に比べて稼ぎが少ないと主張することはよくあったが、それでも社会全体に公平感が漂っていた。一九七一年以降、アメリカの中流階級は姿を消し始めた。ドルの価値が下がる速度より速く自分の収入を増加させることができた人たちは成功した。だが、お金のために働いていた人たちは、ドルの価値の下落とともに収入能力が落ち始め、その差を埋めるために個人的な借金をする方法を使った。

私がこの本を書いている今は、金利がとても低く、何百万もの人がさらに多くの借金を抱えるようになっている。低金利で簡単に借金ができるようになったおかげで、今後、破産や自宅の差押えが急増し、そのせいで信用情報に決定的な傷がつき、経済的に人生をめちゃくちゃにされてしまうケースがどんどん増えるだろう。経済は成長するだろうが、その成長は、お金のためにせっせと働き続けるこれらの人たち、ファイナンシャル教育をほとんど受けていない人たちの大きな犠牲の上に成り立っている。

●二つのキャリア——一つは自分のため、もう一つは自分のお金のため

私が「今こそ、ファイナンシャル・インテリジェンスと経済的な責任について学校で教え始める時期ではないか?」と疑問を投げかけるもう一つの理由がこれだ。今、学校を卒業してすぐ、人生の早い時期に、お金の世界で間違った道に足を踏み入れる若い人たちがあまりに多すぎる。もう少しお金について知っていたら、つまりお金の管理や税金、信用、投資といったことについて若者たちがもう少しよく知っていたら、もっといい人生を送れるチャンスが増えるかもしれない。

今、私たちには二つの職業が必要だ。一つは自分自身のため、もう一つは自分のお金のための職業だ。例えば、私の場合、物書きとしてお金を稼いでいるが、これは私自身の職業だ。一方、私のお金は不動産の世界で働いている。政府がお金の「金融的労働」よりも、人の「物理的労働」に対して多く課税することを子供たちが知ったら、自分のためにお金をもっと働かせようと考える子供が増えるのではないだろうか?

私の考えでは、あまりよく知られていないこの一九七一年のお金の価値の変化こそが、金銭面で史上最大級の波状効果を世界に及ぼした源だ。先ほども言ったように、アメリカドルが実質のある資産による裏付けを失った時、金持ちとそれ以外の人との間のギャップが広がり始めた。今、金持ちがどんどん金持ちになる一方で、中流以下の人がせっせと働いても、もらえるお金がどんどん減り、借金が増え、より高い税金を払っている大きな理由の一つが、このドルの価値の変化だ。

●お金のために働くのではなくお金を印刷する

政府が銀や金のような有価資産ではなく借金によってドルを裏付けするようになったためにもたらされた効果をたとえて言うなら、あなたが毎日せっせと働きに出る一方で、隣の人はお金のために働くのではなく、家にいて印刷機のスイッチを入れ、お金を印刷しているようなものだ。隣の人がお金を印刷すればするほど、あなたがそのために働いているお金の価値が下がるから、あなたはさらに一生懸命働く。つまり、何百万もの人が前よりも一生懸命に働き、より多くの税金を払う一方で、力のある人たちはお金を使ってゲームをする能力を手にしている。つまり、ルールに従ってプレーしている人たちにとって事態は悪くなるばかりだ。

頭打ちの給料やインフレの影響を克服し、人並みの生活を維持するために、多くの人は借金をしなければならなくなっている。一九九ページの図⑤はGDP(国内総生産)に対する借金の割合の増加状態を表したものだ。

●借金はどうして増えるか

政府が有価資産でドルを裏付けするのをやめてから、アメリカの国家としての借金が増え始めた。その理由は、今の経済はそれによって成長するからだ。アメリカのドルはもう資産ではなく借金の道具にすぎない。だから、今のお金のシステムを稼動させるためには、個人も企業もどんどん借金しなければならない。個人や企業が借金をやめたら、連邦準備制度全体が成長をやめ、内部崩壊する。

アメリカが借金を増やしているのはグラフでも明らかだが、お金を貸付けるいろいろな機関は、人に借り続けさせるための新しい方法を次から次へと見つけている。たいていの人は、地元の新車販売店の人がこんなふうに言うのを聞いたことがあるだろう。「悪い借金があっても、破産や差押えといった事態になっていても大丈夫です。どうぞご来店ください。信用格付けに問題があればそれを解決するお手伝いをし、今日中に新車に乗って帰れるようにして差し上げます」

お金が今では借金であるために、それを増やさないことにはどうしようもない。このことをいつも忘れないようにしよう。問題は、借金を増やすことが一つの作用だとしたら、それと同じ大きさで逆向きに働く反作用は何だろうということだ。また、人々がどんどん借金することをやめたとしたら、どういうことになるかも問題だ。

●一兆ドルとはどれくらいのお金か?

最近よく、「私たちは国家の借金を一体どうやって返すのか?」という疑問が取り上げられる。平均的アメリカ人の年収は五万ドル以下だから、たいていの人は一兆ドルがどれくらいのお金か想像もつかない。次に、百万ドル、十億ドル、一兆ドルを比較する一つの例を挙げる。

次の表は、一秒に一ドルずつ数えたとしたら、それぞれの金額を数え終わるのにどれくらい時間がかかるかを示したものだ。

⑤GDP に占める世帯の借金の割合
四半期ごとのデータ（1952年３月—2002年９月）

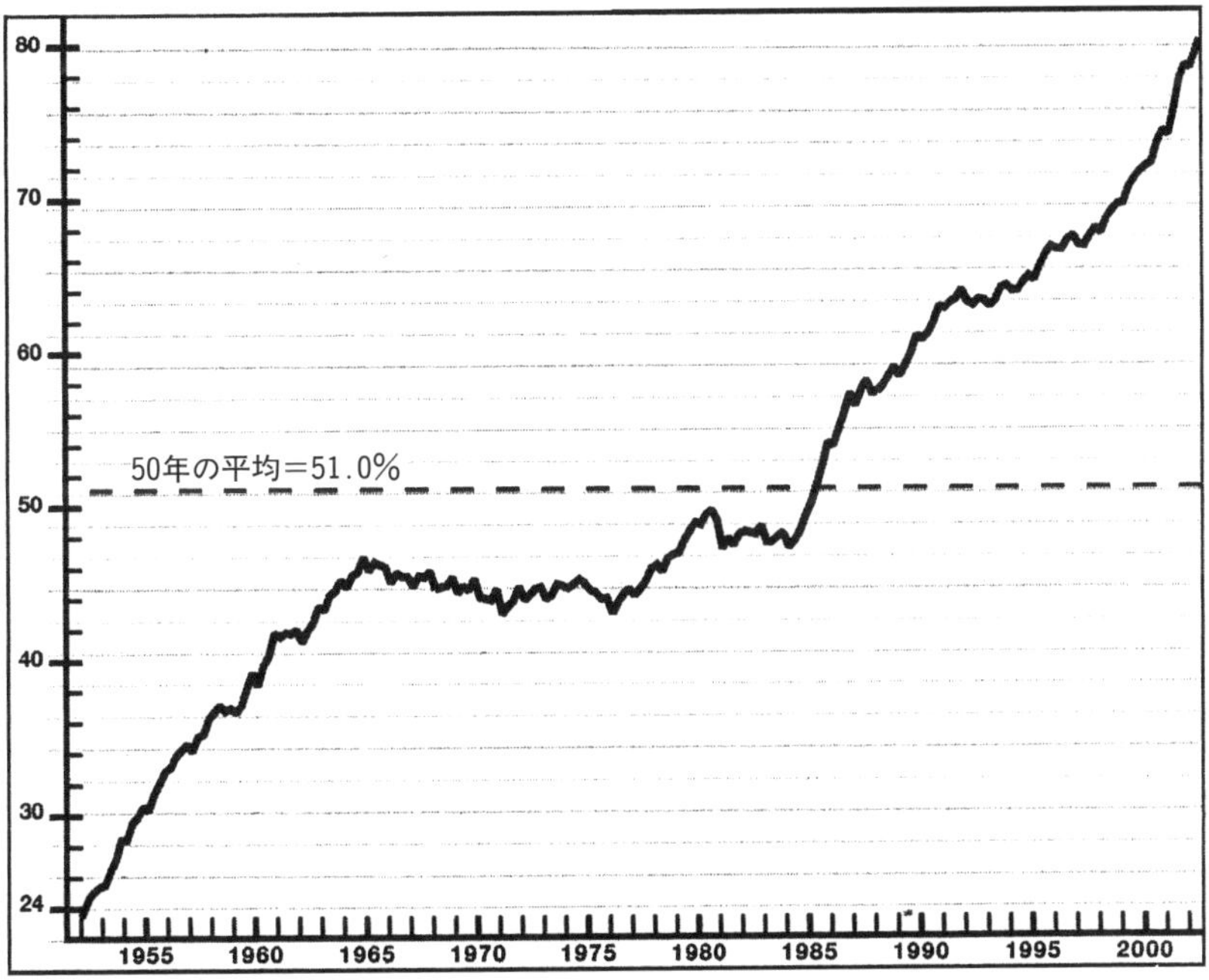

連邦準備制度理事会の許可なくデータの改訂を禁ずる

百万ドル　　十二日
十億ドル　　三十二年
一兆ドル　　三万千六百八十八年

前にもお話しした通り、アラン・グリーンスパンは、社会保障と高齢者医療保険に対する借金だけで、アメリカ政府が十八兆ドルの借金を抱えていることを認めた。これほどの借金を一体どうやって返すというのだろう？　そもそも一体誰が返すのか？　もしこのトレンドが続いたとしたら、アメリカは一体どうなってしまうのだろうか？

アラン・グリーンスパンと違い、エコノミストとしての訓練を受けたことのない私にも、過剰な借金の解決方法がお金をより多く発行することだというのはわかる。お金をより多く発行する理由の一つは、より安い、より価値の低いドルで政府の借金を返済するためだ。政府がそれを実行した場合どうなるかというと、あなたの持ち家の値段は上がり、貯金はどんどん価値を失い、たいていの人は生活費を稼ぎ出すためだけでも、どんどん仕事の量を増やさなければならなくなる。このように、ドルの価値が下がったために物の値段が上がるのがインフレーションと呼ばれる現象だ。インフレが起こると、借金をしている人が得をし、貯金をしている人が損をする。これから先、ひどいインフレがやってきたら、あなたは引退できるだろうか？　長期間、自分のお金を駐車させておき、投資信託のファンドマネジャーが市場の動きやインフレの進行を出し抜くような業績を上げてくれることを祈るだけで大丈夫だろうか？

●デフレが強くなったらどうなるか？

もちろん、インフレにはならずに、逆の方向に向かうこともある。つまりデフレだ。私の友人の一人は、二〇〇二年にブエノスアイレスから着の身着のままで逃げ出してきた。この友人はこう言っていた。「ぼくは一夜にして金持ちから貧乏になった。前日までは四十五万ドルの価値があった家が、一夜明けたら四万五千ドルになってしまったんだ。それも、買い手がいればの話だ」彼の最後の言葉はこうだった。「ぼくがびっくりしたのは、変化が起こるスピードがひどく速かったことだ。警戒をうながす印は何もなかった。変化は一夜にして突然やってきたんだ」アルゼンチンの状況はアメリカの場合とは異なるが、共通点もあり、私はそれが心配だ。

●借金は貧乏より悪い

一九二九年、市場が暴落したあと、アメリカ政府はお金の供給をやめた。つまり、世の中からお金がなくなった。そして、大恐慌が始まった。私が思うに、お金の供給が止まったもう一つの理由は、当時、お金が貴金属に裏付けられた本当のお金だったからだ。アメリカは国全体としてまだ金本位制をとっていて、お金が本当のお金だったから、恐怖や疑いの気持ち、不信感が出てくると、お金は姿を隠した。

二〇〇〇年、市場が暴落した時は、連邦準備銀行はお金の供給をやめるのではなく、反対に、世間にお金をあふれさせた。今回は一九三〇年代のような大恐慌にはならないだろうと思われているが、その理由の一つは、今は多くの人がお金を持っていて、貧乏ではないことだ。だが、もっと大きな理由は、昔よりずっと簡単に借金ができることだ。大恐慌の時代にはクレジットカードはまだなかった。問題は、「本当のお金」ではないお金や借金があまりに増えたために、多くの人が今、貧乏でいるよりもさらに悪い経済状態に陥っていることだ。今、何百万という人が借金漬けになっている。これは、私たちが違った種類の不況にあることを意味している。それは、物質的な富はたっぷりと手にしながら、莫大な借金を抱えていることから生じる感情的な恐慌だ。

ニュートンの法則にあるように、「すべての作用には、同じ大きさで逆向きに働く反作用がある」。テーブルの上に置いておくお金を最低限にとどめ、よりよい投資家になることが大事な理由の一つは、そうすれば今言ったような借金に対する反作用に備えができるからだ。反作用が始まった時、お金をすぐに動かし、本当の資産に移動させることができるようにしておくことが大事だ。自分のやっていることがよくわかっている状態でそれができれば、あなたは自分のお金の速度を確実に上げられる。

注目すべきトレンド❸
金利

二〇〇〇年三月に株式市場が下がり始めた時、連邦準備制度は金利を下げた。株価と金利の低下に対する反作用の一つが不動産の価格の上昇だった。低い金利は人々の不動産市場への移動を促進すると同時に、貯金をしている人たちに罰を与えた。金利を下げることで、政府は預金者に対して、銀行からお金を引き出して市場に注ぎ込むよう、信号を出していたのだ。

●銀行は預金をする人が好きではない

たいていの人はお金を貯めるのは賢くていいやり方だと信じているが、実際のところ、銀行はお金を貯める人が好きではない。銀行が好きなのはお金を借りる人だ。つまり、一千万ドル貯金する人より、一千万ドル借りてくれる顧客の方を好む。なぜか？　それは、あなたの貯金はあなたにとっては資産だが、銀行にとっては負債だからだ。つまり、銀行はあなたのお金を預かることによってではなく、あなたにお金を貸すことによってより多くのお金を儲ける。だから、金利を下げることが、より多くの人に貯金ではなく借金を奨励することになったのだ。ここで考えなければいけないのは、「金利がまた上がったらどうなるか？」「そもそも金利はまた元に戻るのだろうか？」ということだ。

一九七〇年代末から一九八〇年代はじめにかけて、金や銀、石油の値段が上がる一方で、金利は最高水準の二十パーセントまで上がった。またそうなるのだろうか？　この質問に対する答えは時間がたたなければわからない。低金利の状態が何年も続いたあと、振子が反対側に振れて金利がまた上がり始めたら、経済の大きな変化に対する備えが必要になる。

記録的な低金利が続く今、それでも金利はいずれ上がると私が考える理由の一つは、やはりニュートンの法則だ。私の頭の中にある、未来を告げる水晶玉によると、今後もアメリカ政府は経済を維持するためにどんどん多くのお金を印刷しなければならなくなる。政府が多量のお金を発行するようになれば、お金を得るためだけに働いている人たちは金銭面でどんどん立ち遅れる。二〇〇〇年から二〇〇三年にかけてアメリカが被った損失は、単に株式市場での損失以上のものだった。最大の損失は、私たちの持っているお金の価値が失われたことだ。この時期、株式市場だけではなく株式市場での損失以外に、アメリカのドルの価値も低下した。ほかの国の通貨と比較して考えた場合、アメリカ人は財産の二十パーセントを失った。インフレや金利、金の値段、政府の借金といったものに注意を払うことが大切な理由はここにある。

注目すべきトレンド❹ 水面波と時差

石が水中に落ちた時、落下に対して逆向きの反作用が働くのと同時に、落ちた方向と垂直の向きに別の作用が働く。これが池の表面を走る波紋で、ここには波が伝わるメカニズムが働いている。そして、石が水面に落ちた瞬間から波紋が遠くの岸に届くまでにかかる時間が時差だ。波が伝わるメカニズムも時差も、どちらも普遍の原理、自然の法則に従っている。

水面波の動きと時差に注目することが大事な理由は、石の動きだけを見て、時差を伴って全方向に働く球体的な作用を見ない投資家があまりに多いからだ。乱暴なたとえになるかもしれないが、これは、前だけ見ていて、横から突っ込んでくる電車に気がつかないまま車を運転しているようなものだ。

一九九〇年、金融市場に直接アクセスできる投資家はほとんどいなかった。それができるのは、銀行か大きな投資機関のトレーダーだけだった。今はインターネットのおかげで多くの投資家が市場にリアルタイムでアクセスできるようになった。株価がわずかでも変動すると、それとほとんど同時に何らかの反応をする投資家も多い。これは、株式市場の動きの一部始終を見守る必要があることを意味しているのだろうか？この質問に対する答えは「ノー」だ（もちろんそうしたい人は、そうすればいいが）。

水面波の動きと時差の原理が重要な理由の一つは、その二つに注目していれば、市場の一挙一動を見守るのではなく、より長期的な観点で市場を見ることができるからだ。例えば、人口のトレンドを見ていれば、それに従って不動産への投資プランを立てることができる。つまり、住宅の値段が上がった時にも、長期的に見ればいずれまた値段が下がることがわかっているから、パニックに陥ることなく気長に待つことができる。あるいは、更地を安い値段で買い、そこまで町が広がってくるのを待つこともできる。アリゾナ州のフェニックスに引っ越した時、私たちはこの方法をとった。なぜなら、フェニックスはアメリカで最も急成長を遂げている主要都市の一つだったからだ。あれから十二年たつが、その間、フェニックスは常に急成長ランク第一位だったわけではないが、だいたい一位か二位の座にあった。

ビジネスの場合も、私は同じように長期的なトレンドを見る。今後、引退の時期が迫ってきたベビーブーマーたちが、引退後の生活のためにとっておいたお金では充分でないという現実に気づき始めたら、ファイナンシャル教育への需要はどんどん高まるだろう。自動車産業や航空産業など、すでに参入者がたくさんいて熟しきっている産業に自分の時間を投資するより、長期的に見てその商品やサービスに対する需要が高まるような分野でビジネスを築くことに自分の時間を費やしたいと私は思う。

●個人的なスモールビジネスの増加

人口の高齢化と企業による多量のレイオフ（一時解雇）が進む中、人々は、会社に勤めていれば安心だという考え方が神話であり、自分たちが使っている401（k）をはじめとする引退プランが必ずしも金銭的安定を長期的に与えてくれるものではないことに気付き始めている。私は、スモールビジネスを新たに作り出す方向のトレンドが、これから急激に強まるだろうと思っている。すでに、レイオフされた中間管理職の人たちの多くが、次の職場を見つけられないまま、コンサルタントとして自営の方向に乗り出している。

このトレンドの中で、人々は新しいビジネスを始めたり、フランチャイズ権を買ったり、ネットワークマーケティングなどの既存分野でビジネスを始めることを考えたりするようになるだろう。私はよくこのネットワークビジネスの話を持ち出すが、それは、この産業がローコストでビジネスを始めるチャンスを人々に供給していると同時に、貴重な訓練や指導も与えているからだ。ビジネスを築き、成功させることができれば、長期的な経済的安定を自分自身でコントロールできるようになる。だが、ここで一つ忘れないようにしておいて欲しいことがある。ネットワークビジネスに参加したりフランチャイズ権を買ったりする時はいつも、事前に調べるべきことをきちんと調べることが大事だ。

注目すべきトレンド❺
ファイナンシャル・インテリジェンス

私が自分の学習と経験を通して、注目する必要があることを学んだトレンドのうち、最も重要なトレンドの一つはお金とファイナンシャル・インテリジェンスの関係だ。二十代のはじめにビジネスと不動産への投資で突然金持ちになった時、私は本気で自分は投資の天才だと信じた。収入が増えるのと同時に自分のファイナンシャル・インテリジェンスも上がっていると本気で信じていたのだ。ここでもまた、ニュートンの法則が登場する。私はその法則を破っていた。私のファイナンシャル・インテリジェンスは、収入の上昇とともに上がるどころか、反対の方向へ動いていた。

それを学ぶのには痛みが伴ったが、結局私は、金銭的に成功すればするほど、自分のうぬぼれ心や傲慢さに注意する必要があることを学んだ。どんどんうぬぼれていくのは、ファイナンシャル・インテリジェンスを持った人間のやることではない。あの体験のあと、私はそうならないように、感謝の気持ちと謙虚さを常に持つように努めた。そうすれば、学び続けることができ、儲けた分をすべて市場に返すのではなく、より多くの儲けを手に入れることができる。私はあの時以来ずっとそうしてきている。自分のお金だけでなく、ファイナンシャル・インテリジェンスもニュートンの法則に従うのだということを、私は大きな犠牲を払って学んだ。

●最後に一言

金持ち父さんはこう言っていた。「自然の法則に従え。母なる自然はきみが百万長者だろうが貧乏人だろうが気にしない。きみがそのどちらだろうが、パラシュートなしで高いビルの上から飛び降りれば、重力の法則は同じように働く」

シャロンから一言

トレンドを調査したり分析したりすることは、これまでは簡単にはできなかった。今はインターネットの情報を検索するサーチエンジンが使えるようになり、時間さえかければトレンド情報を得るのは簡単だ。問題は、情報が多すぎることと、自分が探している情報をどうやって見つけたらいいかわからない場合が多いことだ。また、情報が時宜を得たものであるかどうか判断すること、それが情報として提供されているのか、あるいは売り込みのための道具として提供されているのかを判断することも重要だ。トレンド情報が手に入ったら、それをその道の専門家と一緒に分析するのを忘れないようにしよう。アドバイザーたちの役目は、トレンドを最大限に利用し、あなたが投資戦略を立てるのを手伝うことだ。

第六章「ジャーナリストに聞く」でロバートが紹介している、役立つ情報源のリストに私が加えたい情報源は次の通りだ。

ビジネストレンドを知るために

NFIB（全米独立企業連盟）調査機関
スモールビジネス経営弁護士事務所
SCORE（起業支援をするNPO）
カウフマン財団（起業家教育を推進する団体）

不動産のトレンドを知るために

reis.com（不動産調査会社レイス社のサイト）
全国不動産投資家情報サイト（http://www.nreionline.com）
地元の不動産業者発行のニューズレター

紙の資産のトレンドを知るために

ウォールストリート・ジャーナル
債券市場協会（http://www.investingbonds.com）

最後にもう一度念を押しておくが、どんな情報でもそれを使おうと思ったら、そこにセールスマンやセールストークが関わっていないか、正しく判断する必要がある。セールストークも貴重な情報源になり得るが、その取引に関するすべてを理解した上で決定を下す準備を常にしておくことが大事だ。

ロバートはよく、ブローカーに充分な支払をするように言うが、その際、忘れないようにして欲しいことがある。それは、彼らが何に対して支払を受けているのかをよく理解し、投資収益からそれを支払ったあとの残りが、あなたの投資戦略に見合ったものになるよう確認することだ。

第九章……
「時の翁」に聞く

「投資家はみんな、いつ花が咲くか、そして、それがいつまで咲いているかを知る必要がある」
――金持ち父さん

私はニューヨークの商船アカデミーに通ったおかげで、ほかでは経験できないすばらしいことをたくさん経験したが、その一つは、海上で一年を過ごしたことだ。アカデミーの学生は全員、世界中の港に貨物を運ぶさまざまな商船に下級船員として乗り組み、実地訓練を受ける。私が長く乗ったのは輸送船やタンカー、客船だった。タグボートにも乗りたいと思っていたが、そのチャンスには恵まれなかった。

十九歳から二十歳まで、海上で過ごした一年の間に、私は日本、香港、タイ、ベトナム、タヒチ、サモア、そのほかの太平洋上の島々を訪れた。クラスメートの中には、ヨーロッパ、カナダ、アフリカ、南アメリカ、オーストラリアなどに行った人もいる。私はヨーロッパやアフリカ、南アメリカにも行きたいと思っていたが、一番興味を持っていたのは太平洋の島々を巡って航海することだった。そして、その希望通りになったわけだが、今でもその夢は変わらず、できたらまたやってみたいと思っている。

海上で一年を過ごす私たちには読書の時間がたっぷりあった。私はアカデミーの通信教育課程で必修とされていた航海に関する専門書だけでなく、お金や金《きん》、偉大なる探検家、投資、国際貿易などに関する本も読んだ。だが、まもなく問題が出てきた。というのは、自分が船や航海術、貨物の取り扱いといったことよりも、お金や金、投資、探検家、国際貿易といったことに興味を持っていることがわかったのだ。

●投資には興味のなかったクラスメートたち

金持ち父さんから投資に関する教えを受け、また、船上でお金や投資に関する本をたくさん読んだおかげで、私はアカデミーのクラスメートたちと話を合わせることがどんどんむずかしくなってきた。ニューヨークの学校に戻ってからしばらくたったある日、私は投資の世界について自分が学んでいることをクラスメートに話し始めた。

「なぜ投資のことを学んだりして時間を無駄にするんだ？」ジェフが皮肉っぽく聞いた。「投資は危険だ。ギャンブルだよ」

「投資はぼくの未来だ」私はそう反論した。「ぼくは一生働き続ける気はないんだ」

「ぼくだって一生働き続ける気はないさ」とジェフが応じた。「大きな汽船会社に就職し、いつか船長になり、引退して会社の年金で暮らすつもりさ。引退後のことを心配したりはしないよ。誰かがぼくの代わりに心配してくれるんだから」

投資について私が学んできたことに興味を示すクラスメートも一人二人はいた。だが、たいていの学生はファイナンシャル教育よりも自分の職業にかかわる教育に熱心だった。

アカデミーで私が過ごしたのは一九六五年から一九六九年の四年間だった。当時は、投資や引退のことなど心配しないのが普通だった。私の世代の人間はまだ、両親の世代、つまり第二次世界大戦の世代が作り上げた傘の下で暮らしていた。私の両親の世代は引退や投資に関して心配することはほとんどなかった。それは、たいていの人が大企業か政府関連の仕事に就ける見込みがあったからだ。それに、社会保障と高齢者医療保険もあてにできた。一般的に言って、この世代の人はファイナンシャル教育、投資、投資用ポートフォリオといったことをあまり重要だと思っていなかった。当時私たちが通っていた学校のシステムも、引退に対するそのような姿勢、つまり引退後の生活の責任は誰か他人が取ってくれるという考え方に沿ったものだった。今も、お金に関するこの時代遅れの姿勢を崩さずにいる学校はたくさんある。

一九六〇年代から一九七〇年代にかけて、若者たちの頭にあったのはビートルズ、ボブ・ディラン、ベトナム戦争、大学紛争、ニクソン大統領の辞任……といったようなことで、投資や引退に関することではなかった。残念なことに、自分たちの世代が歴史上最も経済変動の激しい時期に突入しようとしていることなど、誰も気付いていなかった。一九七一年、ニクソン大統領がアメリカの金本位制をやめると決めてから、政府は好きなだけドルを印刷できるようになった。金本位制をやめたことがこれほど大きな意味を持っているのは、これ以前のドルはすべて金や銀といった貴金属に裏付けられていたから、つまり有価資産と交換できたからだ。今のアメリカドルは借金と、アメリカの納税者たちがその借金を返すという約束によって裏付けられているが、その借金は膨大で、増え続けるばかりだ。

●最大の変化

一九六〇年代から一九七〇年代にかけて、ニクソン大統領は中国に対して門戸を開くために努力した。数十年前のこの外交政策の変化の影響は、今になってやっと目に見えてきた。この時のニクソン大統領の努力のおかげで、今、いいこともたくさん起こりつつあるが、その一方で、何百万人という人たちが中国の労働者に仕事を奪われているのも事実だ。私はアメリカと中国との貿易には賛成だが、製造業界の高賃金の仕事が失われることや、それによって影響を受ける人々のことはとても心配だ。一九六〇年代、私のクラスメートたちが「投資には興味がない」と言っていた頃は、まだ今取り上げたような経済的変化は起こっていなかったし、そういった変化による影響が目に見えるようになるのは何年も先のことだった。

二〇〇一年十一月十一日、十五年の長い交渉の末、世界各国の貿易担当大臣たちは中国の世界貿易機構（WTO）への参加を正式に認めた。これにより、十三億人を抱える市場が世界の貿易システムへ組み込まれた。この出来事は私たちの経済にこれから何年も、あるいは何十年も大きな影響を与え続けるだろう。

フォード大統領が一九七四年、のちに401（k）などの年金システムを生むことになるエリサ法（従業員退職所得保障法）を承認した時、それまでアメリカに起こりつつあった経済的変化にさらに加速度がついた。一九七四年のエリサ法とそれに続く年金改革が象徴的な意味を持っている理由は、この法律が、従業員の引退後の経済的安定に雇用者がもう責任を持たないということを、アメリカはじめ世界中の労働者に知らしめたからだ。キャッシュフロー・クワドラントを使って別の言葉で説明するとこうなる（図⑥）。つまりこれは、BクワドラントがEクワドラントに向かって「きみたち従業員はIクワドラントで投資家にならなくてはいけない」と言ったようなものだ。好むと好まざるとに関わらず、年金システムにおけるこのような変化は、今後、すべての人たちに長期的な影響を与え続けるだろう。

●問題は思っていた以上に大きかった

私は二〇〇二年の秋、『金持ち父さんの予言』を出版したが、この本はウォール街でうごめく怪物のために働いている金融ジャーナリストたちから多くの批判を受けた。批判があることは覚悟していたが、私自身とこの本の内容を信用に値しないと決め付けるために、彼らが真実をねじ曲げたり、嘘までつくのを目の当たりにして、私はとてもがっかりした。

二〇〇〇年から二〇〇一年にかけて書かれたこの本について興味深いことが一つある。それは、その「予言」があたってはいたが正確ではなかったこと、つまり問題の本当の重大さを小さく見積もりすぎていたことだ。二〇〇三年までにさらにさまざまな事実が明らかになるにつれ、私は自分が思っていたより問題がはるかに深刻であることに気付き始めた。

『金持ち父さんの予言』はDB（確定給付）年金プランからDC（確定拠出）年金プランへの移行についての本だ。この本をまだ読んでいない人のために少し説明すると、DB年金プランは、私の両親の世代、つまり第二次世界大戦の世代の年金プランだ。簡単に言うなら、これは従業員が引退したあと、その人が生きている限りずっと、一定の額の年金を保証するプランだ。多くの点から見て、社会保障と高齢者医療保険は政府によるDB型プランと言える。問題は、支出が増え、世界市場での労働力の競争が激化する中で、DB型の年金プランは高くつきすぎるようになったことだ。そこで、一九七四年、Bクワドラントのビジネスオーナーたちがアメリカ政府に働きかけ、エリサ法を立法化させた。そしてこれがきっかけとなって、DBプランからDCプラン、つまり従業員が引退後の生活の責任を自分でとる確定拠出型の年金システムへの移行が始まった。

DC年金プランは「確定拠出」という名の通りの簡単な仕組みだ。従業員の年金は、それまで従業員と雇用主が「拠出」してきた額によって「確定」される。もし従業員と雇用主が何も拠出してこなかったら、あるいは株式市場が暴落して、雇用主と従業員が半分ずつ負担して拠出してきたお金が減ってしまったとしたら、従業員が受け取るのはそこに残っているお金――いくらかでも残っていればの話だが――だけだ。また、引退した従業員が九十二歳になったところで生活資金が尽きてしまったとしたら、DB型の年金の場合と異なり、それ以降のその人の生活はもう雇用者側の問題ではない。

⑥エリサ法は従業員にプロの投資家になれと要求した

DB型とDC型との間にはもう一つ大きな違いがある。それは医療費の問題だ。DB年金プランを採用している大企業の雇用者側は、多くの場合、引退後の従業員のための医療保険プランも用意していた。DC年金プランにはそういうシステムはない。健康を維持するための費用や医療費が今どんどん高くなっていることに気付いている人は、一九七四年のこの法律がどれほど大きな影響を引き起こす引き金となったか、わかってきたのではないだろうか。今、世界中の従業員たちが移行しつつあるこの新しい年金プランでは、お金がすっかりなくなってしまう可能性があり、また、引退者の医療や健康維持のための費用を支払う責任は、ご推察の通り、われわれ納税者に移されている。

●株式市場はなぜこれから先、暴落するか?

『金持ち父さんの予言』は、一九七四年に起きたこの法律の変化が、どのようにして将来、史上最大の株式市場の暴落を引き起こすかを説明している。株式市場が暴落する理由は、同じ時期に引退を始める人が世界中に何百万、何千万人といるからだ。人々が株式市場からお金を引き上げ始めたら株価が下がるというのは自明の理で、偉い学者でなくてもわかる。アメリカだけでも、八千三百万人のベビーブーマーがいて、彼らは二〇一二年頃に引退し始める。八千三百万人のすべてが株式市場にお金を注ぎ込んでいるわけではないが、何百万人かは確実にそうしている。問題はそれだけではない。のちに401(k)を生み出したこの法律には大きな落とし穴があった。この法律によると、401(k)を利用している人は七十・五歳になったら、年金原資からお金を引き出し始めなければならない。なぜか? それは、従業員が働いている間ずっと繰り延べされてきた税金を、税務署、つまりIRS(内国歳入庁)が徴収しようとするからだ。二〇一六年には最初のベビーブーマー世代が七十・五歳になる。これが、トランプのカードで作ったお城が崩れ始める時期だ。そして次に、世界史上最大の株式の大暴落がやってくる。『金持ち父さんの予言』は恐ろしい未来を予言するために書かれた本ではない。それどころか、ばら色の未来のために書かれた本だ。『予言』の後半では、投資し得る対象として株式市場以外何があるか、さまざまな選択肢が取り上げられている。

さあ、もうあなたにも、なぜ投資関連企業が自分たちのために働くジャーナリストたちを使い、私自身とこの本を信用ならないものと決め付けようとやっきになったか、その理由がわかっただろう。

●年金原資はどうなっている？

先ほども言ったように、私が『金持ち父さんの予言』を書いたのは二〇〇〇年から二〇〇一年にかけての時期だった。この本で私はDB年金プランの方が安全で、従業員にとってもいいという立場をとった。だが、二〇〇三年までには、私の両親の世代の年金プランであるこのDB年金プランもまた、財政的に行き詰っていることが明らかになってきた。私は『予言』の中で、DB年金プランをやっている従業員はDC年金プランをやっている従業員よりも楽に暮らせると書いたが、これは大きな間違いだった。今、DB年金プランの多くはひどい財政難に陥っていて、従業員たちはそのことを知らないでいる。従業員が知らないのは、たとえ彼らが聞いたとしても、年金プランの状況を開示する義務が誰にもないからだ。

昔からよく、「ゼネラル・モーターズにとっていいことは国にとっていいことだ」と言われてきた。ところが今は、そのゼネラル・モーターズ（GM）自体が問題を抱えている。どうしてそうなったのか？　その答えを一言で言えば「年金」だ。

二〇〇三年六月、AP通信社は、ムーディーズ・インベスターズ・サービスがGMの長期債信用格付けを引き下げたことを報じた。降格の理由は、競争の激化と年金給付金の多さだった。GMに対するムーディーズの格付けはA3からBaa1まで下がった。こうなった今もまだ、GMにとっていいことは国にとっていいことだと言えるのだろうか？　今は従業員の年金を減らす時期なのだろうか、それとも給付金を払うためにどんどんお金を借り続ける時期なのだろうか？　GMもアメリカ政府も、同じ時期に同じ問題に直面している（この章の先に、GMのように年金プランの資金不足に直面する巨大企業のリストを挙げておく）。

一九六〇年代、私のクラスメートは投資のことなど気にもかけていなかった。彼らが心配していなかったのは、ほとんどの人が優秀だったから、大企業で高給のとれる仕事を見つけられるとわかっていたからだ。問題は、時間の経過とともに雇用のルールが変わったことだ。もうみなさんも気が付いていると思うが、フォード大統領がエリサ法に署名した一九七四年は、私とクラスメートが卒業してから五年後にあたる。この時から、ベビーブーマーの世代とそれ以降の世代は多くの経済的変化に見舞われているが、その変化は非常に大きい。この章に「時の翁に聞く」というタイトルをつけたのは、時の翁はどんどん先に進むからだ。

私のクラスメート、あるいは私の世代の人間のうち、時の流れと歩調を合わせて前に進んできた人がどれくらいいるだろうか？　また、株式市場が上向きになって、引退に備えた自分たちの４０１（ｋ）プランが太るのを待っている人はどれくらいいるのだろうか？　財政難を抱えたＤＢ年金プランを採用する大企業に勤めながら、その問題を知らないでいる人はどれくらいいるのだろうか？

●年金よさらば

先ほども言ったように、『金持ち父さんの予言』の中で自分が問題の大きさをどれほど小さく見積もっていたか、当時の私にはまったくわかっていなかった。また、金持ち父さんの予言がすべての年金プラン――ＤＢ型とＤＣ型の両方――にどれほど大きな影響を与えているかもわかっていなかった。

二〇〇三年三月十七日、フォーチュン誌は「年金よさらば」と題された記事を掲載した。その小見出しには「まもなく何百社という企業が年金支給額を半分にするかもしれない」とある。これはＤＢ年金プランの崩壊の可能性を示す記事として重要な意味を持っている。この記事によると、ＤＢ年金プランが高くつくため、「かなりの数の会社が、給付金の大幅カットという短絡的な方法をとってそこから完全に脱出しようとしている」。記事にはバーモント州の議員の次のような話が引用されている。「今われわれが目撃しているのは、何百万、何千万人という労働者の年金からの大量略奪だ」

略奪はすでに始まっている。フォーチュン誌のこの記事には、元ＡＴ＆Ｔの技術者で五十五歳のラリー・

カトロンの例が取り上げられている。この人の年金給付金は最近、年額四万七千ドルから二万三千ドルに減らされた。これが給付金の五十パーセント削減にあたることは、数学の天才でなくてもわかる。では、誰がこのラリー・カトロンのお金を取ったのだろう？　プランを変えた企業だろうか、それともただひたすら先に進み続ける時の翁だろうか？

フォーチュン誌が取り上げているもう一つの例は次のようなものだ。「先月二月のある日のこと、寒いフィラデルフィアで、五十歳のジャニス・ウィンストンは何よりも自分を暖めてくれるものを受け取った。それは、元の雇用主のヴェリゾン・コミュニケーションから送られてきた四十万ドルだ。このお金はウィンストンが同社に二十九年勤めていた間に貯めた年金給付金にあたるものだった。それはまた、会社が彼女に払うつもりでいた額よりおよそ二十一万五千ドルも多かった」

七年前、ウィンストンの雇用主のベル・アトランティック（その後GTEと合併してヴェリゾン・コミュニケーションとなった）は年金プランに、みごとにシンプルでほとんどわからないような変化を取り入れた。それはウィンストンだけでなく、何千人もの彼女の同僚たちが期待する年金給付金を大幅に削減する可能性のある変化だった。

ベル・アトランティックが取り入れた変化は、時代遅れの確定給付年金プランを、給付金コンサルタントたちが盛んに勧めていた新しい形のプランに変えることだった（IBMはじめ、三百社ほどの大企業も同じことをしている）。この新しいプランは名前からしていかにも儲かりそうな「キャッシュ・バランス」と名付けられていた。

記事はさらに説明を続け、「キャッシュ・バランス」と401（k）のような確定拠出年金プランとの違いは、前者が株式市場の変動によって打撃を受けない点にあると書いている。問題は給付金がどのようにして計算されるかだ。そして、当然ながらその計算は、従業員にとって思いがけないボーナスになるようにではなく、雇用側にとって経費削減効果があるようになっている。記事に引用された例の場合、ウィンストンは最終的に四十万ドルの給付を受けた。これを相当な額だと思う人もいるだろうが、私がここで聞きたいのは次のようなことだ――このお金を受け取った彼女はそれを適切に管理することができるだろうか？　彼女が生きている限り、そのお金がなくならず、それで暮らすことができるだろうか？　もし彼女が、年金の一括払いを選んだほかの多くの人と同じようにそれを全部なくしてしまったら、一体どうなるのだろうか？

●あっちから盗んでこっちに与える

従業員年金プランに関してこのような問題を抱えているのはアメリカだけではない。これは世界的な問題だ。InvestorDaily.com のウェブサイトで私が見つけた二〇〇三年二月二日付の記事によると、イギリスでは、新たに雇用する従業員に対して確定給付年金プラン（イギリスではDBスキームと呼ばれている）の提供をやめた会社の数は、二〇〇一年には四十六社だったが、二〇〇二年には八十四社とほぼ倍増した。つまり、二年の間に、百三十のイギリスの会社の従業員たちが、会社から年金プランを提供されなくなった。

従業員の団体や組合は不満の声を上げ、DB年金給付を守ろうとできる限りのことをしている。だが、彼らがどんなに大声でわめこうと、従業員の給付金が高くつくという厳しい現実は変わらない。投資家たちは従業員に対する給付金が企業にとってのコストであるだけでなく、自分たち投資家にとってのコストでもあることを知っている。だから、従業員とは反対の立場で、投資家が給付金のコストを削減しろと騒いでいるというケースもよくある。

ここで皮肉なのは、今の時代は従業員が投資家でもあることだ。では、彼らのお金を取ったのは誰なのだろう？　多くの場合、それはまさしく「あっちから盗んでこっちに与える」という図式になっている。従業員は一方で給付金をもらいたいと思っているが、投資家でもある彼らはもう一方では会社が利益をあげ、株価が上がることを望んでいる。だが、年金のコストが高すぎて会社の利益が増えなければ、年金の額が減る……この場合、誰が従業員のお金を取っているのだろう？　従業員自身ということはないだろうか？　引退した元従業員が新しい従業員たちの利益に反することをしている可能性はないだろうか？

●DB年金プランはどれくらい高くつくか？

フォーチュン誌の記事は次のような警告の言葉で終わっている。「今でも引退後、充分な年金をあてにできるという幸運なベビーブーマーたち、何百万人というその人たちに警告する――今持っているものが自分に与えられて当然のものだと思うな」

DB年金プランを利用している労働者たちが心配しなければならない理由は何か？ 次のリストは二〇〇三年現在、DB年金プランの赤字が最も多いアメリカ企業、上位十社を並べたものだ。

1. ゼネラル・モーターズ　九百四十七億ドル
2. フォード　四百六十六億ドル
3. IBM　二百五十三億ドル
4. SBC　百九十六億ドル
5. ボーイング　百七十七億ドル
6. エクソン　百五十五億ドル
7. デュポン　百三十億ドル
8. ヴェリゾン　百三十億ドル
9. ルーセント　百十九億ドル
10. デルファイ・オート　百十七億ドル

（company 10K reports より）

このリストを見れば、誰かが「私は優良《ブルーチップ》企業だけに投資している」と言うのを聞いた時、私が苦笑する理由がわかるだろう。ゼネラル・モーターズやフォードはまぎれもなく「優良企業」だ。リストの上のこの二社の数字を見て私はこう思う——千四百億ドルの年金の赤字を穴埋めするために、この二つの会社は一体何台の車を売らなければならないだろう？

フォーチュン誌の記事「年金よさらば」によると、これらの優良企業は今、すでに引退した元従業員二千百万人に、総額で毎年千百十億ドルの給付金を支払っている。これが「もう働いていない」従業員に対する企業の年間経費というのだから驚きだ。元従業員の数が増え続け、株式市場が横ばいを続けた場合、これらの会社の株価がどうしたら上昇を続けられるのか、正直言って私にはわからない。

●世界規模の問題

今の状況では、多くの人がいつまでたっても引退できるようにならず、働ける限り働き続けなければならないのはほぼ確実だ。世界の人口が高齢化するのに伴って、高齢者の安定した生活を確保するためのシステムが世界中で問題になっている。増え続ける引退者の面倒をどうやってみるかというこの財政的試練に関して、アメリカ、イギリスよりひどい状態にあるのは、日本のほかフランスとドイツだ。この本を書いている今も、フランスでは労働者たちが年金システムの変更に反対して抗議デモを行っている。同じような抗議行動がアメリカやイギリスで始まるまでに、あとどのくらい時間があるのだろうか？　一九六〇年代にベトナム戦争に反対して行動を起こしたベビーブーマーたちが、年金改革に反対してまた街角で抗議行動を起こすのだろうか？

●人生は時間とお金のゲーム

本書の「はじめに」でお金のゲームについて話をしたが、ここで、私がこのゲームについてどのようにして知り、学んできたかをみなさんにお伝えしたいと思う。

金持ち父さんはよく「人生は時間とお金のゲームだ」と言っていた。私が二十代の終わりにお金のことで面倒な状況に陥った時、金持ち父さんはお金の世界でのゲームに関する自分のプランを教えてくれた。「たいていの人の場合、働くのは二十五歳から六十五歳までの間とだいたい決まっている。つまりおよそ四十年間だ。そこで、人が働きながら過ごすこの期間を、フットボールの試合になぞらえて『お金のゲーム』と考え、四つのクォーターに分けてみよう。一つのクォーターは十年だ。プロのフットボールの一試合には十五分のクォーターが四つあるが、きみが働いて過ごす人生には十年のクォーターが四つある」金持ち父さんはそう言いながら、黄色いレポート用紙を引き寄せ、次のように書いた。

お金のゲーム

年齢	試合時間
二十五歳から三十五歳	第一クォーター
三十五歳から四十五歳	第二クォーター
	ハーフタイム
四十五歳から五十五歳	第三クォーター
五十五歳から六十五歳	第四クォーター
	オーバータイム
	時間切れ

金持ち父さんが心配していたのは、私の人生の第一クォーターが金銭面でかなりめちゃくちゃになっていたからだ。金持ち父さんは要点をはっきりさせるために、さらに次のような図⑦を描いた。

「第一クォーターはきみの負けだ。今、心を入れ替えて間違いから学ばなければ、きみの一生は金銭面でめちゃくちゃな人生になる」金持ち父さんは私にそう言った。

金持ち父さんの言ったことは本当だった。お金の面から見た私の人生、つまりファイナンシャル・ライフの第一クォーターは私の負けだった。大きな負債を抱え、人には言えないような恥ずかしい状態で、それでもきちんとできない、情けないビジネスマンのままでいた。三十五歳の頃、私がハワイを去ろうと決心した理由の一つは、人生を立て直さなければいけないと気付いたからだ。二十五歳から三十五歳までの私の人生は、ただ楽しく暮らせればそれでよかった。サーフィンをしたり、ラグビーをしたり、女の子を追いかけたり、手っ取り早く金持ちになろうとしたりしていた。そんな人生を変えなくてはいけない。私にはそれがわかった。だから一九八四年、三十七歳の時、私はすべてをやり直すつもりでハワイを去った。それは新しい自分を作り出すためだった。

●お金のゲームに勝つ

私の人生の第二クォーターについて書いたのが『金持ち父さんの若くして豊かに引退する方法』だ。この本を読んだことのある人は、一九八四年十二月、カナダの雪山で、私たちが「十年以内に引退する」と決心した時の話を覚えているだろう。それから十年後の一九九四年、キムと私は引退した。私は四十七歳でキムは三十七歳だった。私はハーフタイムを、キムは第一クォーターを終えたところでお金のゲームに勝ち、ゴールに到達した。

お金のゲームに勝つというのは、自分たちの労働ではなく資産から生まれるお金が支出を上回る状態に達することを意味する。一九九四年の時点で、キムと私は投資から毎月約一万ドルの収入があり、支出は約三千ドルだった。まだ金持ちとは言えなかったが、私たちは経済的自由を手にしていた（図⑧）。つまり、働く必要がなくなっていた。私たちには会社や政府による年金プランは不必要だった。私たちはお金のゲームに勝った。そして、その状況は私たちの経済状態が大きく変わらない限り続く。

　四十七歳で勝利を手にしたあと、私は二年間の休みをとって人生について考えた。そして、その間に『金持ち父さん　貧乏父さん』の最初の原稿を書き、キャッシュフローゲームを作った。その同じ時期に、私たちは何人か集まって、世界のいろいろな場所で石油会社や採掘会社を起こした。そのうちいくつかはうまくいったが、失敗したものもいくつかある。

　二〇〇〇年五月、オプラ・ウィンフリーの番組担当者が電話をかけてきて、ゲストとして番組に出て欲しいと言ってきた。そのあとどうなったかは、みなさんご存知の通りだ。『金持ち父さん』は全世界で売られるようになり、私は一夜にして有名人になった。四十五歳から五十五歳までの人生の第三クォーターは、私の夢をはるかに超えるものになった。オプラ・ウィンフリーと一時間を過ごすなど、それまで思ってみたこともなかったし、CNBCのテレビ番組『トゥデイ』をはじめ、世界中のテレビやラジオ番組に出演するこ

⑦二十五歳から三十五歳　第一クォーターは私の負けだった

収入
支出

資産	負債
ゼロ	700,000ドル

⑧三十五歳から四十五歳　第二クォーターで私はお金のゲームに勝った

収入
10,000ドル
支出
3,000ドル

資産	負債

とや、また、自分が書いた五冊の本がニューヨークタイムズ紙のベストセラーリストに載ることなど、考えたこともなかった。私のファイナンシャル・ライフの第一クォータはめちゃくちゃだったが、第二、第三クォーターはすばらしく好調だった。

今、私はお金のゲームの第四クォーターに乗り出そうとしているが、やっていることは前と変わりない。今も起業家としてBクワドラントでビジネスを起こし、Iクワドラントで不動産をはじめとする投資対象に投資している。つまり、ゲーム自体は今も変わっていない。違いは、一つのクォーターを終える毎に、私のゲームのやり方がうまくなっていることだけだ。

私が心配なのは、今、多くのベビーブーマーたちが目を覚まし、自分たちには時間もお金も残っていないと気付き始める一方で、ゲームのやり方がわからないでいることだ。この本の後半では、時間とお金があまりない人でもお金のゲームで勝利を手にできる方法についてお話ししたい。

私は第一クォーターでは起業家としても不動産投資家としても失敗した。だが、このお金のゲームにもっと真剣に取り組もうと決心してから、私の人生は確かに変わった。

●なぜ私はやめないか

私はよく「もう引退できるのなら、なぜ働き続けるんですか?」と聞かれる。この質問に対する答えは四つある。

1. ビジネスを起こしたり、何かに投資すること、特に不動産に投資するゲームが好きだから

私はおそらくこのゲームを一生続けるだろう。ハーフタイムが終わったところで引退し、このゲームから手を引いた時、私はゴルフをやり始めたが、まもなくすっかり退屈して、人生を無駄にしているように感じた。私にとってお金は単にゲームの得点に過ぎない。あの時期、私はゲームに参加していないことがとても

さびしかった。だから二年の休暇のあと、ゲームに戻った。

2．持てる者と持たざる者との間のギャップが世界中でどんどん広がっているのが心配だから

もう一つ心配なのは、一生せっせと働いたにもかかわらず、お金のゲームに負けたというだけの理由で引退できなくなる人たちの数が増えていることだ。私と同じベビーブーマー世代の多くは、第四クォーターに差し掛かっているが、大きく得点差をつけられている。

3．すでに金持ちになっている人たちがどんどん欲張りになっているのが気になるから

自分の会社からお金を盗み取った人たちの多くは、すでに大金持ちの人たちだった。すでに一億ドル以上ものお金を稼いでいる人たちが、従業員や投資家からさらにお金を盗み取ろうとする気持ちは私にはどうしても理解できない。

4．学校でファイナンシャル教育が行われていないことがアメリカに悪い影響を与えているから

今の学校システムが、すべての学生にファイナンシャル教育を与えることの重要性を無視し続けているのは実に困ったものだと思う。在学中の成績がよかろうが悪かろうが、あるいは卒業してから金持ちになろうが貧乏になろうが（卒業できたとしての話だが）、誰もがいずれお金を使う。自分のお金を管理し投資する方法を学ぶことは、私たちすべてに必要な、人生を生きるための技術だ。学校がお金に関してまともな教育をなぜしないのか、私にはどうしてもわからない。

もし今の学校システムで、私がファイナンシャル教育の責任者になったとしたら、まず最初に子供たちに教えたいことの一つは税法だ。そして、税法上の優遇措置はそのほとんどがビジネスオーナーに与えられていて、従業員が利用できるものはごくわずかであることを若者たちに教える。その事実を知れば、それに励

まされて、ヘンリー・フォードやアニータ・ロディック、ビル・ゲイツ、マイケル・デル、ルパート・マードック、盛田昭夫、リチャード・ブランソンのような、社会に仕事を供給し、世界経済を活気づかせる起業家たちを見習いたいと思う子供たちが増えるのではないだろうか?

●勝ったあと負けることもある

お金のゲームに大きな注意を払わなければならない理由の一つは、勝ったあとも負けることがあるからだ。例えば、フットボールの試合でハーフタームの時のスコアが二十四対十四だったとしよう。負けているチームがそのあと得点せず試合に負けたとしても、また四十八対十四のように点差が大きく開いたとしても、前半でとった十四点は最後までそのままだ。

だが、お金のゲームの場合は違う。お金のゲームでは本当のフットボールの試合とは異なり、ハーフタイムの時のスコアが二十四対十四だったとしても、試合が終わった時点のスコアが二十四対ゼロになることがある。つまり、お金のゲームの前半で勝っていてスコアボードに得点が入っていても、最後の第四クォーターでそれを全部なくしてしまうこともある。

二〇〇〇年三月に株式市場の暴落が始まる前、多くの人がお金のゲームに勝っていた。その多くは紙の資産を持つ百万長者だった。少数だが中には会社を辞めてしまう人までいた。暴落のあと、彼らは一つのクォーターで勝ったとしても、そこでとった得点を別のクォーターで失うこともあるのだと知ったが、それを知るには大きな犠牲を払わなければならなかった。

私のようなベビーブーマーの多くは、今、人生の第四クォーターに差し掛かっているが、何年も働いてきたにもかかわらず、「これがその成果だ」と人に見せられるものは手元に残っていない。彼らの多くは「長期に投資しろ」というファイナンシャル・アドバイザーたちの言葉に今も耳を傾けている。このアドバイスで問題なのは、それに耳を傾けている人たちがお金のゲームの第四クォーターに差し掛かっていることだ。

その一方で、時の翁は容赦なく先に進み続けている……。

先日、私は次のような報告を読んだ。それは、今生きている人たちのうち三分の二は六十五歳以上まで長生きするという報告だ。今の人たちの寿命は、社会保障制度が作られた時と比べると格段に長くなっている。それなのに定年は相変わらず六十五歳、あるいは六十七歳のままだ。

●年金プランの健康状態

一九六九年、アカデミーを卒業した私は船には乗り込まず、合衆国海兵隊に志願してフロリダ州ペンサコラにある飛行学校へ入学した。そして、一九六九年から一九七四年までの間、私は高級船員としてではなく軍のパイロットとして働いた。飛行学校卒業後、海兵隊の仲間の将校たちの多くは飛行機のパイロットになり、ユナイテッドやアメリカン、イースタン、ウエスタン、ハワイアン、TWA、ノースウェスト、USエアといった航空会社に勤めるようになった。一九七〇年代、民間航空会社のパイロットは人もうらやむ職業で高給がとれた。だが、ここでも時の翁は容赦なく先に進み続け、状況は変わっていった。みなさんもお気付きのように、今私が挙げた航空会社のうちいくつかは、もう業界から姿を消しているか、破産の憂き目にあっている。そして、多くのパイロットが年金プランをまったく持っていないか、あるいは価値の激減した年金プランしか持っていない。

二〇〇三年七月一日付のウォールストリート・ジャーナルに、「ほとんどの労働者が年金プランの健康状態について知らされないままでいる」と題された次のような記事が掲載された。

何百万人というアメリカの労働者にとって、引退に関する問題で一番重要なのは年金プランの健康状態にほかならない。それなのに、企業は年金プランについての肝心な情報を従業員に知らせまいとあの手この手を使い、うまく隠している。

この隠蔽作戦は、年金の行く末を案ずる警鐘が鳴り響く中で始まった。雇用主の一部――中でも目立ったのは鉄鋼製造業者たち――は、これまで何十年も続いてきた年金プランを抹殺した。そのほかにも多くの会社が年金プランの再編と称して給付金を減らした。そして、今、雇用主たちは、自分たちの拠出分を減らし、従業員が引退した時の支払額を減らすことを可能にする方式へ移行するため、議会に働きかけている。

そのような状況の中でも、従業員と引退者には自分の年金プランの現在の財政的健康状態がどうなっているか知る手立てはほとんどない。その原因の一つは、従業員に最新の情報を与えるための試みに会社側がずっと抵抗してきたからだ。その結果、自分たちの年金が今どんなに危険な状態にあるか、従業員たちが知るのは土壇場になってからということになっている。

この記事はさらに、次のような内容のことを説明している。

自分たちの年金の健康状態について情報を得るのは、以前はもっと簡単だった。だが、一九九五年、状況が一変した。この年、議会は会社に対し、年金プランの健康状態についてもっと詳しい内容をPBGCに知らせるよう要求した。PBGCというのは公的機関に準ずる保険機関で、頭文字で表されている「年金給付保証公社」という名前の通り、労働者の年金を保証することを目的とした機関ということになっている。この時、企業は、政府に年金の健康状態に関する情報を提供する代わりに、PBGCが受け取ったすべての情報を市民に開示しないことを要求した、言い換えれば、一九九五年以後、従業員には年金プランの健康状態を知ることができなくなった。

●年金がなくなる！

ウォールストリート・ジャーナルのこの記事はまた、USエアウェイのパイロットたちが年金を失うことになったのも、彼らが自分たちの年金プランの健康状態に関する情報を手に入れることができなかったからだと説明している。

USエアウェイ・グループは三月三十一日をもって、現役および引退したパイロット七千名に対する年金プランを廃止した。

つまり、七千人のパイロットが突如、年金プランと、そこに入っていたお金を失ったということだ。企業側、つまりUSエアウェイ・グループがそれによって手にしたお金は三億八千七百万ドル。それはパイロットたちのものであるはずの年金資金から出たお金だった。このケースは何も特殊なケースではない。ほかにも多くの会社が同じような方策を使い、自らを太らせ、従業員たちは仕事を失ったり年金を失うはめになっている。ここで考えなければいけないのは、あなたの年金資金の安全度はどれくらいかということだ。PBGCがあなたにその健康状態を知らせる義務を持っていないとしたら、どうやったらそれがわかるというのだろうか？

この記事はまた、年金を失った引退者たちがどうそれに対処しているかも取り上げている。

一番打撃を受けるのは身体が不自由な引退者と思われる。なぜなら、彼らは年金に付随する障害者給付も失ったからだ。一九九七年に引退したヒュー・グリーンウッドは一括払で給付を受けた年金に付加されていた月二千ドルの障害者給付を失った。グリーンウッド氏の妻は仕事に戻ったが、六十七歳の元パイロット本人もおそらくそうすることになるだろう。

金持ち父さんによるお金のゲームの試合時間の測り方をこのグリーンウッド氏の人生にあてはめてみると、

多くの点から見て、彼は第四クォーターが終わった時点では試合に勝っていたと言える。ところが世界経済の変化のせいで、突然すべてを失い、ほとんどゼロからスタートを切ることになった。おまけに、彼に残されている時間は少ない……。

●あなたは一生働き続けるのだろうか?

人生の第一クォーターで金銭的に苦戦していた時、私は金持ち父さんに、第四クォーターが終わった時に何も持っていない人はどうなるのか聞いた。「オーバータイムに入るんだ」金持ち父さんは静かにそう言った。つまり、そのあとも一生働き続けることになるかもしれないということだ。確かに、働ける間はこれもそう悪いことではないだろう。実際、仕事をしていた方が健康でいられるし、幸せでいられると思う。四十七歳で引退して、その後何もしないでいる状態が自分の気を滅入らせることを身をもって知った私にはそれがよくわかる。その必要がなくても、私が今も働き続けているのはそのためだ。

第四クォーターのあとオーバータイムに入るのは、それを楽しんでやれる限りはそう悪くない。先ほどお話ししたパイロットたちにとって問題だったのは、彼らは六十歳で飛行機の操縦をやめなければならなかったことだ。

私からのアドバイスは、もし、経済的な必要に迫られてオーバータイムに突入したら、何か自分で楽しめること、そして、あなたが働きたいと思っている限り、ずっと働き続けられるようなことをやりなさいということだ。つまり、私のクラスメートの一部がそうであるように、ほかに何の職業にも就けない老いたパイロットのようにはなるなということだ。また、次のことも覚えておいて欲しい。たとえ今はまだ健康で、体力と気力が充実していると感じていても、いつかはきっと、仕事のゲームを終わらせて本当に引退し、何もしないで過ごしたいと思う時がくるだろうということだ。それから、もう一つ、「何もしないでいる」ことが高くつく場合もあるということも忘れないようにしよう。

●時の翁に注意をしよう

金持ち父さんが言っているように、「投資家はみんな、いつ花が咲くか、そして、それがいつまで咲いているかを知る必要がある」。

これは、投資家は誰もが時間に注意を払わなければならないということを意味している。私と同じ世代の人たちが今少しずつわかり始めているように、両親の世代にあてはまることは私たちの多くにはあてはまらない。つまり、投資家はサイクルに注意を払わなければいけないということだ。何百万人というベビーブーマーが何兆ドルものお金を失ったのは、彼らがセールスマンの言葉に耳を傾け、サイクルの変化に注意を払わなかったという単純な理由からだった。

今、私たちはみんな、市場が上がりもすれば下がりもすることを知っている。たいていの人が冬の次に春が来て、秋の次には冬が来るのを知っている。それとまったく同じことだ。常夏のハワイに住んでいても、サーフィンをする私たちは季節の変化に注意を払っていた。そして、夏は南の海岸に大きな波が来て、冬は北の海岸に大きな波が来ることを知っていた。

二〇〇二年の秋、『金持ち父さんの予言』が出版されると、いわゆる「金融に目先がきく」ジャーナリストたちは、私が株式市場の暴落を予言した理由を聞いてきた。私はこう答えた。「プロの投資家なら誰でも、どんな市場にも急騰や暴落があることを知っているからです。市場の暴落を予想するのは、メイン州に冬が来ることを予想するようなものです」これほど単純な答えをしているというのに、多くの金融ジャーナリストたちは、市場が暴落する可能性、つまり暴落が再びやってくることを否定しようと、私に議論を吹きかけてきた。彼らのうち多くは、市場の自然なサイクルを素直に受け止めず、ファイナンシャル・プランナーの売り込み口上を受け売りし、「株式市場は平均して九パーセントの割合で上昇している。それは歴史を見ればわかる」といった話を繰り返すばかりだった。

この彼らの言葉こそまさに、洗練されていない投資家たちをおびき寄せるための売り込み口上だ。プロの投資家は市場が上がりもすれば下がりもすることを知っている。市場の平均上昇率を引き合いに出したこの話を聞かされると、私はたいてい「平均をあてにして投資するのは平均的な投資家だけです」と応じる。私がよく使うもう一つの返事の仕方は、「メイン州の一年の平均気温は摂氏二十一度ですが、だからといって、一月でもセーター一枚でいいというわけではありません」と、たとえを使うやり方だ。この二つ目の返事は、たいていは彼らの理解の範囲をはるかに超えていて、誰もわかってくれない。

●商品市場と株式市場

一九九六年、株式市場が上昇を始めた時、私は金、銀、天然ガスなどの商品に投資を始めた。銀行員の友人はその時、投資信託と株式市場のすばらしさに突然目覚め、すっかりその信者になっていた。そして、普通株を買わずに商品に投資する私の気が知れないと、質問攻めにした。それに対する私の答えはこうだった。「市場は二十年のサイクルで動くからだよ。商品市場は一九八〇年に下がり始めた。もうじき二〇〇〇年に近づいているから、今は値段がまだ安いうちに買い始めるチャンスなんだ」友人は私の言葉を鼻で笑い、ハイテク関連の投資信託を買い続け、二〇〇二年に入ってからもその方針を変えなかった。そして、「安値で買え」「ドルコスト平均法を使え」といった株式ブローカーのアドバイスを信じ、トレンドに逆らい続けた。株式市場が大幅に下がる中、彼がやっと買うのをやめ、自分がサイクルの変化に逆らって戦っていることに気付いたのは、ほとんどすべてを失ったあとのことだった。前に、トレンドには二〇一一〇一五のサイクルがあるという話をしたが、次の章から始まる本書の第二部では、そのことについてもっと詳しく説明したい。

投資の対象となる「商品」とは、金、銀、豚肉、トウモロコシ、コーヒー、ガソリン、灯油など、主に農・鉱業産品で品質が標準化された有形商品を指す。学生時代、船上で過ごした一年の間に、私は株式市場のサイクルと商品取引市場のサイクルとの関係について学び始めた。その時私が学んだことの一つは、株価が上がったら、株式市場から手を引き、次の市場を探し始めろということだ。時の翁がもたらすサイクルに敬意を払いつつ投資するというのはこういうことを指す。

あとでもっと詳しくお話しするが、市場は確かに二十年のサイクルで動いているように見える。一九七三年、株式市場は下降を始め、この傾向はおよそ十年続いた。そして十年後の一九八三年、商品市場が暴落した直後——特に目立つのは一九八〇年の金と銀の暴落——、株式市場は上向きに変わり、二〇〇〇年には最高値を記録した。株式市場が上昇している間、賢い投資家の多くは商品市場に移動した。なぜか？それは時の翁がすべての市場に用意したサイクルがそうなっているように見えるからだ。さて、ここで考えてみよう。投資信託に投資していた人たちのお金を取ったのは誰だろう？株式ブローカか、それとも時の翁か？

●未来を見せる水晶玉

未来を占う水晶玉をのぞいてみたかったら、人口統計を見ればいい。それを見ると、ベビーブーマー世代の部分が大きく膨れ上がっているのがわかる。一九七〇年代、この世代は学校を卒業して労働市場に足を踏み入れ、結婚し、家庭を持ち、自分たちの住む家を買い始めた。この時期に住宅の値段が大幅に上がったのはそういった動きがきっかけだった。一九九〇年代、彼らが四十代から五十代に達すると、株式市場はその影響をもろに受け、史上最大級のバブルが訪れた。二〇一〇年、この世代が引退を始める時期には、再び多くの市場で急騰や暴落が引き起こされるだろう。この時、問題となるのは「この世代は何を求めて、どこに移動するか？」ということだ。この答えを早めに見つけられれば、あなたは経済的に楽な暮らしができるようになる。二〇三〇年になれば、彼らの多くがどこに行こうとしているか見極めるのは簡単になるだろう。ここでも二十年サイクルで動くトレンドに注意することが大事だ。今回の場合、トレンドは人口構成の変化によって引き起こされる。ありがたいことに、私たちはみんな長生きして、もしかすると百歳以上まで生きるかもしれない。そうすれば、また新たな好景気が訪れる！

金持ちになりたい人は急騰がいつどこで起きるかを見極め、急落の起きそうなところを避ければいい。人口統計を見ることは、水晶玉に映った未来を見るのと同じだ。『金持ち父さんの予言』を書いた時、私はもっぱらこの「人口統計」という名の水晶玉をのぞきんだ。そこまではよかったが、問題は、先に待ち受ける問題がこれほど大きいとは思ってもみなかったことだ。年金プランが資金不足に陥っているのはベビーブーマー世代に限ったことではない。多くの企業で同じ事態が起こっているし、連邦政府の財政も資金不足、もっと正確に言うなら借金漬けに陥っている。

●時の翁に敬意を払う

偉大な投資家になるには、時の翁に敬意を払い、時がお金のゲームの得点に与える影響を軽んじることなく、きちんと受け止めなければならない。あなたが注意を払うべきサイクルとトレンドには次のようなものがある。

チャンスの窓

先日ラジオで、いわゆる「投資の専門家」がインタビューを受けているのを聴いた。一人の専門家はこう言っていた。「ウォーレン・バフェットはジャンクボンドに投資しています。だから私もお客様に同じことをするように勧めるんです」

その言葉に対し、もう一人のアドバイザーがこう言った。「ウォーレン・バフェットがジャンク・ボンドに投資していたのは去年です。今年はそこから手を引いていますよ」

これがチャンスの窓の一例だ。株式市場が好調を続けていた時、多くの投資家がウォーレン・バフェットのことを引き合いに出し、株式に投資し始めた。本書の最初の方でも触れた通り、ウォーレン・バフェットは、何百万人もの新米投資家たちが市場に殺到したのと同じ時期に、そこから手を引いていた。「時は誰のことも待たない」とよく言われるが、チャンスについても同じことが言える。

人生は変わる

人生におけるお金のゲームを四つのクォーターに分けるという金持ち父さんの考え方がとても大きな意味を持っている理由の一つは、人生は変わるからだ。私の友人の中にも、四十五歳頃まではとても羽振りよくやっていたが、「中年の危機」に襲われて人生が変わってしまった人たちがいる。中には仕事をやめた人もいるし、やめた方がいいのにやめなかった人もいる。また、離婚してすべてを失った人もいるし、それを二度以上繰り返した人も何人かいる。友人の一人は障害を抱えるようになったが、傷害保険が利用できなかった。今、多くの会社がダウンサイジングを進める中、本来なら仕事の人生にピリオドを打っていていい時期にゼロから始めようとしている人がたくさんいる。

今ほどファイナンシャル教育が大事な時期はこれまでになかったと私が言う理由は、すべてがこれまでにないほどのものすごい速さで変化しているからだ。何年も前、金持ち父さんはキャッシュフロー・クワドラントの図を描いて私にこう聞いた。

「人生の終わりに到達した時、きみはどのクワドラントにいたいかい?」

クワドラントの図を見ながらしばらく考えたあと、私は「もちろん、Iクワドラントにいたいです」と答えた。

すると金持ち父さんはこう言った。「Iクワドラントで人生を終えたいと思うなら、そこからスタートしたらいいんじゃないかい?」金持ち父さんがボードゲームのモノポリーを使って少年の私に投資について教え始めたのはそのためだった。お金のゲームの第一クォーターの惨状から私が立ち直ることができた理由の一つは、Iクワドラントの技術を持っていたからだ。本書の第二部では、どのようにしたら多くのお金を危険にさらすことなく投資家の技術を身につけることができるか、そのアイディアをいくつか紹介したい。

今、もっと仕事が必要だと主張する政治家やジャーナリストが大勢いるが、私に言わせれば、私たちには仕事以上のものが必要だ。つまりもっとファイナンシャル教育が必要だ。ほかの本にも書いたが、仕事は長期的な問題に対する短期的な解決でしかない。ここで言う長期的問題とは、金銭的にどうやって生き延びるかという問題、特に、仕事をしない状態、仕事ができない状態、あるいはすべてを失いゼロから再出発しなければならない状態でどうやって生き延びるかという問題だ。

今日私たちが直面している大きな問題は、学校がクワドラントの左側、EとSの側だけに焦点を合わせていることだ。私たちはもっとIクワドラントに焦点を合わせた教育をし始める必要がある。

サイコロを振った時、いつも勝つことを期待するな

一度幸運に恵まれたおかげでお金を失う投資家は大勢いる。株式市場が好調だった時、多くの新米投資家が幸運に恵まれてお金を儲け、そのあと損をした。そして、その後も、もう一度幸運が戻ってくるのを期待してさらに投資を続けたが、負けるために続けたようなものだった。

私が特につらい思いをして学ばなければならなかったことは、一回投資して儲けたからといって、たとえ同じような投資をしたとしてもまた儲かるとは限らないということだ。

市場は時の流れとともに動くことをよく覚えておこう。長期の投資を目指して買い、持ち続け、祈れというのは、市場が方向を変えたりサイクルが変化している時、例えば株式市場から商品市場へと流れが移っている時には、見当違いのアドバイスだ。

今日頭がいいというだけでは、明日もそうだとは限らない

社内のミーティングの時、私はよくスタッフみんなの顔をながめる。スタッフのほとんどは二十代から三十代だ。そして、こんなふうに言う。「今もし私が仕事を探しにやってきたら、私は自分を雇わないだろう

な」今の時代の大きな問題は、年齢や人種による差別ではなく、テクノロジーの面での差別だ。簡単に言うとこうだ。私は自分を雇いたいと思わない。なぜなら、テクノロジーの面で遅れているからだ。私は自分が雇われる側ではなく会社を所有する側で本当によかったと思う……。

恐慌はまたやって来る

前にも言ったが、歴史的に見ると、七十五歳まで生きる人は大きな不景気を一回、一時的な景気後退を二回経験する。一番最近の大きな不景気は一九三〇年に始まった。つまり、私がこれを書いている今現在、七十年以上不景気は訪れていない。だから、いつ来てもおかしくないのだ。一九三〇年代、連邦政府は貸付を引き締める政策をとったが、多くのエコノミストが、そのせいで不景気がひどくなったと主張している。この間違いから学んだ財務省は、二〇〇一年には、貸付を引き締める代わりに市場にお金を放出し、安く、簡単にお金を借りられるようにした。今の私たちの経済社会は、お金を持ちすぎている人と、まったく持っていない人がいる社会だ。一度に何百万ドルものお金を投資する投資家たちがいる一方、職を失い、食べ物を求めて列を作る人たちもいる。大きな不景気が再び襲って来るとしたら、その時、あなたはどちらのグルー

⑨人生の終わりにあなたはどのクワドラントにいたいか

プに属していたいだろうか？　お金のないグループだろうか、それともお金のあるグループだろうか？

●時間とお金

金持ちがどんどん金持ちになる理由の一つは、労働者の賃金が時の翁の動きについていっていないからだ。前にも取り上げたが、ニューヨークタイムズ紙は平均的な労働者の給料とCEOの給料の増加状態を比較した記事を掲載したことがある。それによると、平均的な労働者の給料は一九七〇年の三万二千五百二十二ドルから一九九九年の三万五千八百六十四ドルに増えている。二十九年でおよそ十パーセントの増加だ（インフレの影響を考慮し、ドルの価値を一九八八年に換算した場合）。一方、フォーチュン誌のランキングで上位百位までのCEOの平均実質報酬は、同じ時期に百三十万ドルから三千七百五十万ドルに増えている。つまり、だいたい三十年の間に、労働者の給料はおよそ十パーセント、CEOの給料は二千八百パーセント上がったということだ。これは時間的にも、金銭的にもとても大きな違いだ。つまり、労働者の給料はほんのわずか上がるのに時間がかかりすぎ、CEOの給料は経過した時間に比べて上げ幅が大きすぎる。

●時の翁は誰のことも待たない

私たちが好むと好まざるとにかかわらず、時の翁は進み続け、変化する。時の翁が引き起こす変化やサイクルを無視し、ただ買って、持ち続け、祈るのはとても危険だ。ベビーブーム世代の多くの投資家たちが、先に進み続ける時の翁の姿が目に入らないという、ただそれだけの理由で、いつまでも引退できない状況になるのは、かなり確実だと思われる。金持ち父さんが言っていたように、「投資家はみんな、いつ花が咲くか、そして、それがいつまで咲いているかを知る必要がある」。

本書の第二部では失われた時間をどのようにして埋め合わせをするかについてお話しするつもりだ。

シャロンから一言

高齢化する国家が抱える財政危機について、私たちはよくさまざまな話を耳にする。合衆国国勢調査局は「アメリカの六十五歳以上」と題された調査報告を発表しているが、それによると、すべての年齢層で最も速いスピードで増えているのは八十五歳以上の年齢層だ。

最新の二〇〇二年のデータによると、六十五歳以上の高年齢者の人口は三千五百万人、つまりアメリカの総人口の十二・五パーセント、およそ八人に一人が六十五歳以上だ。だが、二〇三〇年までにその数は倍以上になる、つまり人口の二十パーセント以上が六十五歳以上になると言われている。

このような高齢者の絶対数の増加と、今後も続くであろう平均寿命の伸びを考えに入れた場合、アメリカの社会保障システムが直面するであろう危機、それが『金持ち父さんの予言』のテーマだ。ロバートは八千三百万人のベビーブーマーが今五十五歳に差し掛かり、数年後には引退し始めることを指摘している。社会保障による彼らへの給付を月千ドルとしたら、毎月八百三十億ドルをアメリカの社会保障システムから支払わなければならないことになる。

このことと、確定拠出年金プランへの移行や確定給付年金プランの抱える経済的苦悩、低金利、落ち込む株価、そして一般にはびこる市場への恐怖感などが一緒になって、今、経済的な大惨事を生み出しつつある。私たちに今必要なのは、自分のファイナンシャル・ライフと未来を自分でコントロールし、会社や政府に面倒を見てもらおうとあてにしないことだ。私たちはいやがおうでもそのための行動を今すぐ始めなければいけない。

第二部 投資家に聞く

質問「一万ドルを一千万ドルに変えることができるか?」
答え「できる。望むならそれ以上にも……」

●四つの理由

「だれでも一万ドルを一千万ドルに変えることができるか?」という質問に対する答えは明らかに「ノー」だ。だが、そうしたいという強い願望と適切なアドバイスがあれば、もっとたくさんの人にとってそれは可能になる。これから始まる第二部ではそのためのアドバイスを紹介する。ただしその前に、ぜひ言っておかなければならないことが四つある。それはとても微妙でわかりにくいが単純なこと、つまり、力のある「パワー投資家」になれない人がこれほど多い理由だ。

次の第十章では、まずこの四つの理由についてお話しする。

第十章……パワー投資家になれない人がいる理由

強力な「パワー投資」を実現するために私が使っている方式を紹介する前に、そういった投資ができるパワー投資家になれない人がいる理由について説明しよう。

次に挙げるその四つの理由はどれもたがいに関係し合っている。

理由❶「できない」と言ってしまうから

ハイスクールに通っていた頃、放課後、金持ち父さんに会いに行ってこんなふうに言ったことがある。

「科学の先生が、構造的に見てマルハナバチは飛べないはずだって言っていました」

金持ち父さんの答えはこうだった。「ふーん、先生がマルハナバチにそのことを言わないといいね」

●「ここではそれはできない」

二〇〇三年八月、私は南アフリカのケープタウンの路上を車で走っていた。あの町は、世界で最もめざましい発展をとげている都市の一つだ。私がそこに行ったのは、アフリカで最大級の銀行でスピーチをするためだった。港に沿った通りを走っていた時、後部座席に一緒に座っていたその銀行の人がこう言った。「あなたの本はすばらしいです。不動産に投資して不労所得を手にするという考え方はとても気に入りました。あなたの国では本当にいい考え方だと思います。でも、ここではそれはできません。金利が高すぎて、あなたがおっしゃるようなやり方ではお金は儲けられません。ここでは不労所得からプラスのキャッシュフローを得るのは不可能なんです」

その時車は、私がそれまでに見た中でも五指に入るような、大規模な不動産開発地区の間を縫って走っていた。そこで行われていた商業地区や住宅地区の開発は、どれも世界的にも一流のデザインで、革新的であり、土地を実にうまく使っていた。私はしばらく何も言わず考えをまとめてから、深く息を吸い込み、自分を招待してくれた相手に失礼にならないように、できるだけ礼儀正しくこう言った。「確かにあなたはケープタウンで不動産で儲けることはできないかもしれません。でも、ご心配にはおよびませんよ。そうできる人はほかに必ずいますから」

マルハナバチが飛べる理由の一つは、自分は飛べるはずがないことを本人たちが知らないからだ。これほど多くの投資家が、大金を生むすばらしい投資対象を見つけられないでいる理由の一つは、「ここではそれはできない」とか「私には買えない」「値段が高すぎる」などと言ってしまうことが多いからだ。これらの言葉に限らず、何であれ、ほかの人がやっているのにそれが自分にはできないことを正当化するための理由を並べ立てる人にはすばらしい投資は見つけられない。

●自分で自分の可能性をつぶす

ヘンリー・フォードが言ったとされる言葉通り、「本人ができると思えばできる。できないと思えばできない。どちらにしてもその人が思ったことは正しい」。

車がケープタウンの路上を走っている間、銀行の人は私の考えがそこでは通用しない理由を説明し続けた。「不動産の値段がこの三年間にものすごく上がってしまったんです。自分が住む家を買うのだって大変なのに、賃貸不動産に投資するなんてとんでもないですよ。投資に関するあなたの考えがこの町ではうまくいかないと私が言うのは、それだからです」

単調にしゃべり続ける銀行家は放っておいて、私は視線を車の窓の外に移した。私には、ケープタウンが世界のどんな大都市にもひけをとらず、そこでたくさんのお金が生み出されているのがわかった。ケープタウンや南アフリカが、消極的な投資家に気後れさせるような問題を抱えているのは確かだ。だが、投資家たちのお金が流れ込んできていることははっきりしていた。そこでは、大勢の人が大金持ちになりつつあった。それなのに、私を招待してくれた銀行の人は、否定的な考え方を省みることもなく、現実のほんの一部を見て判断を下し、自分で自分の可能性をつぶしていた。その日、私は彼と五時間一緒にいたが、その間に何度「できない」という言葉を聞かされたことだろう……。

●「できない」というのは簡単

私がアカデミーを卒業すると、金持ち父さんは私と話す時、直接的な表現をとるようになった。前ほどていねいではなくなり、慎重に言葉を選んだりもしなくなった。私に速く学んでもらいたいと思っていたから、子供の頃の私に対するように嚙み砕いた話し方をしなくなったのだ。

ケープタウンの銀行家が、不動産に投資してお金を儲けるのがいかにむずかしいか、その理由をあれこれ説明している間、私の頭には金持ち父さんの言葉が浮かんできた。「貧乏な人や怠け者は成功する人より、『できない』という言葉をよく使う。彼らが『できない』という言葉をよく使うのは、『できる』と言うより簡単だからだ。『それはできない』と言ってしまえば、たとえ本当はそれができても、やらなくてよくなるんだから」

視線を窓の外から銀行家の方に移すと、彼も話しながら窓の外をながめていた。そんな彼の姿を見ているうち、私はこの人が金持ちになるチャンスを失っているのは、ばかだからでも無能だからでもない、怠け者だからだと思い当たった。彼にとっては「ここではそんなことはできない」と言う方が「できる」と言うよりずっと簡単だった。だから、誰かがそれを実際やっているのがはっきり目の前に見えているのに、「できない」と言い続けたのだ。

●怠け者はせっせと働く

金持ち父さんはよくこう言った。「行き着くあてがないまませっせと働き続けるのは簡単だ。一つの会社に勤め続け、給料があまり上がらないことを上司のせいにするのも簡単だ。『私には買えない』と言うのも簡単だし、『それはできない』と言うのも簡単だ。自分がお金のことで困っている原因を夫や妻、子供たちのせいにするのも簡単だ」金持ち父さんはこうも言っていた。「せっせと働く怠け者はたくさんいる。彼らが働き続けるのは、違うことをするよりせっせと働き続ける方が楽だからだ」

投資に関して金持ち父さんはこう言っている。「多くの人はよく知りもしない赤の他人にお金を預け、なぜ利益が上がらないのだろうと不思議がる。また、すばらしい投資を見つけるのは簡単なはずだと思っている人もたくさんいる。そういう人は、いい投資がそこいらにころがっているとか、自分に与えられて当然だとか思っているように見える。現実に目を向ければわかるが、悪い投資を見つけるのは簡単だ。世の中には悪い投資を売りつけようとする人がうようよしている。自分のためにお金をせっせと働かせたいと思っている人は、怠けている暇はない。怠け者はやる気のある人たちが避けた投資にお金を注ぎ込む。

せっせと働く人が怠け者だと私が言うのは、嫌味を言うためではない。金持ち父さんから学んだ教えの中で一番大事な教えをみなさんに伝えるためだ。その教えとは、「できない」という言葉の持つ力についての教えだ。金持ち父さんはこう言った。「できないという言葉は強い人間を弱くし、目の見える人を見えなくし、幸せな人を悲しませ、勇者を臆病者にし、天才から頭のひらめきを奪い、金持ちに貧乏人のような考え方をさせ、すべての人間の心の中に住む偉大な人間が成し遂げられるはずのことを小さくしてしまう」

●破産した百万長者

最近私は、金銭的に苦労している一人の女性についての記事を読んだ。記事の見出しは「破産した百万長者」となっていた。この女性は七十歳で、アイビーリーグの一つの名門校の法科大学院を卒業し、弁護士として成功を収めた。引退後、彼女は持っていた株式や投資信託をすべて売り、現金を持っていることにした。「市場が暴落した時、私は自分の賢明さに感心しました。なぜなら、友達の多くは損をしたのに私は損をしなかったからです。損をするどころか、その時私は百万ドル以上の預金を持っていて、五パーセント近い利子をもらっていました。つまり、年に五万ドル近い生活費を利子として受け取り、それとは別に社会保障給付金として二万二千ドルをもらっていたんです。私はもう安泰だと思っていました。引退して八年後の今、預金の利子は一パーセント以下です。つまり、五万ドルの利子が一万ドル以下になってしまったんです。数字の上では確かに私は今も百万長者ですが、生活費の帳尻を合わせるのに苦労しています。近いうちに預金の利率が上がってくれなければ、元金を引き出し始めなければならなくなるでしょう。それは、たとえ私が運良く健康に恵まれ長生きできたとしても、破産してしまうかもしれないということを意味しています」

この女性に対する金融の専門家の答えは、私が予想していた通りだった。「あなたは正しいことをしてきました。でも、今は市場に戻るべき時です。ポートフォリオを多様化し、うまくお金を割り振り、賢く投資すれば、あなたは年平均五パーセントの利益を得られるでしょう」

このアドバイスは、この女性のファイナンシャル教育のレベルを考えれば適切なアドバイスと言えるが、収益率が五パーセントというのはいい投資と呼ぶには程遠い。ファイナンシャル教育を少し身につけ経験を積めば、彼女にも十五パーセント、それどころかそれ以上の収益率を上げることも可能なはずだ。つまり、今彼女がこのように高い収益を得られない理由は、教育と、「教師」に問題があるからだ。これを例えを使って言い換えるとこうなる——多くの人は、自分も「飛べない」と思っている教師から、飛ばないでいることを習っているマルハナバチのようなものだ。

●四つの家……そして一つの赤いホテル

私が九歳の時から、金持ち父さんは金持ちになるための原則を私に教え始めた。その教育は簡単な教えから始まり、次にモノポリーを何時間も一緒にやってくれた。金持ち父さんは私に何度もこう言った。「偉大なる富を手に入れるための方法はこのモノポリーのゲーム盤の上にある。その方法とは、まず四つの緑の家を買い、次にそれと交換に一つの赤いホテルを手に入れることだ」次に、その教えの最終段階として、金持ち父さんは私を外に連れ出し、自分の緑の家、つまり賃貸用不動産を実際に見せてくれた。

一九六七年、私がアカデミーに通っていた頃、金持ち父さんは現実の世界で「四つの緑の家」を売り、ワイキキビーチで最大級のホテルを買った。そのホテルは赤くはなかったが、当時十九歳だった私には、マルハナバチがなぜ飛べるか、そして金持ち父さんが十年の間になぜこんなに金持ちになれたかよくわかった。

二〇〇三年六月、私は金持ち父さんの息子のマイクと一緒に、金持ち父さんのホテルがかつて建っていたワイキキの海岸沿いを歩いた。ホテルはもう取り壊されていて、さらに大きなホテルが建っていた。新しいホテルの所有者は大きな保険会社で、金持ち父さん一家は建物自体は所有していなかったが、ホテルの敷地を保険会社に一括貸しするマスターリース契約をコントロールできる立場にあった。そこから得られる地代は途方もない額だった。マイクはこう言った。「この土地は今では値段がつけられないと言ってもいい。父さんはゼロから始めたけれど、プランと展望と夢を持っていた。子供の頃からモノポリーで遊び始め、それをやめなかったんだ。『現実の世界でモノポリーはできない』と父さんに言う人はいなかったんだ」

マイクが足を止め、店子として入っている店の主人と話をしている間、私の頭には昔のことが浮かんできた。そして、父と母がこう言うのが聞こえた。「くだらないモノポリーゲームなんかさっさとしまって、宿題に戻りなさい。いい成績がとれなければ給料の高い仕事には就けないんだから」マイクと二人で海岸沿いを歩き続けていると、マイクがこう言った。「父さんに『モノポリーは子供のためのゲームにすぎない』と言う人が誰もいなかったのは、ぼくにとってもラッキーだった」

うなずきながら私は心の中でこうつぶやいた。「マルハナバチに『お前は飛べない』と言う人がいなかったのもね」

理由❷ 簡単なことをむずかしくしてしまうから

「金持ちになる鍵は物事を簡単にすることにある」ある日、マイクと私にビジネスについて教えてくれている時、金持ち父さんはそう言った。「学校の先生がビジネスをやっている人より稼ぎが少ないのは、今の学校システムのそもそもの目的が、簡単なことを取り上げてむずかしくすることにあるからだ」金持ち父さんの言いたいことがよくわからなかった私は、もっと詳しく説明してくれるように頼んだ。金持ち父さんはすぐにこう答えた。「学校は、例えば1＋1を単純な算数から高等数学に変える。簡単なことをむずかしくするというのはそういう意味だよ」

私にとって、学校は常に恐ろしい場所だった。新しい学年が始まるのがいつも怖くてしかたがなかったように思う。それは、次の学年の方が今より勉強がむずかしくなるのがわかっていたからだ。今でも覚えているが、小学校に通っていた頃、ハイスクールはこれよりずっとむずかしいぞとよく言われた。そして、ハイスクールに入ると、今度は大学はこれよりずっと大変だぞと言われた。私にとって、学校とは人生をつらいものにする場所以外のなにものでもなかった。

金持ち父さんが言った「ビジネス」と「学校」の意味の違いがまだよくわからなかった私は、「じゃあ、ビジネスは複雑なことを取り上げ、それをより単純にするってことですか？」と聞いた。

金持ち父さんはうなずきながら答えた。「その通りだ。ビジネスの目的は生活を単純にすることで、むずかしくすることじゃない。生活を楽にしてくれるビジネスが一番お金が儲けられるビジネスなんだ」

「例を挙げてもらえますか？」

「いいとも。自動車産業がこんなに儲かっているのは、自動車が人を一つの場所から別の場所へより楽に移動させてくれるからだ」

「歩くより楽にということですか?」

「その通りだ。生活を楽にしてくれるから、それを手に入れるために喜んでお金を出す人が大勢いる」

「飛行機も同じことですね」私はそう付け加えた。金持ち父さんが教えようとしていることが少しずつわかってきた。

「電話、スーパーマーケット、電気会社などもそうだ。彼らがお金を儲けているのは、生活をより楽にしているからだ」

「で、学校は生活をより大変なものにしている?」

「そうだよ。学校は単純なことを取り上げて、それをどんどんむずかしくする。金持ちになりたかったら、むずかしいこと、大変なことを取り上げて、それを単純に、簡単にする方法を学ばなくちゃいけない。人々のために生活をより楽にする。このことに焦点を合わせれば、きっと大金持ちになれる。きみが手助けして生活を楽にしてあげられる人の数が多ければ多いほど、きみは金持ちになるんだ」

金持ち父さんのルールはこうだ。「お金は生活を楽にする人のところに流れる」

●**投資が楽にできる**

株式市場に人気がある理由の一つは、簡単に投資ができるからだ。株式市場は一つの会社を取り上げ、それを数多くの株式に分割し、人々がその会社の一部を買いやすくしている。

投資信託がこれほど多くのお金を引きつけている理由の一つは、人々がどの株式を買うか決める手間を省き、簡単に買える仕組みだからだ。あなたは投資信託を買い、ファンドマネジャーが選んだ株が成長株であることを願ってさえいればいい。

お金は生活を楽にする人のところに流れるという金持ち父さんの教えが理解できれば、株式市場を動かしたり投資信託を運営したりしている人たちこそが金持ちになれる人で、かならずしもそこにお金を投資している人が金持ちになるのではないことがわかると思う

株式市場と投資信託は投資のプロセスを楽にするだけでなく、金銭的にも投資を私たちの身近なものにする。私たちは毎月五十ドルだけ投資しようと決めることもできる。やらなければいけないのはそれだけだ。不動産やビジネスの場合のように高額な頭金を集めることも、銀行からお金を借りるために自分の信用格付けが高いことを証明する必要もない。お金を渡しさえすればそれで終わりだ。

株式市場が暴落しても投資信託会社はお金を儲ける。それはたとえ顧客の投資家たちが損をしたとしても同じだ。株式市場暴落の時、株価の急落とともに投資信託の価値も下がったが、投資信託会社は管理料を取り続けた。なぜか？　それは彼らが投資を簡単にできるものにしているからだ。

●投資は一連のプロセス

ここで取り上げている四つの理由はどれもたがいに関連している。例えば、「私にはできない」とよく言う人と、簡単な投資方法を探す人とは同じ人であることが多い。

ある日、いつものように投資について教えてくれていた時、金持ち父さんはこう言った。「多くの人がすばらしい投資は木に実っていて簡単に手に入ると思っているように私には見える。彼らは投資は簡単なはずだと思っている。多くの人は、自分のお金を魔法使いに渡すだけで、魔法が働き、一夜にして金持ちになれると思っている。実際は、投資は一つの継続したプロセスだ。つまり、投資を探し、交渉し、資金を集め、人とお金を管理するという一連のプロセスだ。投資に関する限り、険しい道をとる人が結局は楽な人生を送る。反対に楽な道をとる人はたいていの場合、困難な人生を送る」

この理由②から次の理由③が出てくる。

理由❸
金持ちは人が貧乏でいるのを楽にするから

クレジットカードを手に入れるのがどんなに簡単か、あなたは考えたことがあるだろうか?「悪い借金」をするのがどんなに簡単か、あなたは考えたことがあるだろうか?

資産を築こうと奮闘していた頃、キムと私はよく銀行の人ともめた。それは私たちがあまりに多くの投資用不動産を持っていたからだった。不動産はどれもプラスのキャッシュフローを生んでいたが、それでも銀行は貸付の一部を断ってきた。その理由は私たちの「いい借金」が多すぎたからだ。銀行は、何百万ドルもの価値のある私たちの投資ポートフォリオのことを心配する一方で、新しいクレジットカードを作ることを勧めたり、新しい車を買うお金を貸そうと持ちかけたりしていた。つまり、銀行は私たちのいい借金が多すぎると心配しながら、それと同時に、もっと悪い借金をしろと勧めていたのだ。これはなぜだろう?

二〇〇三年に入ってすぐ、いつも私たちが使っているモーゲージ(抵当貸付)ブローカーが電話をしてきて、自宅を抵当にしたホームエクイティローンを使って現金を三十万ドルほど増やしたくないかと聞いてきた。金利がとても低くなっていたので、そのお金を借りても、毎月の返済額は前と変わらなかった。

ところがこのブローカーは、私たちが所有する賃貸用のアパートのエクイティ(純資産部分)を抵当にして二十五万ドルの再融資を受けたいと言った時にはなかなか首を縦に振らなかった。私たちは結局ほかのブローカーからお金を借りたが、最初のブローカーが、負債である自宅を抵当にした貸付は熱心に勧めたのに、資産を抵当にした貸付にはいい顔をしなかったというのはなかなか面白い話だと思う。彼はなぜそうしたのだろうか?

もう一つ面白い話がある。それは、個人向けのマネー雑誌の多くが、読者に二軒目の別荘を買うように勧める、つまり「お金がかかる」家を新たに買うように勧めるのに、「お金を生み出す」投資用の不動産を買うようには勧めないことだ。これはなぜだろう？　次の章からパワー投資についてお話しするが、そこを読むと、この疑問はもっと興味深いものになる。なぜなら、たいていの金持ちは不動産を使って金持ちになったか、不動産の形で資産を蓄えているからだ。それに、不動産市場は株式市場よりもずっと大きい。ではなぜ、これほど多くのお金の専門家たちが不動産投資に反対し、株式や債券、投資信託といった、もっと簡単な投資を勧めるのだろう？

理由❹
保証のないまま投資するから

将来そのお金がそこにあるという保証が何もないまま、大金ではないとはいえ毎月いくらかの金額を払い続ける投資家たちがこれほど多い理由は何だろう？　なぜ、これほどたくさんの投資家が、お金を儲ける代わりに損をしてもいいと思っているのだろうか？　平均的な投資家たちの多くが、将来お金を儲けられるかどうか、保証のない賭けをしている一方で、パワー投資家たちは明日ではなく今日の収益に対して保証を求める。

この先の章で、株式ブローカーがもうじき七十五ドルに上がると言っているから、今五十五ドルの株式を買いたいと言っていた女性の話を取り上げるが、ここで問題なのは、なぜこれほど多くの人たちが簡単にだまされ、嘘を信じて投資してしまうのかということだ。その答えはこの理由④にある。

多くの人がパワー投資家になれない理由の四番目は、彼らがだまされやすく、未来について何か約束されるとそれをあてにして投資してしまうからだ。なぜそのような投資家が多いかというと、今収入をもたらしてくれるいい投資がなかなか見つからないからだ。

前にも言ったように、四つの理由はたがいに関連している。人が「私にはできない」「私にはいい投資が見つけられない」などと言った時、すべてが連動し始める。今収入をもたらしてくれる投資を見つけられないとなると、人は楽な解決策に走り、将来支払ってもらうまで待つのでもいいと思ってしまう。

パワー投資家になりたいと思っている人は、嘘に投資していてはだめだ。保証に投資しなければいけない。本書の後半では、パワー投資家がどのようにして保証のある投資を行うか、その方法を紹介する。

シャロンから一言

人がパワー投資家になるのを妨げている四つの理由を振り返ってみよう。

理由① 「できない」と言ってしまうから

ここまで読んできて、「ロバートがそう言うのは簡単だ。でも私にはそんなことはできない！」と思っている人もいるかもしれない。『金持ち父さん　貧乏父さん』の中でロバートは、実の父親である貧乏父さんがいつも「私には買えない」と言っていた話を取り上げている。一方、金持ち父さんは、ロバートが「私には買えない」と言うことを禁じ、その代わりに「どうやったら買えるか?」と聞くように指導した。「できない」という言葉は頭と心の扉を閉ざすが、「どうやったらできる?」という言葉はその扉を開く。

理由② 簡単なことをむずかしくしてしまうから

金持ち父さんはこう言っていた。「お金は生活を楽にする人のところに流れる」

生活を楽にするような投資を作り出すことは、はじめはそう簡単ではない。でも、一度それを作り出してしまえば、お金が自然に流れ込んでくるようになる。

今から言うことは矛盾しているように聞こえるかもしれないが、よく覚えておいて欲しい。金持ち父さんはこうも言っていた。「投資に関する限り、険しい道をとる人が結局は楽な人生を送る。反対に楽な道をとる人はたいていの場合、困難な人生を送る」今時間をかけて投資用資産を作り出せば、あなたの人生はあとになってずっと楽になる。

理由③　金持ちは人が貧乏でいるのを楽にするから

いい借金（稼動中の投資からの収入で返済できる借金）より悪い借金（クレジットカードのように、あなた個人のお金を使って返済しなければならない個人的借金）をする方がずっと楽だ。個人的な借金の量は今、史上最高を記録している。

理由④　保証のないまま投資するから

ここでまた、今実際にプラスのキャッシュフローがある資産に投資することと、将来のキャピタルゲインの約束をあてにして投資することの違いが登場する。

さあ、パワー投資家になるための投資戦略を妨げるこれら四つの理由を克服する覚悟があなたにもできただろうか？

第十一章……パワー投資の力

「パワー投資って何ですか?」私は金持ち父さんにそう聞いた。

金持ち父さんはこう答えた。「それは、三つの種類の資産をすべて使い、キャッシュフローを再投資し、OPM、つまり他人のお金でレバレッジを効かせ、税金の優遇措置で加速させた投資のことだ」

「むずかしそうですね」

「だから、パワー投資を利用する投資家がこんなに少ないんだ。自分のお金に対するリターンを加速させられる投資家がこんなに少ないのもそのせいだ」

●三つの資産

前にも書いたように、主な資産には次の三つの種類がある。

1. ビジネス
2. 不動産
3. 紙の資産

投資で儲けられない人がこれほど多い理由の一つは、たいていの人が一つの資産にしか投資しないからだ。パワー投資をするつもりなら、二つか、できれば三つの資産に投資する必要がある。

今の時代、たいていの人は、自宅や別荘への「投資」以外は主に株式、債券、投資信託といった紙の資産に投資するか、CD（譲渡性預金）などの形で現金を持っている。それはなぜだろうか。ここでも答えは前と同じ、「楽だから」だ。紙の資産の人気が高いのは入りやすく出やすいからだ。また、紙の資産では、ビジネスや不動産投資と違って、投資家の側に管理能力はほとんどいらない。

●コントロールを失う

車を運転する時、ドライバーは車についているアクセル、ブレーキ、ハンドルを使って車をコントロールする。紙の資産に投資する時、投資家は自分でコントロールするのをあきらめて、自分よりうまく運転してくれると期待しながら、見ず知らずの人にコントロールをまかせてしまうことが非常に多い。コントロールを放棄するのはとても危険なことだが、それでも、運転の仕方を知らない人にとってはそれが最善の策だという場合が多い。

プロの投資家にとって、紙の資産の大きな欠点は、自分で積極的にコントロールできないので、資産である「ビジネス」に対するコントロールをあきらめなければならないことだ。例えば、私がマイクロソフト社の株を少し持っているからといって、ビル・ゲイツに電話をかけ、あなたはお金を使いすぎているとか、私の投資に対するリターンをもっと増やしてくれとか言うのはむずかしい。でも、自分が所有するビジネスや不動産ならそれができる。私は自分の資産からの売上、経費、税金、そして、その稼ぎで何をするかをコントロールできる。また、ビジネスの中で行なわれているかもしれない誠実とは言いがたい行為も、もっとよくコントロールできる。紙の資産の場合にあきらめなければならないもう一つのことは税の優遇措置だ。これは、たとえ利用できるものがあったとしても非常に限られている。ビジネスを所有したり不動産に投資したりする最大のメリットの一つは、税務当局がそういう投資を歓迎している点だ。

私の考えでは、ビジネスや不動産を管理する技術を持っている人にとっては、その二つの方が紙の資産より投資としてはるかに有利だ。もちろん管理するための技術がなければコントロールは無理だ。わかりきったことだが、ビジネスや不動産を管理する能力がない人がこれらの投資に手を出せば、それは悪夢になりかねない。車の運転の仕方を知らず、アクセルやブレーキ、ハンドルの操作方法も知らなかったら、車の運転はあなたの生命を脅かすものになりかねない。

ビジネスや不動産の方がはるかに有利なのに、これほど多くの人が紙の資産に投資し、コントロールする力を放棄してしまうのはなぜだろうか。私に言わせてもらうなら、この答えも前と同じ、「楽だから」だ。多くの人にとっては、自分のお金を運用する方法を学ぶよりお金のコントロールを人まかせにする方が楽だ。だから大勢の人が、誰が運用しているかさえわからない投資信託でポートフォリオをいっぱいにしているのだ。世の中には忙しい人が多く、彼らにとっては投資信託に投資する方が簡単だ。そうすればお金の扱い方について学ぶことに時間を費やす必要もなく、せっせと働き続けられる。多くの人の場合、投資信託はファイナンシャル・ライフにおける「主食」になっている。

投資信託を買うのはスーパーマーケットで冷凍ディナーの売り場に行くようなものだ。すべて調理済みで、きれいに包装されていてすぐに食べられる。好きな料理を選んでお金を払い、家に持ち帰って電子レンジで温めて食卓に出すだけだ。確かに私も株式や投資信託に投資する。だが、コースのメイン料理ではなくデザートとして利用している。私が紙の資産を使おうと決めるのは、たいてい、お金をすばやく出し入れする必要がある時だ。紙の資産が好きな最大の理由は、その長期的価値よりも、いわゆる「流動性」にある。

不動産やビジネスの大きな欠点は、出たり入ったりするのが非常に面倒でうんざりするし、多くの場合複雑きわまりないことだ。だから私は不動産やビジネスの長期的価値に投資している。

●株式を買うのはデートをするようなもの

金持ち父さんはよくこう言っていた。「株式を買うのはデートをするようなものだ。ディナーや映画に行ってみて、気が合わなかったら玄関で握手をして別れ、二度目のデートはなしだ。一方、不動産を買うのは結婚するのに似ている。たいていの場合、結婚前にまずたくさんデートをする。不動産で言えば、可能な限り多くの物件を自分の目で見る。そして、これぞという物件を見つけたら、銀行で盛大な結婚式を挙げ、その後は腰を落ちつけて成りゆきを見守る。きみとその物件の相性がよくなかったら、結婚生活は悪夢と化し、ストレスばかりでうんざりする離婚手続きをしなくてはならない場合も出てくる」

ビジネスについては、金持ち父さんはこう言った。「ビジネスを構築したり所有したりするのは、三つの資産の中で飛びぬけてやりがいがあるが、ストレスも一番多い。紙の資産への投資がデートするようなもので、不動産を買うのが結婚するようなものだとしたら、ビジネスに投資するのは子連れで結婚するようなものだ」

●ビジネスオーナーの目で世の中を見よう

一九七三年に私がベトナムから帰還した時、金持ち父さんは私に、セールス、起業、不動産投資の三つのやり方を学べと強く勧めた。「金持ちになってすばらしい投資家になりたかったら、他人のビジネスのために働く労働者ではなく、ビジネスオーナーや投資家の目で世の中を見る必要がある」

金持ち父さんの言っている意味がよくわからなかった私はこう聞いた。「不動産に投資するのに、なぜその投資をビジネスオーナーの目で見なければいけないんですか?」

金持ち父さんはにこりとすると、黄色いレポート用紙を取り出し、そこに長方形を描いてこう言った(図⑩)。「農業をやっている人で、この土地を買うのに一万ドルを喜んで出そうという人がいたとする。それ以上支払うと、ビジネス的にこの人は損をする。野菜を育てるビジネスはそれほど儲からず、一万ドル以上でこの土地を買ったのでは割に合わないからだ。つまり、この土地に一万ドル以上支払うと、土地の方が農業ビジネスより高くついてしまい、ビジネスからの収益では土地の代金が払えない」

「でも、不動産開発業者なら、同じ土地に対してもっと支払うことができる」金持ち父さんが言おうとしていることがわかり始めた私はそう続けた「つまり、不動産はそれを使ってビジネスをして、はじめて価値が決まるんですね」

金持ち父さんは話を続けた。「不動産開発業者は、農業をやっている人が一万ドルしか支払うつもりのない土地に十万ドル支払う気があるかもしれない。不動産開発業者がやっているビジネスの方が儲かるから、土地の価値も上がるんだ。不動産開発業者は、同じ物件を違う目で見ているというわけだ」

フランスの作家マルセル・プルーストはこう言っている。「真の発見の旅の本質は、新しい景観を探すことではなく、新しい見方を持つことだ」

第十章で、ケープタウンの街の中を車で移動していた時、私を招待してくれた人が、「少なくともこの街では、あなたが本の中で説明しているような方法で不動産投資をして儲けることは不可能だ」と言ったという話を紹介したが、彼に私と同じチャンスが見えなかった理由の一つは、同じ不動産を見ていてもその見方が違ったからだ。

●チャンスが見えない

一九六〇年代から一九七〇年代にかけて、金持ち父さんには、のんびりとしたハワイの亜熱帯の島々に変化が起こり始めていることが見えていた。今行動を起こさなければおいてきぼりをくらう。そのことが金持ち父さんにはわかっていた。一方、貧乏父さんの目には、自宅の値段が上がっていることしか見えなかった。

それまでずっと、多くの人にとってハワイは夢でしかなかった。ハワイ旅行は金持ちだけがするものだった。しかもたいていは船の旅だったから、カリフォルニアからハワイまで五、六日もかかった。往復の時間も含めて二週間の旅行となると、そのためのお金も時間も持ち合わせていない人が多かった。だが金持ち父さんの目には、ジェット機の時代が始まり、大勢の観光客がハワイにやってくるのが見えた。そうすれば、物理的のみならず金銭的にも人々にとってハワイが身近になる。金持ち父さんには新しい旅客機がすべてを変えることがわかっていたのだ。

これは、農業をやっている人が一万ドルと値踏みした土地に不動産開発業者が十万ドルの価値をつけるのとまったく同じことだ。貧乏父さんは時代の変化を学校教師の目で見ていたが、金持ち父さんはビジネスマンと投資家の目で見ていた。つまり、見方が違っていた。

皮肉なことに、一九六〇年代から一九七〇年代のこの時期、貧乏父さんの方が金持ち父さんよりたくさん稼いでいた。貧乏父さんが給料の高い政府の仕事に就いていた一九六〇年代、金持ち父さんは慢性的にお金に困っていた。余分のお金はすべて、ビジネスを築き、可能な限り多くの不動産を買うために再投資していた。金持ち父さんには安定した給料はなく、お金がすっかりなくなってしまうこともたびたびだったが、それでも自分のやり方を変えなかった。

実際のところ、この時期、金持ち父さんが買っていたような投資物件を買おうと思ったら、どちらかと言えば貧乏父さんの方が有利な立場にあった。なぜなら、高給取りだった貧乏父さんにとって、急騰前でまだ安かった不動産物件を買うために銀行から融資を受けるのは、金持ち父さんより楽だったに違いないからだ。

⑩投資をビジネスオーナーの目で見る

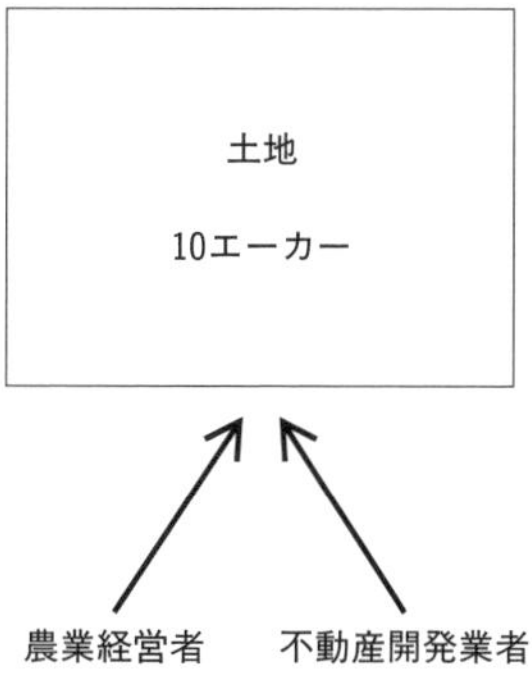

金持ち父さんは、資金繰りのためにあちこちの銀行や投資家のもとを訪れなければならなかったが、あまりお金を持っていなかったし、普通の安定した仕事にも就いていなかったので、信用をとりつけるのは大変だった。

一方、貧乏父さんは有利な位置につけていたのに、結局金持ちにならなかった。その代わり、一生懸命働き、いつも忙しくしていた。そして、安全第一を心掛け、マイホームを買い、お金を貯め、不動産の価格が上昇して自宅の価値が上がるととても喜んだ。そんな状態だった一九六七年のある日突然、ワイキキビーチに建つ大きなホテルを買ったのは、どこからともなく現れた金持ち父さんだった。それを聞いた貧乏父さんは、ただこう言った。「なぜ彼にワイキキビーチのホテルが買えるんだ？　まともな仕事にさえ就いていないのに！」

●欲しいものを何でも手に入れる方法

一九七〇年から一九九〇年代はじめまで、金持ち父さんの個人的な富は飛躍的に増え続けた。一方同じ時期に、貧乏父さんはますます貧乏になっていった。一九七〇年代中頃には、金持ち父さんは倹約生活をしなくてもすむようになり、お金に困ることもなくなっていた。すべての投資からお金がすごい勢いで流れ込んできていたからだ。ワイキキビーチの大きなホテルを所有していた彼は、今度は、そこからのキャッシュフローで、海辺のほかのホテルや商業用不動産を買い始めた。お金を無駄使いせずに再投資を続けたおかげで、彼の儲けはどんどん増えていった。一九七〇年代に入ってから仕事を失くしたのは貧乏父さんの方だった。貧乏父さんは、上司だった知事に対抗する知事候補の副知事として出馬し、選挙で負けてからというもの、州政府のブラックリストに載せられ、勤め口を失った。

一九七三年、私はまだ海兵隊にいてハワイに駐屯していたので、よくワイキキまで車を飛ばして金持ち父さんといっしょに昼食をとった。そして、テーブルをはさんで座り、軍隊をやめる日に備えていろいろ教えてくれるように頼んだ。その頃私はよく、金持ち父さんがどんなふうにしてそこまで行き着いたのか、つまり、ほとんど一文無しの状態から成功までどうやって到達したのか質問した。パワー投資に関する金持ち父さんの意見は前に何度も聞いていたが、それは子供の頃の話だった。成長し、多少知恵もついたところで二人の父親を見比べた私は、金持ち父さんのプランに対してこれまで以上に大きな尊敬の念を抱くようになっていた。そんなある日の昼食の時、金持ち父さんがこう言った。「若い時から私には、このパワー投資プランに従えば、いつか何でも手に入れられるようになるのがわかっていた。欲しいものは何でもだ……ただし、成功すればの話だけれどね」

当時二十五歳だった私は、子供の頃よりさらに金持ち父さんのプランに興味を持っていた。「欲しいものは何でも手に入れられる」と聞けばなおさらだ。それまでにも金持ち父さんのパワー投資プランについて話は聞いていたが、大変すぎると思っていた。でも大人になって、金持ち父さんが所有するワイキキビーチの大きなホテルや、ハワイのほかの島の海沿いの土地を実際に自分の目で確かめられるようになると、前よりずっと本気で興味を持てた。それに何より、大人になった私には、金持ち父さんのプランの方が貧乏父さんが後押しするプランよりもずっとよく見えた。

●第一クォーターでやるべきこと

この時の私はすでに、お金のゲームの第一クォーター、つまり二十五歳から三十五歳の間にまずやるべきことは、ビジネスを築き、不動産に投資し、コース料理のデザートとして紙の資産に投資する方法を学ぶことだと知っていた。第一クォーター、そしてもしかしたら第二クォーターでも、稼ぎはおそらく同世代の仲間よりも少ないだろうが、これらの方法を学ぶことに焦点を合わせ、それをやり続ければ四十五歳から始まる後半戦では裕福になれる。それが私にはわかっていた。

●金持ち父さんのパワー投資プラン

この章では金持ち父さんのパワー投資のためのプランをごく簡単に、ざっと説明する。そして次の十二章から、このプランをうまく働かせるのに役立つ要点をいくつか取り上げ、詳しくお話ししていこうと思う。本当はもちろん、このプランの要点の「すべて」をお伝えすると言いたいところだが、それには、図書館が建つほどの数の本が必要になると思うのでやめにしておく。

私が金持ち父さんのパワー投資プランの活用法を学んだのは、まずコンセプトを理解し、次に外に出て、使い方を習得するというやり方を通してだった。二十五歳の私は、ビジネスを築き運営する方法、不動産に投資し管理する方法、紙の資産への投資の良し悪しを判断し運用する方法をまず学ぶことにした。私は自分自身の仕事やお金に関する決定を見ず知らずの人たちに任せきりにするのではなく、自分の資産を自分でコントロールしたかった。このプランのやり方を学ぶには、それについての本を読んだだけでは絶対だめだ。それは本を読んで自転車の乗り方を習得しようとするようなものだ。そんなことは無理だ。本を読んだとしても、やはり自転車に乗ってみることが必要だ。

●覚えておこう

金持ち父さんのパワー投資プランについて学ぶ前に、前の章でお話ししたことを一つ思い出してもらいたい。それは、金持ち父さんのプランについて学ぶ間、心の中での対話、つまりあなたが自分自身と交わすやりとりに充分注意を向けて欲しいということだ。自分が心の中で「私にはできる」と言っているか、あるいは「私にはできない」と言っているか、常にチェックしよう。自分にはむずかしすぎるからもっと楽な答えが欲しいと思っている場合もあるかもしれない。もし心の中で「私にはできない」と言っていることに気付く回数があまりに多かったら、あなたが求めている答えは投資信託かもしれない。

一言で言えば、儲かるビジネスを所有し、キャッシュフローを生む不動産に投資し、次に、銀行預金よりも高いリターンを生みながら同程度の流動性を持つ紙の資産に投資するというのが、金持ち父さんのパワー投資プランの方法だ。このプランについては私のほかの著作でも触れているが、本書では、私が受け取るリターンをかなり増やしてくれている税制上の優遇措置やレバレッジなどの面からさらに掘り下げてみたい。

●金持ち父さんのパワー投資

金持ち父さんのこのプランは、欲しいものは何でも手に入れたいという人のためのプランだ。これは世界の最も裕福な投資家たちが実践している基本的なプランでもある。それを説明した図「金持ちがどんどん金持ちになる理由」は、「はじめに」でも取り上げたが、参考までにここにもう一度載せておく。表のB－Iの側が金持ち父さんのパワー投資プランだ。ビジネスを始め、そこからのキャッシュフローを不動産に投資し、次に、余分なキャッシュフローを紙の資産に投資して、種類の異なる資産のバランスをとる――それがすべてだ。

三つの資産　その❶
ビジネス

自分で所有するビジネスは、三つの資産の中でずば抜けてすばらしい資産だ。成功すれば、より少ない労働と最も少ない税金で、最大の収入を得ることができる。

ウォーレン・バフェットがバークシャー・ハサウェイ社を衣料品製造会社から保険会社にしたのは、保険会社の方が税金面で有利だったからだ。言い換えれば、ビジネスが違えば税法も違うということだ。また彼は、個人として投資するのではなく、さまざまな法人組織を通じて投資し、税法の違いを利用してさらに高い運用利回りを達成した。税金は、あなたにとって最大の費用だということを、いつも覚えておこう。

ビジネスにも、もちろんマイナス要素はある。つまり、儲かるビジネスを築けなければ、非常に大きな負債となり、大きな損失が生じる場合もある。私が昼間の仕事をやめる前にパートタイムでビジネスを始めることを強く勧めるのはそのためだ。

●著者注――専門家に確認する

おわかりの通り、税金や法人形態、さまざまに異なるビジネスに関するこのテーマは非常に複雑で込み入っている。実際のところ、この本で取り上げるにはむずかしすぎるし、私の表現能力をはるかに超えている。このテーマ全体について、また金持ち父さんのパワー投資に関することで、ここで取り上げられなかった部分についてさらにくわしく知りたい人は、金持ち父さんのウェブサイト（http://www.richdad-jp.com）を見て欲しい。

私たちはいつも、お金に関するアドバイス、特に税金、ビジネス、投資、企業や法人に関するアドバイスはすべて、公認会計士や弁護士に確認するよう勧めている。状況は人によって異なるから、それぞれの状況に応じて、正規の資格を持つ専門家のチェックを受けるべきだ。

「金持ち父さんのアドバイザー」シリーズの本は、この重要なテーマを補足するのに役に立つ。このシリーズでどのようなテーマが取り扱われているかは、先ほど紹介したウェブサイトで金持ち父さん商品リストを見て欲しい。

●加速装置①　他人のお金

ビジネスを始める時の最初の加速装置は他人のお金を使うことだ。投資家たちは成功する人が大好きだから、あなたが優秀なビジネスパーソンになればなるほど、他人のお金が楽に使えるようになる。

自分のビジネスを始める時、個人のクレジットカードを使ったり、家族からお金を借りたり、あるいは個人で銀行から借金をする人が多い。ビジネスを始めたばかりの場合はそれもしかたがないかもしれないが、

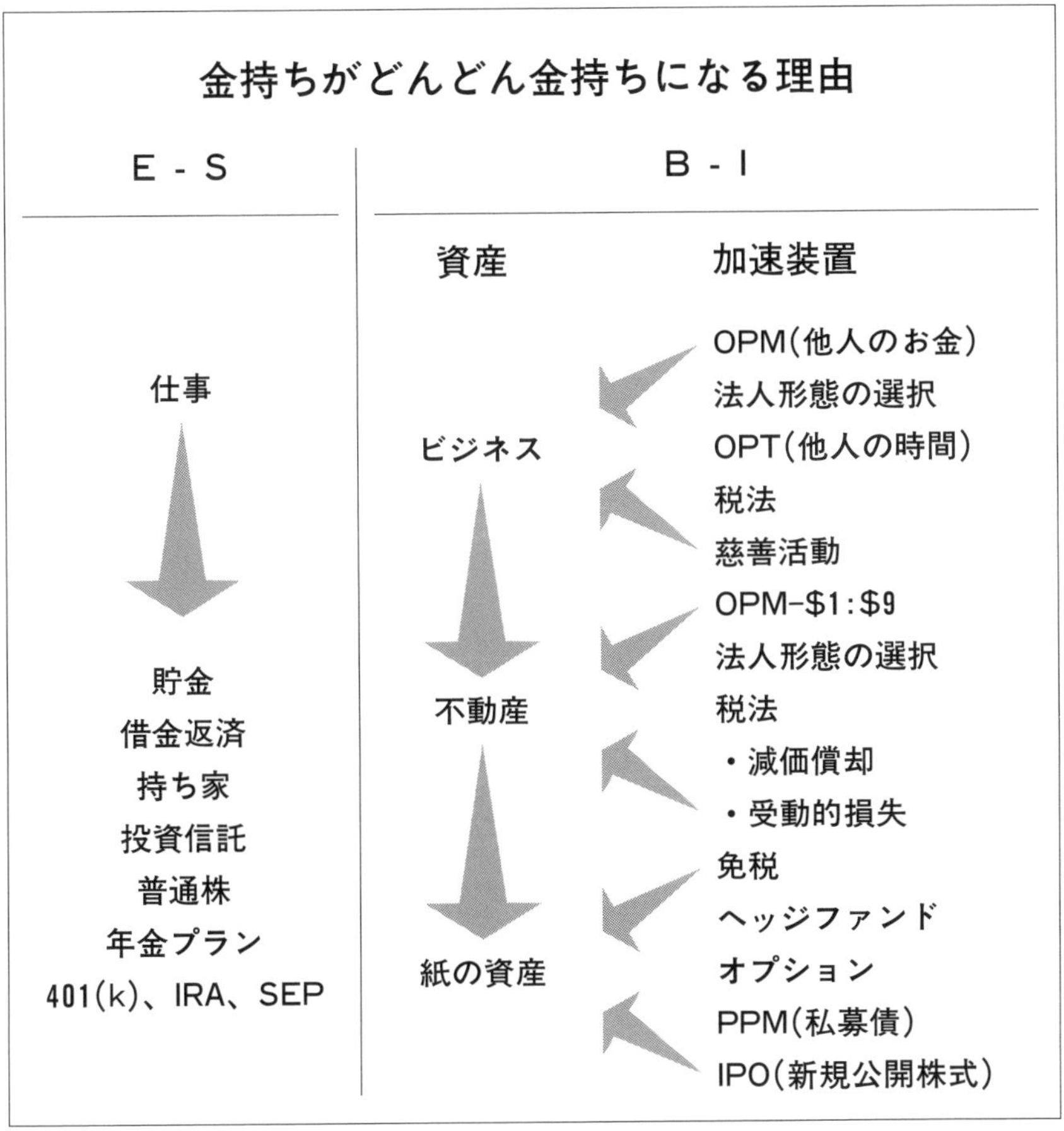
金持ちがどんどん金持ちになる理由
E - S
B - I
資産
加速装置
仕事
貯金
借金返済
持ち家
投資信託
普通株
年金プラン
401(k)、IRA、SEP
ビジネス
不動産
紙の資産
OPM(他人のお金)
法人形態の選択
OPT(他人の時間)
税法
慈善活動
OPM−$1:$9
法人形態の選択
税法
・減価償却
・受動的損失
免税
ヘッジファンド
オプション
PPM(私募債)
IPO(新規公開株式)

ビジネスを加速させる最も手っ取り早い方法は、投資家を見つけることだ。ただし、ここで注意して欲しいことがある。それは誰をどのような形で参加させるかだ。あくまでも会社の経営をコントロールする力は自分で維持し、投資家の関与を限定することが大事だ。

また、投資家を関与させる場合、自分の持分をどれだけ放棄するかも問題だ。会社が成長するにつれて拡大のために追加の資金が必要になった時、二度目、三度目の資金集めをする必要が出てくるかもしれない。最初の事業計画を立てる時に、このことも考慮に入れておこう。

またビジネスが軌道に乗れば、そこからの余分なキャッシュフローをさらなる成長のための資金に回すこともできる。私たちの会社「リッチダッド・カンパニー」の場合、シャロンとキムと私の三人は、最初の二年間、会社からお金を一銭も引き出さず、ビジネスを育てるのに使った。

私たちが取った次のステップは戦略的パートナーを探すことだった。そして、よきパートナーを見つけ、一定の権利の使用許可を与えて利益を分かち合うことで、戦略的パートナーのお金と販路を使ってビジネスを拡張することができた。ビジネスを拡大するために、私たちはこのような手法をこれまでに何回も使っている。

●加速装置② 法人形態の選択

ビジネスを所有する際、適切な法人形態を選ぶことが成功を左右する鍵となる。ビジネスの所有者が無限責任を負う個人事業やジェネラル・パートナーシップを利用してビジネスを所有することは、絶対に避けるべきだ。そのほか、Cタイプの会社、Sタイプの会社、有限責任会社（LLC）、あるいはリミテッド・パートナーシップなどさまざまな形態があるが、そのそれぞれの要件やメリットについて、弁護士や税務アドバイザーと検討し、あなたのビジネスを最もよく保護し、最大の節税効果を発揮し、それによってキャッシュフローを最大にできる法人形態を見つけよう。

●加速装置③　他人の時間

優秀なビジネスオーナーは、自分に代わって働いてくれる人間とシステムをレバレッジとして利用する。つまり、ビジネスパーソンとして優秀なら、一度ビジネスを立ち上げて稼動させれば、ただでお金を稼いでいるのと同じ状態になる。たいていの人は、人生の大部分をお金を稼ぐために費やさなければならないが、それは彼らがビジネスを築くためでなく、ビジネスのために働いているからだ。

●加速装置④　税法

税務署はビジネスオーナーであるあなたの味方だ。税法がいかにビジネスオーナーや投資家に有利にできているか知りたかったら、第五章を読み返して欲しい。また、ビジネスを始めることで、個人の費用を、合法的に控除できる必要経費に変えることもできるかもしれない。

●加速装置⑤　慈善活動

金持ち父さんはいつも私に、「与えよ、されば与えられん」という教えを忘れないように言い聞かせた。利益の一部を気前良く地域社会に還元することは、あなたのビジネスを成長させるのに不可欠な要素だ。

慈善事業への寄付に対して、具体的にどのようなお返しがあるのか、あなたにはわからないかもしれないが、必ず何かお返しがある。そして、より多くの人に奉仕すればするほど、あなたはますます金持ちになる。

私たちの会社では、いろいろな団体に定期的に本やゲームを寄付している。それ以外にも、「ファイナンシャル・リテラシーのための基金」を創設し、ファイナンシャル・リテラシーを高めるためのプログラムを作ったり、そのような活動を応援している団体、「人々のお金の面での幸福度を向上させる」という私たちの使命を支援してくれている団体に助成金を授与している。

また私たちは、会社の利益の一部を再投資し、子供のファイナンシャル教育のための商業目的ではないウェブサイト（http://www.richkidsmartkid.com）を開設した。このサイトには、幼稚園児からハイスクールの学生までを対象とした、お金について学べるミニゲームや学習用カリキュラムが用意されていて、世界中どの学校でも、このウェブサイトを通じて申し込めば、キャッシュフロー・フォー・キッズの電子版が無料で利用できる。

この章で紹介する加速装置のすべてを組み合わせるのが、ビジネスとキャッシュフローの成長速度を極限まで高めるための最良の方法だ。そうやってビジネスを軌道に乗せたあとは、さらに成長させるためにキャッシュフローを再投資してもいいし、不動産のような新しい資産に投資してもいい。

三つの資産　その❷
不動産

●加速装置⑥　他人のお金

不動産に投資する場合、銀行は私の味方だ。例えば、次のようなお金を使って十万ドルの物件を買うとする。

私自身のお金　一万ドル
銀行のお金　　九万ドル

銀行は、融資分から生まれるキャピタルゲインを投資家が取ることに文句を言わない。また、見せかけのキャッシュフローも全部、お金を借りた投資家のものになる。つまり、厳密に言うとこの投資の九十パーセントを所有しているのは銀行だが、投資家はキャピタルゲインのうちの銀行の取り分だけでなく、見せかけのキャッシュフローのうちの銀行の取り分も手にするということだ。ここでよく考えてみよう。自分の利益を他人に分配してくれるビジネスパートナーが、いったい何人いるだろうか。この場合、銀行はまさにそうしているのだ。銀行はリスクの九十パーセントを引き受けるが、銀行の利益分も含めてすべてを受け取るのはあなただ。銀行は利息だけを受け取り、その利息はあなたの不動産を借りている人が支払ってくれる。投資信託があなたにこれほど有利な条件を与えてくれるかどうか、ファイナンシャル・プランナーに聞いてみるといい。投資信託会社が利益をまったく受け取らず、あなたに資金の九十パーセントを融資し、リスクの九十パーセントを引き受けてくれるだろうか？　金持ち父さんが「魔法のお金」と呼んでいたのはこのことだ。

ファイナンシャル・プランナーはよく、雇用主が従業員の年金積立金と同様の額を拠出していると言うが、それにしても一対一がせいぜいだ。ところが不動産ではそれが一対九だ。

第三章「銀行員に聞く」を読み返し、銀行が提供する次の三つのレバレッジについて思い出そう。

1. 投資の保護
2. 資産全体の減価償却
3. 価値上昇分の所有権

●加速装置⑦　法人形態の選択

法人形態の選択は、金持ちが自分たちの資産である不動産を守るために何代にもわたって使ってきた裏技と戦略を理解する上でも、とても重要だ。不動産の場合、一つの物件が危険にさらされても他の物件に影響が及ばないように、物件ごとに別々の法人で所有するのがいい場合が多い。

不動産を所有するのによく使われる法人の形態は、有限責任会社やリミテッド・パートナーシップだ。あなたが住んでいる地域の法律に基づいて選ぶこともまた重要なので、弁護士や税務アドバイザーなどの専門家に相談することが大事だ。

●加速装置⑧　税法――減価償却と不動産の帳簿上の損失

税務署は、減価償却という形で加速装置を提供し、あなたが不動産から得る収入やプラスのキャッシュフローを増やしてくれる。帳簿の上だけの支出である減価償却が「見せかけのキャッシュフロー」と呼ばれることがあるのは、投資家が引退した時ではなく、今、投資家のポケットにより多くのお金を入れるのに役に立つからだ。

私が二番目に不動産に投資する理由は、不動産に与えられている税法上の優遇が、第五章「税務署に聞く」で説明したように、紙の資産に与えられている優遇とは違うからだ。二番目に不動産ではなく紙の資産に投資したら、これほど大きなレバレッジを得ることはできないだろう。

三つの資産　その❸
紙の資産

●加速装置⑨　税の免除

税務署は、政府が資金援助を必要としているプロジェクトに投資する投資家に、さらに大きなレバレッジを提供している。不動産でレバレッジを受けたあと、私のお金はだいたい株式市場に回り、特に地方自治体のモーゲージ・リート（不動産投資信託）のような非課税のものを中心とした紙の資産に投資される。この時点で、私は余分なお金（このようなお金は貯蓄と呼ばれることが多い）に対して通常五～八パーセントのリターンを得ている。これは、地方自治体のモーゲージ・リートよりもたいてい流動性が低い、銀行のＣＤ

（譲渡性預金）から得られる税込一パーセントのリターンよりもはるかにいい。

●加速装置⑩　ヘッジファンド

ヘッジファンドは投資に保険をかけることを可能にしてくれる。投資信託は「簡単に買える」というメリットを提供しているが、ヘッジファンドは同じメリットを、それと引き換えのリスクなしに提供してくれる。ヘッジファンドは、ロングとショートの両方のポジションをとることができ、アービトラージ（裁定取引）と呼ばれる取引や、割安な有価証券の売買、オプションや債券の取引もできるほか、低いリスクで利益が期待できるような、ほとんどあらゆる市場であらゆる機会に投資できるファンドだ。その戦略はさまざまでたくさんあるが、第一の目的は、市場の乱高下によるリスクを減らし、市場がどのような状態でも投資家の元本を守り、リターンを提供することにある。ヘッジファンドのほとんどが、市場の下落リスクに対するヘッジ、つまり防護措置として働くものだが、これは株式市場が非常に不安定な今日、とくに重要な意味を持っている。

●加速装置⑪　オプション

株式オプションへの投資は、紙の資産への投資にレバレッジを効かせることを可能にする。株式の現物を買うのではなく、わずかな費用でオプションを買うことで、投資をコントロールすることができるからだ。オプションを買うことによって、投資家は一定期間の間、決まった価格（「行使価格」と呼ばれる）で決まった数量の株式を売買する権利を手に入れる。決まった行使価格で株式を「買う」ことができる契約は「コール・オプション」と呼ばれ、例えば、特定の株式を百株買う権利が手に入る。株価が上がると期待している人は「コール」を買い、より高い価格でコールを売るか、株価が値上がりした時点でオプションを行使する、つまり行使価格で株式を買うことで利益を得る。

一方、決まった価格で株式を「売る」ことができる契約は「プット・オプション」と呼ばれる。株価が下がると期待する人は「プット」を買い、より高い価格でプットを売るか、株価が値下がりした時点でオプションを行使する、つまりプットの売り手に行使価格で株式を買わせることで利益を得る。

●加速装置⑫　私募債

私募債とは、株式公開に伴う複雑な連邦登録手続を免除された形での株式発行を意味する。一九八二年三月、アメリカの証券取引委員会は、限定的な募集に関する免除内容を調整し、私募債発行や証券の売買に適用される既存の要件をもっとすっきりしたものにするために、「規則D」を導入した。この規則の中には次のような三つの規定がある。

規定五〇四は、財務報告義務のない会社の免除事項を次のように定めている。

- 十二カ月間に売り出してよい米国証券の総額は百万ドル
- 証券を購入できる投資家の人数に制限はない
- 投資家は専門投資家である必要はない
- 株式は、購入から一年経てば市場で売却できる

規定五〇五は五百万ドルまでの米国証券の売出しを許可している。規定五〇六では売り出す証券の総額は無制限だ。だが、五〇五と五〇六はいずれも、証券購入者は適格投資家でなければならないと定めている。（適格投資家でない者は三十五人まで許可される。）

私募債への投資は、長期的な株価の値上がりを期待するという、キャピタルゲインを目的とする投資の典型的な戦略だが、会社の設立当初の株主にとっては出口戦略となる。

このタイプの投資においてもやはり、投資に関する書類や法的要件を理解することが非常に重要となる。あなたの状況に合った資金調達のための道具を選ぶには、税金面からのアドバイスだけでなく、証券に関する法律面からの専門的なアドバイスが必要だ。

●加速装置⑬　IPO（新規株式公開）

IPOは会社がはじめて株式を一般に売り出すことだ。IPOをする会社は、たいていはあまり知られていない、若く新しい会社だ。IPOには厳しい規定があり、準備にお金がかかる。法律や会計の専門家の膨大な時間が必要になるからだ。経営管理チームも非常に多くの時間を費やすことになり、そのせいで、本来のビジネスに集中できなくなる場合もある。だが、それでも、IPOがすばらしいレバレッジをもたらしてくれることに変わりはない。なぜなら、売り出し価格は低いが、ひとたび上場されれば株価の上昇が期待できるからだ。これもやはり、たいていはキャピタルゲインを目的とした投資戦略で、会社の創始者にとっては出口戦略となる。

●十万五千ドルを三百億ドルに

ウォーレン・バフェットは、私ほどには不動産を活用しなかったが、同じような投資の手法を使って十万五千ドルを三百億ドルに増やした。ここで学ぶべき教えは、パワー投資は複数の投資と、レバレッジのかかった加速装置との相乗効果に基づいたものだということだ。あなたはそのやり方を学び、システムを立ち上げさえすればいい。そうすれば、種類の異なる資産の間の相乗効果が着実に、しかも簡単に一万ドルを一千万ドルにしてくれる。はじめはむずかしいかもしれないが、ひとたびシステムが動き始めれば、お金は出ていくどころかどんどん入ってくるようになる。

一種類の資産だけを使って、一万ドルを一千万ドルに変えることは可能だろうか。それは可能だ。実際、ほとんどの人は最初は一種類の資産のみで始めている。

三種類の資産のすべてに投資してうまくいくだろうか？　この質問に答えられるのはあなただけだ。

●環の最も弱い部分

テレビで人気のあるクイズ番組に、「ウィケスト・リンク（「環の最も弱い部分」の意味）」というのがある。株式や債券、投資信託、不動産物件をただ何となく売ったり買ったりしている人はたいてい、パワー投資に隠された利点を見逃している。そして、より大きなリスクを背負い、多すぎる税金を払っている――儲けが出ればの話だが。つまり、資産と資産の間の目に見えないつながりや加速装置に気付かないでいるために、投資家自身が「環の最も弱い部分」になっている。速く金持ちになるために必要な教育や情熱が欠けていると、稼げるはずのお金も吸い取られてしまう。金持ち父さんがよく言っていた通りだ。「私たちの最大の支出は、私たちが稼いでいないお金だ」

シャロンから一言

●加速装置として税金を利用する

税金は、三種類の資産のすべてに使える加速装置の一つだが、一番複雑でわかりにくいテーマでもある。あなたに税金のエキスパートになれと言うつもりはないが、税法や利用できる控除についてもっと知っていれば、合法的にあなたの収入を最大に、税金を最少にすることができる。あなたの投資ニーズに適した戦略を立てるのを手伝ってくれる、有能な税務アドバイザーを見つけること、また、どんな質問をすべきかを知り、税金があなたのキャッシュフローに与える影響を理解することが大事だ。

あなたが従業員の場合、税金はあなたの収入から源泉徴収されるので、キャッシュフロー・パターンは次のようになる。

稼ぐ→税金を支払う→使う

ビジネスオーナーのキャッシュフロー・パターンはこうだ。

稼ぐ→使う→税金を支払う

このようなキャッシュフローの違いに加え、ビジネスオーナーに対する税金面での優遇があるからこそ、金持ち父さんとロバートはパートタイムでビジネスを始めるよう勧めるのだ。ビジネスオーナーは税金を支払う前に、稼いだお金を使えるし、それをビジネスを築くために再投資することもできる。つまり、あなたが支払いを受けるより先に、政府が自分の分け前を持っていったりしない。

●正当な必要経費は控除できる

ビジネスオーナーになれば、従業員では受けられない税の優遇を受けることができる。適切なアドバイスを受けてきちんと書類を用意すれば、個人の費用の一部を正当な必要経費として控除することも可能だ。もちろん、あなたのビジネスは、単なる節税目的ではなく、利益を出すという正当な目的を持ったものでなければならない。

ビジネス上の必要経費として控除できるかもしれない費用には次のようなものがある。

・自宅兼オフィスの費用
・ビジネス用機器（パソコン、携帯電話）
・オフィスの消耗品
・インターネットや電話回線の使用料
・パソコンソフトや定期購読物
・ガソリン代など車に関する費用
・出張費、食事代、接待交際費
・ビジネス上の贈答代
・医療保険の保険料
・医療費
・授業料やセミナー受講料
・子供に支払うアルバイト代
・家具や備品

●不動産の減価償却が機能する仕組み

ロバートは、不動産の減価償却がもたらす思いがけないボーナスについて話している。それはどのようにしてあなたのキャッシュフローを増やすのだろうか？　それがほかの収入と相殺できる計算上の損失になるのはどういう仕組みなのだろうか？

例えば、百万ドルのビルを一棟買ったとしよう。その内訳は、建物の価値が八十万ドル、土地の価値が二十万ドルだとする。次の表は、その物件からのキャッシュフローを示したものだ。この表を見る前に、頭金十万ドルに、銀行からの融資九十万ドルというレバレッジをかけることができた点に注目して欲しい。つまり、現金十万ドルで百万ドルの物件に投資している。これは一対九のレバレッジだ（銀行がロバートに、投資信託の購入には融資できないが、不動産の購入やビジネスの立上げに融資することは考えてもいいと言ったことを思い出そう）。

この表は、減価償却を計算に入れる前に、すでに十二パーセント以上のキャッシュ・オン・キャッシュ・リターン（CCR）、つまり初期投資の頭金十万ドルに対し、一万二千四百九十二ドルの純益があることを示している。

次にこれに、税法によって許されている減価償却控除の効果を加えてみよう。適用される減価償却は物件の種類によって異なるが、ここでは居住用の賃貸物件とする。その場合、税法により、設備などの事業用動産と建物の間で費用を分離することができ、また、事業用動産を建物より速く償却することができる。税務アドバイザーの腕の見せどころがここだ。税務アドバイザーはあなたが最大限の減価償却控除を受けられるよう手伝ってくれる。さきほど例として挙げた百万ドルの不動産からの収入に、減価償却がどのような影響

●100万ドルのビルの収支内訳

家賃収入	$148,257
－必要経費	－$67,497
－借入金返済 （30年ローン、年利6・5%）	－$68,268
物件からのキャッシュフロー	$12,492

●減価償却控除の効果

物件からのキャッシュフロー	$12,492
－動産の減価償却 （見せかけの控除）	－$16,740
－建物の減価償却 （見せかけの控除）	－$21,746
建物の計算上の評価損	△$25,994

●物件から得られる現金収入の総額

物件からのキャッシュフロー	$12,492
＋評価損による節税	＋$10,398
物件から得られる収入の総額	$22,890

を与えるかを見てみよう。

ロバートの税務アドバイザーのトムが「魔法のお金」と呼んだのがこれだ。減価償却分を控除した結果生じたこの見せかけの損失は「評価損」と呼ばれ、課税対象となる収入の計算に組み込める。つまり、もしあなたかあなたの妻または夫が不動産業を営む資格を持っていれば、この損失二万五千九百九十四ドルと課税対象となる他の収入とを相殺できる。

例えばあなたの収入に対する実効税率（連邦税、州税、地方税の合計）が四十パーセントで、この評価損による相殺で節税できた金額が一万三百九十八ドルだったとしよう。すると、この物件から得られる現金収入の総額は二万二千八百九十ドルとなる。この場合のＣＣＲは二十三パーセント近くになる。

●不動産の評価損を活用する

前に説明したように、一九八六年の税制改正によって、個人の受動的損失、つまり賃貸用不動産からの損失の控除の内容が変わった。その結果、賃貸収入は受動的活動として扱われ、税法に基づき、個人はその他の不労所得と不動産の評価損を相殺できるようになった。また、これらの受動的損失を最高二万五千ドルまで、毎年の配当金や賃金といった非受動的な収入とみなされる収入と相殺する資格も与えられるようになった。しかし、この上限二万五千ドルは、個人の調整後総所得が十万ドルを超えると段階的に減額され、総所得が十五万ドルを超えるとゼロになる。

不動産の評価損を利用するにはどうしたらいいだろうか？　その方法の一つは、不動産をあなたかあなたの配偶者のビジネスにすることだ。個人あるいはその配偶者が不動産業を専門に営んでいると認められれば、それによって賃貸収入が受動的な不労所得から能動的な所得に変わる。そのための資格を得るには、夫婦のいずれかが次の二つの要件を満たしていなければならない。

・個人が提供する労務の半分以上が不動産関係の活動である（従業員として働いている場合は、雇用されている会社の五パーセント以上を所有している場合に限る）。
・不動産ビジネスに年間七百五十時間以上を費やしている。

不動産業者として認められるための要件を満たしたい人は、自分の活動を正確に記録しておくこと、有能な税務アドバイザーを見つけることが重要だ。不動産業者として活動すれば、先ほど挙げた必要経費を活用する資格が得られるかもしれない。

●紙の資産

投資対象として紙の資産を分析する時は、ファイナンシャル・アドバイザーに的確な質問ができるよう、株式市場で使われている専門用語を熟知していることが大事だ。

紙の資産の例としては、金持ち父さんとロバートが取り上げている非課税の有価証券への投資がある。これなら所得税を増やさずにキャッシュフローを増やすことができる。ただし、このような証券でも、連邦所得税は免除されるが州税は課税される場合があるので、そのことは覚えておこう。

●EBITDAとPER

頭文字を使ったこの二つの言葉は、どちらも投資の話によく登場する。だが、私たちはその意味を本当に理解できているだろうか。

EBITDAは「利払い前・税引き前・減価償却前利益」という意味だが、最近の企業スキャンダルや投資家不信のおかげで、すっかりなじみのある言葉になった。ここでの計算では支払利子や税金は差し引かれていないが、この二つは実際に出て行くキャッシュフローだ。一方、減価償却は資産を長期にわたって徐々に必要経費で落としていく、見せかけのキャッシュフローだ。

ワールドコムは経常費用のうち三十八億ドルを設備投資費用として計上し、EBITDAを水増ししていた。それが公になったことをきっかけとして、同社は財務報告書の正確性をめぐる疑惑の集中砲火を浴びることになった。ウォーレン・バフェットの次の言葉はこのことを実に的確に表現している。「EBITDAはビジネスの収益を著しく歪曲し、不適切に表示する、意味のない財務指標だ」

確かにEBITDAは、ビジネスの価値を測るキャッシュフローの指標として適切ではない。運転資金や設備投資、借金など、ビジネスが長期にわたって健全であるために欠かせない重要な要素をすべて無視しているからだ。例えば、会社が大きな借金を抱えていても、EBITDAにはそれに関連した利子が反映されず、人々を間違った判断に導くおそれがある。

こう考えると、EBITDAより「フリー・キャッシュフロー（純現金収支）」を見た方がはるかにましかもしれない。これも減価償却費は含まないが、支払利子や税金は差し引かれている。

PER（株価収益率）は、株価を一株当たりの収益と比べたものだ。ある会社の株式一株の市場価格を、一株当たりの収益で割るとPERが出る。この指標は、ほかの多くの指標よりわかりやすいので、知っている人も多いかもしれない。例えば、PERが十の株を買ったとすると、その会社の収益が増えてあなたの買った時の株価になるまでに十年かかるということだ。

PERは普通、収益の実績に基づいて算出される（過去一年間の収益を基に計算される）が、これから先の数字、つまり今後一年間の収益予測に基づいて算出されることもある。だから個々のPERを計算するために実際にどのような方法が使われているかを断定するのはむずかしいかもしれない。長期間のPERを、その会社の成長率や、同じ業界のほかの会社の成長率に照らし合わせてトレンドを見るとよいだろう。

ある会社の株式を徹底的に調べたい場合は、会社の決算報告書を手に入れるといい。これには、財務報告書一式のほか、その会社が一般の人々に提供しなければならない情報がすべて含まれている。株式を上場している会社の場合、10Kや10Qと呼ばれる年次報告書や四半期報告書を手に入れることができる。報告書を見る際には、「キャッシュフロー報告書」によく注意しよう。そこからその会社の経営状態の変化がわかるかもしれない。実は、このキャッシュフロー報告書は会社の会計士が一番おざなりにしがちな財務報告書だが、私に言わせれば財務諸表の中で最も重要な報告書だ。これを見過ごしたり無視したりする投資家が多いが、投資家が本当に知るべき情報はこの報告書の中にある。

財務諸表の操作といった事件を耳にすることがますます増えている今、適切な質問をし、投資で使われている用語を知ることが、これまで以上に重要になっている。投資に関する言葉は必ず充分に理解しておかなければならない。私たちが開発したボードゲーム『キャッシュフロー　101』の特長の一つは、お金に関する言葉を楽しく、無知を人に知られるのを気にしたりせずに学べることだ。

●加速装置の力

パワー投資は三つの資産の力をただ合わせただけのものではない。パワー投資がこれほどパワフルである理由の一つは、資産と資産との間にある目に見えないつながり、つまり、税金や銀行のお金を使ったレバレッジなど、資産の間をつなぐ加速装置のおかげだ。

ここでもう一つ付け加えておきたい重要なポイントがある。それは、このプロセスはおそらく一人ではできないということだ。覚えているだろうか？　キャッシュフロー・クワドラントの右側はチームプレーがものを言う。会計士や銀行、弁護士、保険代理店、税務顧問など、優秀なアドバイザーのチームを持っていることが重要だ。いいチームがついていれば、どんどん大きなリターンを生むこのプロセスが、先に行くほどどんどん簡単になる。

金持ち父さんはこう言った。「きみが答えをすべて知っている必要はない。誰に電話すればよいかを知っていれば、それでいいんだ」

第十二章……

投資ではなく賭けをしている投資家

「泥棒で一番たちが悪いのは願望という名の泥棒だ」

――金持ち父さん

●夢を売る……嘘を買う

株式市場が過熱しピークにさしかかっていた一九九九年のこと、昼食を囲んで説明会をしていると一人の女性が手を挙げてこう聞いた。「優良企業XYZ社の株を五百株買ったばかりなんですが、この投資についてどう思われますか?」

「なぜその株を買ったのですか」と私は聞いた。

「株式ブローカーが上がると言ったからです。一株五十五ドルで買ったのですが、六か月で少なくとも七十五ドルになると言うんです。少し上がってきたので、まだ有利なうちにあと千株買おうと考えているんですが、そうした方がいいでしょうか?」

●代金払い戻しの保証が必要

しばらく考えたあと私は、この昼食会の主催者に気兼ねせずに率直な意見を言おうと決めた。そして、こう答えた。「市場は非常に高く、最も危険な状態です。その株を一株五十五ドルであなたに売った人は、もし株価が七十五ドルにならなかったら代金の払い戻しを保証してくれるのでしょうか。もし市場が暴落したら、証券会社はお金を返してくれますか?」

「代金払戻しの保証ですって?」女性はためらいがちにそう聞いた。「株式ブローカーが代金の払戻しを保証するんですか?」

私はその質問には答えず、こう続けた。「いいですか、たいていのレストランは客が食事に満足しなければ代金を払戻してくれます。デパートや企業もたいていの場合、買った品物や受けたサービスに顧客が満足できなければ、代金を払戻すことを保証しています。株式ブローカーだって同じじゃないですか?」

「株式ブローカーが代金の払戻しを保証するんですか?」女性はまたそう聞いた。

「私の知っている限り、そんなことはしませんね」と私は答えた。

「それなら、なぜそんな質問をしたんですか」

「株式ブローカーの水晶玉占いのような予言、つまり株が五十五ドルから七十五ドルに上がるだろうという予言をなぜそんなに簡単に真に受けるのか不思議だったからです。あなたがその株を買うのは、単に株が上がって欲しいからですか。それともその会社の株が本当に欲しいからですか。株価が一株三十ドルに下がったらどうしますか。それでもその株が欲しいですか。それでもその株を買ったことを喜べますか?」

「喜んだりはしないと思います。その株が欲しいのは値上がりを期待しているからです。ブローカーの言う通り一株七十五ドルに上がるのなら欲しいというだけです」

「それなら代金の払戻しの保証を求めなさい。信頼できる会社であれば、売り物の商品にあなたが満足できなかったらお金を返すべきです。先日デパートに行きましたが、私が満足できなかったシャツのお金を返してくれましたよ。だから私はあそこで買い物するのが好きなんです。代金の払戻しを保証してくれますからね」

●抵当は代金払戻しの保証

会場がざわつき始めた。ついに主催者の証券会社の地区担当所長が立ち上がり、顧客を失うまいと必死の説得を試みた。「その株をお勧めしたのは当社の代理店の一つです。当社ではこの株を非常に有望であると考えてお勧めしています。当然のことですが、金融商品を扱う会社として当社はいかなる保証もできません。そんなことをする金融機関は聞いたこともありません」

「私は聞いたことがありますよ」私はそう口をはさんだ。

私の言葉に室内は静まり返った。この瞬間、この会社が私を招待することは二度とないだろうと思った。

「それで、代金払戻しを保証するっていうのはどこですか?」最初に質問した女性がそう聞いた。

「銀行です。というより、あなたの方が銀行に代金払戻しを保証していると言うべきでしょうね。銀行からお金を借りる時、あなたはいつも代金の払戻しを保証しています。実際、抵当というのはもともとそういうもので、つまりは代金払戻しの保証です。銀行にお金を返済しなければ、返すまで取り立てに来てかまわないと同意したことになります」

「つまり、私の場合、株式ブローカーが一株七十五ドルになると言ったとしたら、代金の払戻し保証を求めるべきなんですね?」

「おそらくそうすべきでしょうね」と私は言った。

「でも、もし保証してくれなかったらどうするんですか?」

「その時は自分で代金払戻しを保証すべきです。賢い投資家はそうしています」

「それで、もし自分で代金払戻しの保証ができなかったらどうなるんですか」

「その時は投資ではなく賭けをしていると思ってください。本当の投資家はギャンブラーではありません。世の中には自分を投資家だと思っているギャンブラーがたくさんいますけれどね」

●何に投資するか

『金持ち父さん　貧乏父さん』の中で特に焦点を合わせて取り上げた言葉の中で一番重要な意味を持っていたのは資産と負債だ。本書で最も重要な言葉は次の二つと言っていいだろう。

キャッシュフロー　対　キャピタルゲイン

「値段が上がると思うからこの株（あるいは不動産）を買った」と言う人は、たいていの場合、キャピタルゲインを目的に投資している。金持ち父さんはよくこう言っていた。「キャピタルゲインはギャンブラーの夢だ。本当の投資家はキャピタルゲインではなく、まずキャッシュフローを目的に投資する」五十五ドルで株を買い、それが七十五ドルに上がることを願っていると言っていたあの質問者は、キャピタルゲインを目的に投資していた。それは金持ち父さんに言わせれば、未来に対する賭けであって投資ではない。

金持ち父さんはこう言った。「キャッシュフローを目的に投資すれば、代金払戻し保証をつけて投資することになるが、キャピタルゲインを目的に投資する場合は、願望に投資することになる。泥棒で一番たちが悪いのは願望という名の泥棒だ」

●自分では投資家だと思っているギャンブラーたち

ここで問題なのは、なぜこれほど多くの人がキャッシュフローではなくキャピタルゲインを目的に投資するのかということだ。その答えもいつもと同じだ。つまり、「私には買えない」「そんなことはできるはずがない」「リスクが大きすぎる」などと自分に言わせてしまう、マイナス思考が原因だ。そういう人はお金の世界で獲物を求めてうろつく捕食動物の餌食になりやすい。彼らのだましの常套手段の一つは、明るい未来を約束することだ。彼らは「この不動産の価格は三年以内に倍になります」「株式市場は毎年平均六％上昇しています」などと言う。

金持ち父さんはよくこう言っていた。「今利益を生む投資対象を見つけられない人は未来の約束に賭ける。そういう人たちは知性ではなく願望に頼る。夢を持っているから嘘を買うのだ」

●投資家かギャンブラーか

ほかの本でもお話ししたことがあるが、ある時私は、ローン返済と経費の合計が家賃収入より多くて、毎月赤字を出す投資用不動産の話を金持ち父さんにした。つまりプラスのキャッシュフローではなく、マイナスのキャッシュフローがある物件だった。退職後のプランはたいていの場合、何年もの間積み重なった願望や期待に基づいている。今の私にはそれは理にかなったことには思えないが、お金のゲームを最終的に終えた時、お金が手元に残ることを願う多くの投資家たちには理にかなったことに思えるようだ。

金持ち父さんはよく、少し皮肉めいた笑みを浮かべながらこう言った。「損をする投資を見つけるのにファイナンシャル・インテリジェンスはほとんど必要ない。どんな市場にも、そうするにはどうしたらよいかを教えてくれる専門家がたくさんいる。そういう人にお金を渡しさえすれば、損する投資はすぐ見つかる」

金持ち父さんはこうも言った。「損をする投資なら誰にだって見つけられる。いわゆる金融の専門家にわざわざお金を払ってそれを頼む人がいるなんて、私にはどうしても理解できない」

本当に問題なのは、なぜこれほど多くの人がこれほど簡単にだまされるのかということだ。答えはいろいろあるが、その一つは彼らが現在のキャッシュフローを見つけられずに、未来のキャピタルゲインを願って投資するからだ。その上、彼らは払戻しの保証もなく投資する。

●たくさんの巧妙な嘘

問題は、なぜこれほど多くの人たちが、大きな損失に対する払戻しの保証や保険もなく、何年間にもわたって毎月損失を出すことが賢い投資だなどという考えにだまされてしまうのかということだ。これは大衆を対象とした史上最大規模のセールスの一つと言っていいだろう。金融にうとい人たちだけを対象にしたセールス活動……。実際のところ、これはセールス以上の活動だ。巧妙に人を口車に乗せる技と言ってもいい。今、学校は子供たちに、クレジットカードの使用をやめる方法、銀行口座の帳尻を合わせる方法、株を選ぶ方法などを教えてファイナンシャル教育課程を導入し始めているが、そこでは、この巧妙な嘘がまかり通っている。株式市場産業は、教育システムの中でもせっせと活動している。若い人たちに将来のお得意さんになる方法を教え、キャッシュフローを目的に投資する頭の切れる投資家ではなく、キャピタルゲインに賭けるギャンブラーになるよう教育しているのだ。

●人はどうして損をするのか

私に言わせれば、人が現在にではなく未来に投資する最大の理由の一つは、心の中で、今すぐお金になるような投資は「見つけられない」とか「買えない」と思っているからにすぎない。今お金になる投資を見つけられないとなると、多くの場合、人は未来を信じるようになる。そして、キャピタルゲインに賭けるギャンブラーになっていく。だからこんなにも多くの人が損をするのだ。彼らはいつか自分にも運が回ってくるだろうと願望や期待を抱き、確かにそれはわずかな額かもしれないが、毎月喜んで損をしている。こういう人たちはキャッシュフローを目的に投資することと、キャピタルゲインを目的に投資することの違いを理解できず、お金の世界の捕食動物の餌食になっている。

●投資家は何に投資するか

金持ち父さんは「投資は今も未来も理にかなったものでなければならない」と言い、株、債券、投資信託、不動産、ビジネスなど、どの投資対象が一番いいかに焦点を合わせるのではなく、次の三つのことに焦点を合わせて投資するように自分の息子と私に教えた。

1. キャッシュフロー
2. 節税
3. キャピタルゲイン

金持ち父さんのパワー投資の方式をもう一度思い出してもらいたい。しっかりしたキャッシュフローの流れがなければ、金持ち父さんのやり方をうまく機能させるのはむずかしい。キャッシュフローがないと、これも一種のキャッシュフローである節税にも限度がある。金持ち父さんにとってキャピタルゲインはあまり重要ではなかった。金持ち父さんのパワー投資の方式は、キャピタルゲインがあってもなくても機能する。金持ち父さんは代金払戻しの保証をいつもつけるようにした。金持ち父さんにとってキャピタルゲインはおまけのようなものだった。先ほどのリストで優先順位が三番目になっているのはそのためだ。

投資をする大衆の多くがキャピタルゲインを優先順位の一番目に持ってきてしまうのは、とても残念なことだ。そういう人たちは安く買って高く売る方法しか知らない。アメリカの税法によると、売買をする人は投資家ではなくディーラーと分類される。買ったり売ったりすることで利益を出そうとする人たちは、キャッシュフロー・クワドラントではIクワドラントではなくSクワドラントに属している。

不動産の世界では、不動産取引と称して、「フリップ」「クイックキャッシュ」「ラップ」などと呼ばれる手法を使って利益を上げようとする人が大勢いる。彼らの最大の関心は安く買って高く売ること、つまりキャッシュフローではなくキャピタルゲインを得るために投資することだ。多くの場合、こういう人たちはアメリカ内国歳入庁や税法の規定により、投資家ではなくディーラーと分類されて、本当の投資家よりも高い税金をかけられるリスクを背負っている。アメリカでは、適切な法人組織や税金対策を用意していないと、キャピタルゲインを目的に売買をする人は自営業者として課税される恐れがあり、通常の所得税に加えて自営業税を課せられることがある。不動産の購入契約を転売するフリップをやっている人と話をすると、多くの人はそんな税金は課せられていないと言う。確かに額が小さいうちはそうかもしれないが、成功して扱う金額が大きくなり、先ほど挙げたような手法で大儲けしたりすれば、税務署員の訪問を受けることになるかもしれない。いつも言っていることだが、状況はそれぞれ異なるので、より的確な判断をするには公認会計士や弁護士に相談しなければいけない。

●抵当流れの物件はどうなる？

ある時、不動産投資家向けの講演の中で、私はディーラーと投資家の相違点を指摘した。すると会場にいた若い男性が手を挙げて、こんな質問をした。「抵当流れの物件を買う私はディーラーですか、それとも投資家ですか」私はこう答えた。「あなたは不動産購入のプロセスについて質問しています。私がお話ししているのは、その抵当物件からの出口戦略やその使い方についてです。抵当物件を買ってそれを賃貸マンションとして使い、キャッシュフローを得るのであれば、あなたは投資家です。クイックキャッシュやラップの

⑪キャピタルゲインを優先する人はSクワドラントに属する

手法を使ってほかに売却する、つまり誰かにもっと高い金額で売るつもりで抵当物件を買うのであれば、あなたはキャピタルゲインに投資していることになり、ディーラーとしてSクワドラントに属することになります」

別の手が挙がり、また質問が飛んできた。「頭金なしの取引はどうですか。不動産を買うのに頭金を全く支払わなければ、投資家になりますか」この時もまた答えは同じだった。「問題なのは資金調達の過程ではありません。その行き先です。フリップの手法を使ってその購入契約をもっと高い値段で転売するつもりですか、それとも賃貸に出すつもりですか？　長期的に持ち続けるつもりですか、それとも短期所有を考えていますか？　肝心なのはこういう質問です」

株式市場が上下するのを何もせずにじっと見つめている人たちは大勢いる。そういう人はダウ平均が上がれば喜び、下がればがっかりする。キャピタルゲインをあてにして投資しているこのような人たちは、よく「弾み買い投資家」と呼ばれ、株が上昇している時に買い、下降している時に売る。金融資産が小口投資家にとって非常に不安定で危険なのは、この弾み買い投資哲学のせいだ。

「持ち家の価値が上がった。買った時より五万ドル上がったからそれだけ儲けた」などと言う人もまた、キャピタルゲインを目的に投資している。パワー投資家になりたければ、投資対象の資産が何であれ、経営者の目を持って投資を見極めなければならない。なぜなら経営者は、キャピタルゲインよりもキャッシュフローや節税から生まれる見せかけのキャッシュフローの方がずっと重要だということを知っているからだ。

●大損をしたのは誰？

これほど多くの人が投資を危険だと考えるのはなぜか？　二〇〇〇年から二〇〇三年の間に何百万人もの人が何兆ドルも損をしたのはなぜか？　この章の目的は、それらの理由を具体的に説明することにある。不適切なアドバイスや基本的なファイナンシャル教育の欠如などもその理由だが、もう一つの理由は、たいていの人がキャピタルゲインをあてにして投資するからだ。これはまた、専門家によって運用される投資信託の大部分にもあてはまる。皮肉なことに、多くの投資信託会社は顧客に長期の投資を勧めるにもかかわらず、ほとんどの会社が実際にやっているのはそれとはまったく逆のことだ。投資信託を運用するファンドマネジャーはたいてい、安く買い、高く売り、短期間で収益を出さなければならないというプレッシャーにさらされている。彼らがやっていることは、長期の投資とはほど遠い。彼らは顧客には長期に投資をしろと勧めるが、自分ではそれに従わない。なぜか？　それはキャピタルゲインを目的に投資しているからだ。本当の投資家はキャッシュフローを目的に投資する。なぜか？　それは願望など信じていないからだ。彼らが信じているのは銀行や税務署が信じるのと同じもの、つまり代金払戻しの保証だ。

●パワー投資を学ぶ

人が保証にではなく願望に投資する理由の一つは、今すぐお金になる投資を見つけられないからだ。そのほかにもいくつか理由があるが、その一部は、本書を最後まで読むとわかると思う。

次の章では、投資家が将来ではなく今すぐお金になる投資を見つける方法をいくつか取り上げるが、その前に、金持ち父さんが私に、どんな投資もビジネスとして考えるように言ったことを思い出して欲しい。定期的にキャッシュフローをもたらしてくれるうまいビジネスが見つかったら、手放さないようにしよう。ウォーレン・バフェットが言っている通りだ。「私たちはビジネスを買うのは好きだが売るのは嫌だ。一生かかわっていられるようにと望む」

この先で取り上げるパワー投資の方法のうち多くは、『金持ち父さん　貧乏父さん』の中でごく単純化して説明したものと同じだ。本書が前書と違う点は、細かくなりすぎることなく、詳しい説明をするのに最善を尽くしている点だ。私たちがこれまでに出してきたほかの本に関しても同じだが、この本を読んだあと、みなさんにまずやってもらいたいのは、会計士や弁護士など経験豊富な専門家のところへ行って、本書に取り上げられている内容をさらに明確に理解することだ。

●注意すべきこと

先に進む前に思い出して欲しいことがもう一つある。それは精神が持つ力だ。「私にはできない」、「そんなことは不可能だ」などと言わないよう注意されたことをいつも思い出そう。そういうことを言っていると、自分のお金を見ず知らずの他人に預け、思ったほど大きな収益が上がらないのはどうしてだろうと不思議がるはめになる。また、金融サービス業界では代金の払い戻しは保証されないということもいつも頭に入れておこう。だからこそ、自分のお金が戻ってくるように自分で保証する必要があるのだ。

シャロンから一言

ロバートは、貯金をする人はギャンブラーだと言っているのだろうか？　将来何が起きるかもわからず、またそれをコントロールすることもほとんどできないのに、将来のために貯金しようと考える……これは言わばプロのギャンブラーとしての教育さえ受けていないギャンブラーのやることだ。

昔から「投資は危険だ」と考えられているが、私たちは「投資しないでいることはもっと危険だ」と信じている。雇用主や政府が世話をしてくれるだろうという見込みに自分の将来を賭けるのは危険だし、自分の投資戦略チームの一員でもない誰かに、運用して欲しい資金を渡すのも危険だ。

最近私たちが出版した『金持ち父さんのサクセス・ストーリーズ』の中には、お金の面での自分の将来を自分でコントロールし始めようと足を踏み出した人たちが登場する。同じ時期に、彼らの友人の多くは、こつこつ貯め続けた貯金や401（k）が消えていくのをなすすべもなく見ていた。友人たちが市場という賭博台で損をしている間、『金持ち父さんのサクセス・ストーリーズ』に登場する人たちはプラスのキャッシュフローをもたらす資産に投資し、資産を築いていた。たいていの場合、一番大変なのは最初の一歩だ。私たちがこの本を出版した目的は、彼らの話を読むことにより、ほかの人たちもファイナンシャル・ライフを自分でコントロールする勇気とチャンスを見つけられるよう、手助けをすることにある。

第十三章……すばらしい投資を見つける方法

「チャンスは繰り返しやってくる。人間は同じ過ちを繰り返すものだから」

――金持ち父さん

「たいていの人はみんなが株に興味を持ち出すとそれに興味を持つ。本当は、誰も興味を持たない時こそ興味を持つべきだ。人気があるものを買って成功はできない」

――ウォーレン・バフェット

●レミングの生と死

小学生の頃、担任の先生がレミングの一生を描いた映画をクラスのみんなに見せた。レミングの母親が小さな赤ちゃんを生むのを見てみんな興奮した。モコモコの毛で覆われたかわいらしい生き物が遊ぶ様子や、親が子の世話をし、子供たちが成長していく様子が画面に映ると、私たちはクスクス笑い声をたてた。ところが突然、幼いクラスメートと私は息をのんだ。その時、画面には大人になったばかりの、それでもまだモコモコのかわいいレミングが、何千匹も一斉に崖から海に飛び込み、沖に泳ぎ出して死んでいくのが映し出されていた。

一九九五年から二〇〇三年までの間に、何百万人もの投資家がこのレミングのような行動をとった。そして、命こそ失わなかったが、多くの人が生活の蓄えを失った。どうしてそんなことが起こるのだろうか？

いつものことだが理由はたくさんある。その一つは、投資家がやみくもに仲間のあとを追い、お金が儲かることではなく、人気があることをする傾向があるからだ。一九九五年、株式市場が非常に活気を帯びてくると、レミングは巣穴から頭を出し始めた。そして、友人たちが金持ちになっていくのを見て、儲けのチャンスを逃したくないと思うと、すぐさま、たくさんのレミングが安全な巣穴から出て、近年で最も熱くなっていた株式市場に向かって崖から飛び込む仲間たちのあとを追った。

●飛び込まなかったレミングに何が起きたか

もちろん、一九九五年から二〇〇〇年までの間にすべてのレミングが崖から株式市場の海に飛び込んだわけではない。市場が下落していることに気付くとすぐ、金利の低下と同時に不動産や債券市場に飛び込んだレミングもたくさんいた。そして、その時も、レミングとしての本能に従い、多くのレミングがそのあとを追った。

二〇〇〇年から二〇〇三年の間に金利が低下すると同時に、何百万人もの投資家が安全を求めて株式市場から手を引き、最悪のタイミングで不動産や債券の投資を始めた。なぜ最悪のタイミングだったのか？　それは、すでにみんながそこに投資し始めていたからだ。そのため、不動産も債券も、人々が求めていた安全な投資ではなく危険な投資になっていた。金利が低下するにつれて、債券投資はどんどん危険なものになっていったが、そこからの利益が低下していたにも関わらず、投資家たちは資金を注ぎ込み続けた。金利が低下している時に債券を買うのも、値が上がっている時にインターネット関連株を買うのも、どっちもどっちのやり方だ。

同じ頃、金利が低下すると同時に不動産価格が上昇した。ここでも、不動産価格が上がるにつれて、ますます多くの投資家が不動産投資を始め、不動産投資を危険なものにしていった。

●最悪の投資タイミング

「タクシー運転手や靴磨きの少年が投資するようになったら、市場から手を引く潮時だ」という言葉には確かに一理ある。金持ち父さんはよくこう言っていた。「投資に最悪のタイミングは市場の調子がいい時だ」

金持ち父さんは息子のマイクと私に、投資の次の上昇トレンドをねらうのではなく、市場が上がっている時は手持ちの不良資産を売り、市場が下がっている時に値打ちのある物件を買うように教えた。「ポートフォリオの中の不良資産をなくすのに一番いい時期は、市場の調子がよくて、素人がそこに参加して買っている時だ」金利が低下し、不動産市場が上昇していた二〇〇〇年から二〇〇三年までの間、私とキムは採算ぎりぎりの不動産物件を、株式市場から手を引き不動産市場に参入したくてうずうずしている投資家たちに売り始めた。

私たちが売却した物件の一つは、一九八九年に五万五千ドルで買ったもので、二〇〇三年にはおよそ十万ドルで売れた。その物件を売却したのは、家賃収入が増えていなかったから、寝室が二つのそのマンションにかかる経費がかさんでいたから、そして私たちが持っていたほかの不動産と比べて値上がりの見込みがなかったからだ。それに私たちのほかの投資物件と比べると、かなり規模が小さかった。その部屋は二週間足らずで売れた。

この物件は大きさこそたいしたことはなかったが、ほとんど空きが出ることもなく、十四年間、家賃として毎月平均千ドルを私たちのポケットに入れてくれた。中にはそこに七年以上住んだ人もいた。十四年間の総収入は、千ドル×十二か月×十四年＝十六万八千ドルだ。この物件は現金で購入したのでローンの支払いはなかった。経費はわずかな額だったが、先ほど言った通り増えていた。たいした投資ではなかったものの、十四年間で元手のおよそ三百％の収益をあげた。理論的には、五年目で最初に投資した五万五千ドルが回収できたので、それ以降はただで利益を受け取っていたことになる。その後の利益は別の不動産に再投資したが、実際のところ、五年目以降は元手なしで金を稼いでいるようなものだった。大きな額ではないが、損をするよりこつこつ稼ぐ方がいいに決まっている。

●投資を見つける

今ここでこの話を取り上げたのは、規模は小さいが成功したこの投資を自慢するためではない。すばらしい投資を見つけられる投資家がいる理由、そして、なぜ多くの投資家にはそれが見つけられないのか、その理由を具体的に説明するためだ。

これほど大勢の投資家がすばらしい投資を見つけられない主な理由の一つは、私が「レミング効果」と呼んでいる現象の中にある。レミング効果が威力を発揮するのは、ほかの投資家が買っているからという理由だけで投資家が買い物をする時だ。金融関係の出版物にはたいてい「二〇〇二年度の投資信託第一位に選ばれました」とか、「過去五年間に三十六％の利益率を上げています」「格付け五つ星です」などという広告が載っている。レミングはこういった広告に引き寄せられる。一般的に言って、もしそれが広告通りで、投資信託の運用業績が第一位、あるいは過去五年間に三十六％の収益を上げているとしたら、もうそろそろ終わりが近づいているということを意味する。不動産の世界では、十二万五千ドルで買った不動産を三か月後に十六万五千ドルで売ったなどと友人や仕事仲間から聞かされたりすると、レミングが引きずり込まれる。金持ち父さんがよく言っていたように、「成功話が市場にカモを引き寄せる」。

●経験から学んだ教訓

学校で見せられたあのレミングの映画には、幼い少年の私を当惑させる事実が一つ含まれていた。それは、レミングが同じことを何度も、毎年繰り返すという事実だ。これは投資にもあてはまる。金持ち父さんが言った通りだ。「チャンスは繰り返しやってくる。人間は同じ過ちを繰り返すものだから」。金持ち父さんはこうも言っていた。「すばらしい投資を見つける方法の一つは、ほかの投資家たちが犯す過ちに関する専門家になることだ」最もよくある過ちの一つは、市場が活気を帯びてたくさんの人がレミングになっている時によく起こる。市場が熱くなったり、人目を引いたりした時はもう遅すぎる。つまり、ここで学ぶべき教えは、「市場が活気づいている時、レミングになってはいけない」ということだ。単純な教えに思えるかもしれないが、だれもが崖から飛び込んでいる時に踏みとどまるのはむずかしい。多くの人が犯す最大の過ちは、人気のあるものに投資するという過ちだ。一九九五年から二〇〇〇年にかけて一番人気があった投資は投資信託と株式だった。その熱狂的な人気は、「投資してはいけない」というサインだったはずなのに、人々はこぞってそこに投資した。ウォーレン・バフェットの言葉をもう一度思い出そう。「人気があるものを買って成功することはない」

●すばらしい投資を見つけるための七つの方法

金持ち父さんがすばらしい投資の見つけ方として自分の息子と私に教えたのは、財務諸表の読み方と、トレンドを理解し優秀なアドバイザーを持つこと、そして最も重要なこととして、人気があるものには投資しないことを教えてくれた。金持ち父さんはこう言った。「投資家として成功するつもりなら、他人が見逃しているすばらしい投資を見つける力が必要だ」私に言わせれば、これほどたくさんの人たちが見ず知らずの人に自分のお金を預ける理由の一つは、すばらしい投資を見つける方法を知らないからだ。

次に、市場の好不調に関わらず、すばらしい投資を見つけるための七つの方法を挙げる。これらの方法はそのほとんどが、「レミングにならない」という考えに基づくものだ。

すばらしい投資を見つける方法❶
多くの人がレミングであることを忘れるな

すばらしい投資を見つける一番簡単でしかも一番いい方法は、素人が市場に参加するのを待つことだ。素人はいつもあとから、つまりたいてい市場がピークに達してから参加する。そして、一般的に言って、素人は遅れてやってくるから、どっと一度に押し寄せる。彼らは興奮状態をもたらし、価格を吊り上げたあと、高すぎる値段で買う。その後、定石通り市場が暴落すると、本当の投資家たちが戻ってきて、すばらしい物件を最低の値段で見つける。これはどんな種類の資産、つまり紙の資産にも不動産にもビジネスにもあてはまる。このことは歴史を通じてずっと真実であったし、これからも真実であり続けるだろう。

●私のある一日

私はよく、「どうやって投資を見つけるんですか?」と聞かれる。これから書くのは二〇〇三年九月のある一日の話だ。私がどんなふうに市場に目をこらし、耳をすまして投資対象を見つけるか、その一つの例としてお話しする。

市場の好不調に関係なく、毎日私はアマチュア投資家とプロの投資家の両方と話す時間を作る。それが市場の動きを常に察知するための私の方法だ。

二〇〇三年九月のその日、友人の娘さんがうちへ来て、不動産でひと儲けしていると話した。彼女は小さな不動産を三つ買い、フリップする、つまり売買契約をしたあと、その購入権を転売することで総額九千ドルの利益を上げていた。すっかり舞い上がってしまった彼女は、不動産のフリップに専念するために仕事をやめたいと言っていた。彼女と話したことで私は、不動産バブルはもうそろそろはじけると確信し、くれぐれも注意しなければならないと思った。市場が短期間で上昇し、素人でもすぐに利益を上げられるようになったら、私は市場がそろそろピークに差し掛かったと判断する。そして素人が仕事をやめるようになったら、市場のピークはもう目の前ということになる。ハンター・S・トンプソンがいつか書いていたように、「様子がおかしくなると、おかしな人間たちがプロになる」。

同じ日の午前中、もう少しあとになって、友人がダイヤモンドを売りにやって来た。彼はこう言った。

「仕事でトラブルを抱えている。売り上げはストップしているのに支払わなければならない請求書がたまっている。私のダイヤモンドを買ってくれないか？　ダイヤモンドの代金をきみからもらえれば、クリスマスまであと数カ月は持ちこたえられる。クリスマスが過ぎたら、払ってもらったお金に二十五％上乗せして必ずダイヤモンドを買い戻すから」ダイヤモンドとガラス玉の違いがわからない私は、このチャンスは見送ることにした。

昼食後、シンガポールに住む友人からEメールが来て、ニュージーランドに持っている不動産をいくつか買う気はないかと聞かれた。彼はこう書いていた。「最近の不動産投資で少々手を広げ過ぎた。改装を始めたが、予想以上のお金がかかる。お金はないしローンは払わなきゃならない。銀行の圧力がかなりきびしい。改装を終えて転売するには十万ドル必要だ。今すぐ十万ドル送ってくれたら、評価額できみに売れる土地がニュージーランドに三つある」

「その三つの土地にはどれだけの値打ちがあるのか、どこにあっていくらで売るつもりなのか教えてくれ」と私は返事を送った。

返事はなかった。銀行の圧力がさらにきびしくなったのだろう。

夕食後、不動産ビジネスのパートナーの一人から妻のキムに電話があった。「売り主は手を引きました。最後の銀行が融資を断ったんです」

「ということは、九カ月待って、あの物件はようやく私たちのものになったのね？」

「そうです。最初に申し込んだ価格より安くなりました」

「よかったわ」キムはにこりとした「契約を結んで、デューデリジェンス（適正評価手続き）を始めることにしましょう」

この電話の十一カ月ほど前、私たちはその物件に関しておおむね合意に至ったことを記したレター・オブ・インテント（意向書）を売り手と取り交わしていた。だが売り手は私たちには売らずに、私たちの提示額より高い金額を払うと申し出た買い手に売却した。ところが今になって、高値をつけすぎたその買い手が金銭的問題を抱えるようになり、すぐにその物件を手放さなければならなくなったという話だった。住人に対する気配りを怠り、住人たちがさっさと出ていってしまったために毎月多額の損失を出していたのだ。つまり、ローン返済のためにお金が出ていくばかりでなく、住人の退去とともに家賃収入も失っていた。その五カ月後、彼は私たちに電話してきてその不動産を売ろうとしたが、値段がまだ高かったので私たちは断った。そのあと彼は別の買い手を見つけてこの物件を売り、これで苦境から救われると思っていた。ところが、新たな「救世主」になるはずのその買い手がお金を工面できずに手を引いてしまった。そこで、最初に私たちを出しぬいてこの物件を手に入れた買い手は、再び私たちに電話をかけることにしたのだ。今回は損を覚悟で、最初に私たちが提示した金額より安い金額でぜひ売りたいという話だった。彼はもううんざりしていた。不動産で儲けるのは簡単だろうと思っていたのに、彼にとっては実際はそう簡単ではなかった。あっという間にお金を失い、今はただそこから手を引きたいと思っていた。新しい買い手が現れて購入を決めるまで待っていられなかったのだ。長い間辛抱強く待った結果、この不動産は結局私たちのものになった。

「チャンスは繰り返しやって来る」と金持ち父さんは言った。「人は同じ過ちを何度も繰り返すと思っている。人は変わるかもしれないが、過ちは変わらない。ある特定の過ちの専門家になれば、きっと金持ちになれる。人が過ちを犯す時、市場は世界最高の投資を提供してくれる」

ウォーレン・バフェットはこう言っている。「私が市場に行く目的はただ一つ、誰かばかなことをしそうな人がいないか見るためだ」

●より愚かな人間

投資の世界では、キャッシュフローのゲームではなくキャピタルゲインのゲームをしている人たちの方が、「より愚か者のゲーム」をしている場合が多い。例えば、誰かがこんなことを言う時、そこには常により愚かな人間が存在する。「この株を二十五ドルで買った。三十五ドルに上がったら売るつもりだ」「この家を二十五万ドルで買った。ブローカーは五年以内に三十五万ドルになると言っている」これは自分たちより愚かな人間がいるという仮定に基づいて投資している愚か者のせりふだ。そして、確かに、彼らより愚かな人間はいつも存在する。

実際のところ、大部分の投資市場は、より愚かな人間がいることを前提に機能していると言ってもいい。市場に「より愚かな人間」がいなくなった時、市場は下落する。最後の愚か者がうしろを振り返り、自分に株、あるいはビジネス、投資信託、不動産などを売った愚か者が姿を消し、資産を取り戻す気のある人間がもういないことに気付いた時、市場は下落する。そして、愚か者たちが逃げていくと大安売りが始まる。ウォーレン・バフェットが言う通り、「他人がガツガツしている時はビクビクして、他人がビクビクしている時にガツガツしろ」ということだ。

●**すばらしい投資を見つける最高のタイミング**

投資を見つけるのに一番いいのは、レミングが崖に向かって走り、大きな欲にけしかけられて人の欲望がどんどんふくらんでいる時だ。金持ち父さんは「欲＋愚かさ＝チャンス」とよく言っていた。投資のこととなると、大部分の人がレミングになるということをよく頭に入れ、すばらしい投資を見つける一つ目の方法として次の五つの教訓を覚えておこう。

1．レミングは動き出すのが遅く、投資家は早めに動く。これは売買どちらにもあてはまる。
2．市場が好調の時より不調の時の方がいい取引を見つけるのは簡単だ。
3．市場が不調の時、レミングは土の巣穴に戻って身を隠す。市場が不調の時、投資家は出歩いて金持ちになる。

4．市場が好調の時でも利益はあげられる。市場が好調な時は、そうでない時よりさらに賢明な投資家でなければならないだけだ。市場は熱くなっている時が一番危険だから、特に注意が必要だ。

5．市場が好調な時一番むずかしいのは、レミングにならないことだ。市場が不調な時一番むずかしいのは、投資家になることだ。

すばらしい投資を見つける方法❷
個人の悲劇や不幸

すばらしい投資を見つける二つ目の方法は、個人の悲劇や不幸を通じて見つけることだ。こういうやり方で有利な投資を見つけるのは楽しいことではないが、私もやったことがある。

何年も前の話だが、失業したばかりの男性が売りに出した不動産が私の目にとまった。銀行の差押えまであと二週間という話だった。「私が銀行に借りている分だけ支払ってくれれば家はあなたのものです」とその男性は言った。

「そんなことはしたくありません」と私は答えた。

「いいですか。あなたは私と私の家族を助けることになるんですよ」

「どうしてそうなるのですか」

「あなたが家を手に入れる代わりに私の借金を払ってくれれば、私の信用情報には汚点が残りません。再起して家族のために家を買おうと思った時、その方が楽に買えます。差押えが記録に残れば、家を買うのはもっとむずかしくなりますし、金利も高くなるでしょう」

この人から家を買うのは気が進まなかったが、彼が私に助けを求めていて、私はそれに応えるだけで、不幸な境遇にある人を不当に利用するわけではないということはわかっていた。

ここで大事なことは、財政困難に陥ると、何が何でも売ろうとする人が多いという事実だ。これは確かに投資にとっていいタイミングだ。ここは一つ、あなたの良心に従って行動することをお勧めする。

すばらしい投資を見つける方法❸
不景気

不景気とは単に経済の収縮で、定期的に起こるものだ。だから、これもまた、買いのチャンスが繰り返し訪れることを示している。不景気は確かに個人にも事業にも大きな不幸をもたらす。不景気の間、設備ごと会社を二束三文で売りに出す場合も多い。個人向け住宅の価格は下がり、車や湖畔の家、ボートなど個人の「おもちゃ」も同じく二束三文で売られる。そして多くの人が、自分は資産（実際はおもちゃ）はたくさん持っていて、その点では裕福かもしれないが、金銭的には貧乏だということに気付く。

この顕著な例が、ドットコムと呼ばれるインターネット企業の創業者たちだ。株価が高騰している間、彼らは新しい車や大きな家、そして、キャッシュフローゲームでドゥーダッズ（むだ使い）と呼ばれる「おもちゃ」をたくさん買った。ドットコム熱が突然さめると、彼らは生計を立てることすらむずかしくなって、車や家やおもちゃをできるだけ早く売らなければならなくなった。彼らの持ち物が大量に売りに出されたため、ドゥーダッズを激安価格で買おうと現金を手に探し回っていた人たちにとっては、絶好のチャンスが訪れた。喜んで買ってくれる買い手が見つかって売り手も満足したし、小売価格よりも安く買えた買い手も満足した。

この時期、個人の持ち物と同じように、ドットコム企業の家具やコンピューター設備などの資産も非常に安い価格で売りに出された。企業は資産を売却することによって現金を調達できたし、買い手はほとんど使われていない家具やコンピューターを非常に安い価格で買うことができた。

ここでも先ほどと同じだ。個人の不幸に乗じて取引きするのは私は好きではない。でも、たとえわずかな足しにしかならないとしても、実際誰かの助けになる場合もある。良心に従って行動することが大事だ。朝になって鏡に映った自分の姿を見て恥ずかしくないことをしよう。

すばらしい投資を見つける方法❹
技術的、政治的、文化的変化

一九八六年、アメリカ政府は税法を改正した。それにより、医者や弁護士、会計士、建築士などの専門的な職業に就いていて、高給をとっているSクワドラントの人たちは、彼らのような専門的資格を持っていないビジネスオーナーたちが利用しているのと同じ税の優遇措置を利用するのがむずかしくなった。そして、そのような変化のおかげで、一九八七年には株式市場の暴落が、続いてその数年後には不動産市場の暴落が引き起こされた。

一九九一年六月、『CPAジャーナル・オンライン』に、「税法（一九八六年の税制改革法）によって不動産に打撃」と題された、ロイ・E・コーデイトによる次のような記事が掲載された。

一九八六年の税制改革法
「受動的」所得と「能動的」所得を区別する明確な経済的根拠はない。その境界は完全に任意的だ。そのため、肉体的労働を伴わない収入は「不労」所得だとする間違った考えが助長され、従って労働によって得られた賃金より重い税金が課されるべきだとされている。実際のところ、このような受動的投資は経済成長の基本的原動力の一つだ。こういった投資の本来の機能は、その他の非受動的活動が成長していくための資金を提供することにある。不動産の場合がまさにこれだった。不動産への投資は、住宅やその他の建築物の在庫の増加に大きく貢献した。投資家たちが実際の管理のために他人を雇ったのは、不動産市場内の仕事を効率的に分割した結果に過ぎなかった。このような効率化に対してペナルティーを課すのは不条理だ。多くの貯蓄貸付組合が崩壊したのには、不動産に関するこの一九八六年の税制改革の弊害が主な要因となっている。

医者や弁護士、会計士、およびそれらに類する職業カテゴリーに属する人々は、税制が変わったばかりに、膨大な数の不動産を文字通り二束三文で売ることになった。税制上の優遇措置がなくなったために不動産価値が暴落したからだが、あまりに極端に下がったので、何十億ドルにものぼる不動産を超低価格で売る方法を見つけるために政府が介入し、整理信託公社を結成しなければならないほどだった。

この時期はどこも不安が充満していた。多くの人は外に出て投資することをやめ、自分の穴に閉じこもった。この同じ時期、キムと私は、それらの二束三文の不動産物件を政府から少しでも多く買えるように、それまで以上に精力的に動き回り、多くの金を稼いだ。キムと私は、この税制上のたった一つの変化によって経済的自由を手に入れたと言ってもいい。

●変化は毎日起きる

現在、かつてないほど多くの構造的、技術的、政治的、そして文化的変化が起きているが、どの変化も、損だけでなく、投資で儲ける新しいチャンスを人々にもたらす。私が注目している変化をいくつか次に挙げる。

1. テロリズム――テロ活動にはあまりお金がかからないため、どこでも起きる可能性がある。テロは人々の安心感を減少させる。安全が脅かされると、資金は積極的に再投資されずにしまい込まれたままにされがちだ。

2. 仕事が外に流出する――数年前にはメキシコなどの国に流出するブルーカラーの職について懸念する人

がいたが、現在ではホワイトカラーの職もまた流出している。二〇〇〇年から二〇〇三年までの間に、ウォール街から五万の職が失われ、インドなどの国に流出した。なぜか？　それは、アメリカ人でMBA（経営学修士号）を持っている人に年間三十万ドル払うより、インド人でMBAを持っている人に三万ドル払うほうがはるかに安いからだ。離れた場所に低賃金で働く従業員を抱えるこの傾向は、今後どんどん増すだろう。現在では、アメリカ国内の電話番号案内のオペレーターが、フィリピンやマレーシアやインドといった国々に住んでいるというケースさえある。

3．中国が世界経済を支配する――西欧で製造できるものは何でも、中国でもっと安く製造することができる。これは慎重に見守るべき変化だ。

4．高齢化――西欧諸国は急速に高齢化しており、退職年齢に近づきつつある人を多く抱えている。すでにヨーロッパの主要都市の多くでは、財政難に陥った政府が退職者年金を予算内で払い続けられない可能性が出てきていて、それに対する抗議行動が起きている。

5．人口増加――アメリカの国勢調査によると、二〇〇〇年のアメリカの人口は二億八千百万人だった。そして、今後二十五年間でこの人口は三億五千万人から四億人まで増加することが見込まれている。カリフォルニアなどはすでにかなり人口が多いというのに、今後二十年間のうちに十八%の人口増加が予測されている。中国やテロリズムが株式市場にどのような意味を持つかははっきりとはわからないが、アメリカにおけるこのような人口増加が不動産に大きな意味を持つだろうことは私にもよくわかる。不動産の価格が高すぎると文句を言う人たちに対して私はよくこう言う。「今不動産の価格が高いと思うならあと十年待ってみなさい」またこうも言う。「たとえその当時は高かったとしても、二十年前にもっと不動産を買っておけばよかったと、今思いませんか」ただし、確かに不動産は年平均六%上昇する傾向があるが、だからと言って、どんな古い不動産物件を買ってもいいということにはならない。

6．戦争――戦争は悲惨だ。だが、それは大きな変化が迫っていることを意味する場合がよくある。イギリス、フランス、ドイツ、日本はすべてかつてアメリカの敵だった。現在これらの国はアメリカの最も強力な同盟国だ（ドイツとフランスはイラク戦争でアメリカを支持しなかったが、別の面では依然として強力な同盟国だ）。つまり、親密な関係になる前に一戦交えなければならない時もあるということだ。願わくは、イラン、イラク、パレスチナ、ロシア、アフリカの一部の国など、今も戦闘が続く地域が、近い将来、たがいに親密な関係を築き、いい貿易相手国となって欲しいものだ。投資に関してここで大事なことは、戦争が起こると値段が下がるので、時としていい買い時になるという点だ。

第二次世界大戦の間、日本人はフィリピンとそこにある現地企業の多くを占領した。そういった企業の一つにニューヨーク証券取引所に上場されていた金採掘会社があった。日本がこの国と鉱山を占領下においた日、その会社の株価はただ同然にまで急落した。でも、その破格の安値に飛びつき、戦争が終結して会社が立ち直った時、ひと財産を築いた人もいた。

7．年齢は負債――私が幼かった頃、年齢は資産だった。両親は、自分たちが年をとればとるほど労働者としての価値が上がると考えていた。現代社会では、技術革新のおかげで年をとればとるほど時代に遅れてしまう。今、私はよく人に、プロの運動選手と同じように考えなければいけないと言う。つまり、二十五歳の時にはスター選手でも三十五歳になったらすでに体力的に遅れをとってしまうバスケットボール選手と同じように考える必要がある。

私が早い時期に起業家や投資家としてスタートした理由の一つは、EやSのクワドラントではなく、BやIのクワドラントでうまくやっていけるようにずっと勉強をしてきていたからだ。自分の会社を持ち、自分で自分のために投資をしていれば、他人に人生をコントロールされることや、いくら稼ぐか、いつ休暇がとれるか、いつ引退できるかといったことを心配しなくてすむ。私にはそのことがわかっていた。人生の第一クォーターである二十五歳から三十五歳まで私は負け犬だったが、次のクォーターではビジネスと投資の腕を徐々に上げた。そして、第二クォーターにあたる三十五歳から四十五歳までの間に、キムと私は投資だけで生活できるようになり、経済的自由を手に入れた。

●劣等生でも関係ない

八十年ほど前の一九二一年十月一日、フォーブス誌が「劣等生の重要人物リスト」という見出しの記事を掲載した。

トーマス・エジソンは「頭が悪すぎて勉強についていけない」という理由で学校を退学になった。機関車のブレーキを発明し億万長者になったジョージ・ウェスティンハウスは学生時代、教師から劣等生と呼ばれた。大規模百貨店ウールワースの創業者フランク・W・ウールワースは学校で文法の卒業試験を受けたとしたら、合格できなかっただろう。『タバコ王』ジェームズ・B・デュークは気の毒なほど無学だった。米国銀行協会会長ジョージ・F・ベイカーは若い頃、夜間警備員をしていたと言われている。第一線の実業家で重要人物とされる二十人のうち、三十五歳あるいは四十歳で目立った業績を上げた人は一人もいない。そのほとんどすべてが、成功の頂点にたどり着くまでに厳しくつらい経験をしている。

私が二十五歳で自分の道を歩き始めた時、金持ち父さんと貧乏父さんはどちらも私の学力が高くないことを知っていた。学問が得意な貧乏父さんはこう言った。「おまえはずっと覚えが悪いままだろう」確かに覚えがいい方ではなかった私に、金持ち父さんはこう言った。「ゆっくり覚えて、一生忘れないようにするんだ。きみが勝つにはそれが一番いい」そしてこうも言った。「欲があれば理屈では無理なこともできる」私は五十歳になって初めて世界的ベストセラーを書いた。文章を書くのが下手なせいでハイスクールでは二度も落第点をとったのだから、ニューヨークタイムズでベストセラー入りした本が現在五冊あるというのは、確かに理屈に合わない。

大学卒業直後、同級生のほとんどは私より高収入を得ていた。現在、私は、学校で成績がよく、高収入の仕事に就いた同級生の大部分よりはるかに高い収入を得ている。スタートがゆっくりだったから経済的成功を収めるのも遅かった。覚えが悪かったせいで、スタートするのも必要な知識や経験を得るのも人より時間がかかった。でも、結局は知る必要のあることを学ぶことができた。その秘訣はただ一つ。進み方はゆっくりだったし、何度もやめたいと思ったが、決してやめなかったことだ。

年齢や今お金を持っているかいないかには関係なく、投資について勉強を続けることが大事だ。一日一つでも新しいことを覚えれば、それだけゲームがうまくなっていく。

すばらしい投資を見つける方法❺ 二〇—一〇—五のサイクル

金持ち父さんはこう言った。「株式市場は二十年間、投資市場の花形であり続ける。そして、二十年目が近づくと暴落の可能性が高くなる。暴落後、市場はだいたい十年間低迷する。株式市場が低迷中の十年間は、金や銀、石油、不動産のような『商品』が投資の世界の中心を占める。そして五年毎に何らかの形で大きな災いが起きる」

若い頃は、金持ち父さんに教わったこの二〇―一〇―五のサイクルをあまりよく理解できなかった。だが、わからないながらも私はその教えを守った。一九七三年から一九八〇年の間、私は、投資して儲けるのはむずかしいとされることの多い資産や商品、つまり不動産と金に投資していた。金への投資と聞いて、銀の値段を一オンス約五十ドル、金の値段を一オンス約八百ドルまで引き上げたハント兄弟を思い出した人もいるかもしれない。一九八〇年の直前、商品市場は暴落した。そして、金持ち父さんの言葉通り、一九八〇年から二〇〇〇年までは株式市場が投資の世界の花形になった。一方、五年毎に災いが起きるというのもあたっているようだ。例えば株式市場の暴落、貯蓄貸付組合の崩壊、不動産市場の暴落などの出来事、そして二〇〇一年九月十一日のような痛ましい事件は、確かに五年毎に起きているように見える。五年毎に災いが起きるということの理論が正しいとしたら、次の災いは二〇〇六年に起きる……。

●水晶玉を持つことが目的ではない

金持ち父さんが二〇―一〇―五のサイクルのことを話したのは、私を水晶玉で未来を占う占い師にするためではなかった。私に変化を意識して欲しいと思っていたからだ。これほど多くのベビーブーマーたちが退職にあたって金銭的問題を抱えている理由の一つは、彼らが今も株式市場に投資している一方で、その株式市場が二十年のサイクルをもう終えているからだ。もし二〇―一〇―五のサイクルに従って行動するとしたら、一九九六年には株から手を引いて商品取引に移っているべきだった。ウォーレン・バフェットは一九九六年に手持ちの株を大量に売却し、二〇〇〇年までには銀に多くを投資していた。二〇―一〇―五のサイクルに従ったのかどうか知らないが、彼の投資パターンはそのサイクルが正しいことを立証している。

もしこの二〇―一〇―五のサイクルが正しいとしたら、ベビーブーマーたちはその多くが引退できなくなるかもしれない。なぜなら、彼らは商品取引のサイクルが訪れている間、手持ちの株が値を戻すのを待って株式市場にとどまり続けるだろうからだ。いくら待っても、二〇〇八年から二〇一〇年までは株価は戻らない可能性が強い。

私が習得した二〇―一〇―五のサイクルの利用法は、未来を占う水晶玉としてではなく、先を見通すことを自分に思い出させるために使う方法だ。例えば一九九六年、金が底値の一オンス二百七十五ドル程度で取り引きされていた時、私は金鉱に投資を始めた。銀行や株式市場で仕事をしたり投資したりしていた友人の中には、そんな私を笑う人もいたが、金が一オンス三百七十五ドルまで上がった今では笑う者はいない。実際のところ、一九九六年に投資した会社の一つで、私が取締役で二番目の大株主である会社は、二〇〇三年十一月に上場したばかりだ。

要するに、私がしたことを一言で言うとこうなる――株式の二十年サイクルが終わりに近づいたので、私は株式から手を引いて金や銀、石油、その他の金属などの商品取引のチャンスを探し始めた。二〇〇一年九月十一日の悲劇の直後、株は大きく値を下げたが、私は株式市場には参入しないままでいた。それは株の二十年サイクルが終わったことを知っていたからにほかならない。不動産の価格は高かったが、株の代わりにもっと不動産を手に入れようと、九月十一日以降私はチャンスを探した。

●三種類の資産で変化に備える

私は自分の経済的未来を二〇―一〇―五のサイクルに賭けるつもりはない。前に言ったように、本来このサイクルはマーケットが周期的に変動していることを警告するためのものだ。これを知っているおかげで、私は間違ったサイクルにあまりつかまらないでいられる。すばらしい投資を見つける一番いい方法の一つは、現在嫌われていても、すぐに人気が戻ると思われる投資対象を探すことだ。この二〇―一〇―五のサイクルは、株式がおそらく二〇〇八年頃に人気を取り戻すことを教えてくれる。その頃になったら、私は手持ちの金の売却を検討しなければならないことを思い出すだろう。

私は不動産が好きで、アメリカの人口が増加の一途をたどるという人口統計上のトレンドを信じているので、不動産投資は続けていくつもりだ。出生率が下がっている日本で不動産に投資するのはあまり気が進まない。不動産の資産価値は、借りたいと思う人が大勢いる場合しか上がらない。

『金持ち父さんの予言』の中で私は、二〇一二年から二〇二〇年までの間に大規模な株式市場暴落の可能性があると書いた。暴落の理由は、二〇一〇―一五のサイクルによるものではなく、西洋社会の人口統計によるところが大きい。二〇一六年になると最初のベビーブーム世代が七十・五歳に達するが、その年齢になるとアメリカの401(k)年金プランを生み出す元となった法律によって、彼らは年金を引き出さなければならなくなる。その結果、その引き出しに応じるために、彼らが持っていた株式は売りに出される。そうなるとベビーブーマーたちは、繰り延べられていた退職口座に対する税金を支払わなければならなくなる。ここで大事なのは、二〇一六年頃に市場がかなり過熱した状態にあって、まだ暴落していなかったとしても、三種類の資産すべてをたくさん持っていれば、株式市場に何が起きたとしてもあなたの財政基盤は安全だということだ。

すばらしい投資を見つける方法❻ 業界に友人を持て

たいていの人は分別があって、最も有利な投資が決して売り込みのための宣伝の対象にならないことを知っている。ほとんどの場合、最良の投資は、合法的あるいは非合法的に、非常に安い価格で内部の人、つまりインサイダーに売られる。有利な投資について個人投資家が知る頃には価格が非常に高くなっているから、結局は、個人投資家にとってよくない投資となる場合がしばしばある。

すばらしい投資を見つける最良の方法の一つは、毎日市場に関わっているビジネスパートナーを持つことだ。キムと私がすばらしい投資を見つけられるのは、ほかの投資家よりたくさんブローカーに支払っているからだ。多くの投資家がブローカーに手数料を安くしてくれと言っている時、私たちはブローカーに手数料の全額と、さらに投資利益の十パーセントを支払う。出し惜しみをしないおかげかどうか、私たちは有利な投資を最初に紹介されることが多いように思う。業界に友人を持ち、彼らに投資パートナーになってもらっているおかげで、市場に出回る前の不動産を購入したことも何度かある。

すばらしい投資を見つける方法❼
資金を惜しむな

二〇〇三年の初め、キムと私のところに不動産ブローカーがやってきて、不動産の一つを売る気はないか尋ねた。私はこう答えた。「特に売る気があるわけではありませんが、私たちが持っている物にはすべて値段がついていますよ」

「いくら払えばいいんですか?」ブローカーはそう聞いた。

一日二日考えた末、キムと私はこう言った。「二百五十万ドル払ってもらえるなら売りましょう」

「それは高すぎる」とブローカーは言った。「百九十万ドルでどうでしょう?」私たちはそこで話を打ち切り、交渉は終わった。

金持ち父さんはよくこう言った。「けちな人は嫌われる。それでも、どういうわけか、けちになって金持ちになろうとする人が多い」投資の場合も同じだ。私も自分が所有している物を欲しいと言う人が私の希望額より安い額で売買の申し込みをしようとすると、あまり気持ちがよくない。

●ビジネスを変える

前にも書いたが、金持ち父さんは、よりよい投資家になるためにビジネスを理解するように自分の息子と私に言った。その理由の一つは、不動産も含めて投資とは、その背後にあるビジネスに見合うだけの価値しかないからだ。前に挙げた十エーカーの土地の例をもう一度見てみよう。

十エーカーの土地があったとする。農業を営む人にとって、この土地は一万ドルの価値があるかもしれない。一方、不動産開発業者にとって、この同じ土地は十万ドルの価値があるかもしれない。なぜ価値が違うのか？　その答えは彼らが違うビジネスに関わっているからだ。

原価が七十万ドルもしなかった不動産に対して私が二百五十万ドルを要求したのは、欲を出したからではない。原価を上回る金額を要求したのは、私にとってこの不動産は現在、それだけの価値があるからだ。ブローカーが即座に値引きを要求してきた時、私はそれを屈辱と感じた。その理由をちょっと説明させてもらう。

キムと私が購入した時、この不動産は空室が多い上、部屋代も安くて、金銭的問題を抱えたモーテルだった。このモーテルがそんなふうだったのは、周囲にもっと新しいモーテルがいくつも建てられていたからだった。キムと私はこの物件を購入した時、ビジネス戦略を変えることにした。そして、モーテルをやめ、私たちがよく知っているアパート経営に転向した。言い換えると、この不動産はモーテルとしては七十万ドルの価値はなかったが、立地がとてもよかったので、アパートとしては七十万ドルの価値があった。アパートに転向してから今年で八年になるが、これから五年以内に古い建物を壊し、高級マンションを建てて売りに出す計画なので、今、この不動産はさらに高い価値を持っている。計画では、寝室が三つとバスルームが二つの、ガレージ付きマンションを十二戸作ることになっていて、一戸あたり最低三十五万ドルで売る予定なので、総額四百二十万ドルになる。だから私たちにとってこの不動産は現在、最低でも二百五十万ドルの価値がある。これほど高い価値があるのは、今その土地を使ってやっているビジネスを変更する計画があって、新たに立てた建物を売れば、それだけのお金が入ってくると期待できるからだ。もしあのブローカーが私たちの計画を知っていたら、私たちが不動産の価値に見合う金額を要求したことがわかっただろう。あのブローカーを通して物件を探していた買い手が将来を見通すことができ、また、ビジネスを変えた場合の可能性も見極めることができていれば、私たちが希望した額を提示する方法をなんとかして見つけ、それでもきちんと利益を出すことができただろう。この買い手はそうせずに価格を下げてきた。だから私は二度と彼らとは話をしなかった。

●金持ちになるための私のやり方

けちになって、すばらしい投資を安く買おうとし、そのためにその投資を逃してしまうことは非常によくある。法外に安い値段で手に入れるために値下げを要求するのに知性は必要ない。一方、他人が目を向けないようなチャンスを見つけるには独創的な知性が必要だ。だから、欲しいと思っている資産の値下げを要求して相手を侮辱する前に、他人には見えない潜在的な価値が見つかるかどうか考えよう。私が思うに、金持ちになるにはこれが一番いい方法だ。有利な取引を探し出すこの方法を私はこれまでに何度も利用してきた。他人が目を向けない価値やチャンスを見つけて要求された額を支払う。ただそれだけでどちらの側も満足できる。これが金持ちになるための私のやり方だ。

●すばらしい投資を見つける方法は一つだけではない

もうおわかりの通り、すばらしい投資を見つける方法は一つだけではない。その時の市場の状況に応じた方法を、ここに挙げた七つの方法から選ぶようにすればいい。ここで忘れてはならない基本的なポイントは次の四つだ。

1. きちんと計算する——憶測に頼るギャンブラーにならない
2. レミングと同じ間違いを犯さない
3. 出し惜しみしない
4. 独創的に考える

これらの基本を覚えておけば、より有利な投資物件を見つけるチャンスがきっと広がるだろう。

シャロンから一言

この章の全体をまとめてみよう。ロバートは投資の見つけ方、選び方、買い方に関する自分の戦略をいろいろと紹介しているが、それをまとめると次のようになる。

●投資を見つける七つの方法

1. 多くの人がレミングであることを忘れない――人がやらないことを探そう。
2. 人の悲劇や不幸――いい投資をすることで、他人の悲劇や不幸を軽くしてあげられるかもしれない。そうすれば、どちらにも得になる。
3. 不景気――投資には絶好のタイミング。
4. 技術的、政治的、文化的変化――そこにチャンスが生まれる。
5. 二〇一一〇一五のサイクル――投資のチャンスを見極めるための指標となるサイクル。
6. 業界に友達を持つ――投資の世界では「誰を知っているか」が大事なことがある。新しい取引の話を最初に持ってきてもらえるような投資家になろう。
7. 出すお金を惜しむな――不測の事態が起きた場合の解約条件をつけた上で取引を押さえることができれば、そのあと検討することも可能になる。値切ってはいけない。

●見つかった投資を分析するための四つのステップ

1. きちんと計算する。憶測に頼るギャンブラーにならないで、正しい評価を心がける。
2. レミングと同じ間違いを犯さない。みんなのあとを追いかけていてはだめだ。
3. 出し惜しみしない。欲は出さない。
4. 独創的に考える。取引を成立させる方法はたくさんある。

●個々の投資を検討し、総合的投資戦略に組み入れる際に考慮に入れるべき五つの点

1. 稼ぐ／生み出す――この投資はどんなキャッシュフローをもたらすか？
2. 管理する――この投資をどう管理・運用するか？
3. レバレッジを効かせる――この投資はどれだけのレバレッジを生み出すか、あるいはこの投資によってどれだけのレバレッジを得られるか？
4. 保護する――この投資を維持し、最大限の収益を得て、将来出てくる可能性のある債権者から守るにはどうしたらよいか？
5. 出る――投資した元手をどうやって取り戻すか？

●「お金の速度」を利用した金持ち父さんの投資プラン

1. 加速装置を利用して資産にお金を投資する
2. 投資したお金を取り戻す（出口戦略）
3. 資産をコントロールする力を維持し続ける
4. 新しい資産にお金を投資する
5. 投資したお金を取り戻す
6. 以上のプロセスを繰り返す

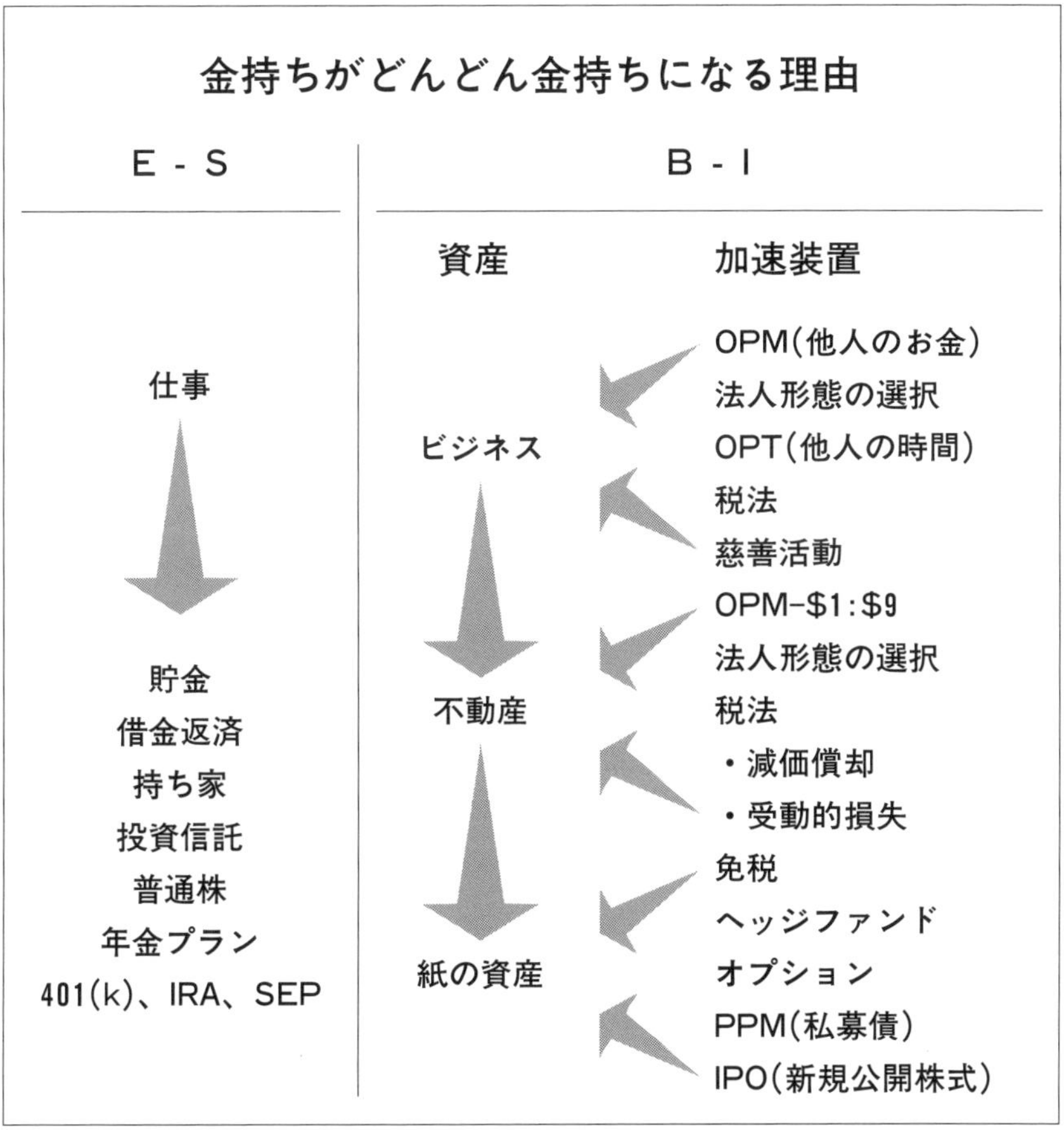
金持ちがどんどん金持ちになる理由
E - S
B - I
資産
加速装置
仕事
貯金
借金返済
持ち家
投資信託
普通株
年金プラン
401(k)、IRA、SEP
ビジネス
不動産
紙の資産
OPM(他人のお金)
法人形態の選択
OPT(他人の時間)
税法
慈善活動
OPM−$1:$9
法人形態の選択
税法
・減価償却
・受動的損失
免税
ヘッジファンド
オプション
PPM(私募債)
IPO(新規公開株式)

これらのすべての要素を組み合わせることにより、真の財産を築き、将来のファイナンシャル・ライフをコントロールする力を手に入れることができるようになる。最後に参考のため、前に紹介した図「金持ちがどんどん金持ちになる理由」をもう一度ここで取り上げる。この図には、すばらしい投資を手に入れるためのさまざまな要素がまとめられている。

第十四章……

すばらしい投資家になるには

「職業は二つ必要だ。一つは自分自身のため、もう一つは自分のお金のため」

――金持ち父さん

●自分のお金にさせる仕事を探す

本書も終わりに近づいてきたが、ここまで読んできたみなさんにはもう、次のような質問を何度もされることに対して私がイライラする気持ちがわかってもらえるだろう。

「もし一万ドルあったら何に投資しますか？」
「あなたは不動産を勧めているんですよね？」
「私に一番合った投資は何ですか？」
「どうやって始めたらいいですか？」

私にはよくわかるが、こういう質問をする人たちが本当に聞いているのは「お金の働き場所」だ。そして、投資家が探しているのもまさしくそれだ。

●定年後、どうしたらいいか？

本の宣伝のためにワシントンに滞在した時、駐車場で年配の男性が近づいてきて、少々無礼な態度でこう言った。「きみが、お金を不動産に注ぎ込めと言っている男だな？」

私はできるだけ礼儀正しく答えた。「いいえ、お金をどこに入れろなどとは言っていませんよ」

「でもきみは不動産をやっている。そうだろう？」私の胸を鉛筆でつつきながら彼は迫った。

私は鉛筆をわきに押しやりながらこう答えた。「ビジネスと不動産と紙の資産の投資について教えています。私はこの三つの資産すべてに投資しています。どの資産に投資するかは本人次第ですから」

「いいかね」と見知らぬ男は続けた。「私はあと三カ月で定年を迎える。だからお金をどこに置いておいたらいいか知る必要があるんだ。退職後の収入はない。きみなら手を貸してくれるだろうと言われたんだ」

「投資家になる勉強をする気持ちがあるのなら、手を貸してあげられますよ」私は静かに答えた。

「投資家になるにはいくらかかるんだ？」

「それはあなた次第です。投資資金はどのくらい持っているんですか？」

「銀行に約一万八千ドルあって、小さな家と車を持っている。借金はない。それで全部だ。妻は何年も前に亡くなっている。彼女は公務員で安定した職を持っていたし、退職後の給付金もあったんだが……。私は小さな会社で技師として働いているが、会社はうまくいっていない。会社の仕事は好きだが、給料は安いし、実際のところまともな給付金も保証もない」

私は黙ってうなずいた。男性の言葉の裏側からにじみ出る苦悩が痛いほどわかった。その苦悩は、退職年齢を過ぎてもなお仕事を探し続けていた貧乏父さんのことを私に思い出させた。しばらくして私はこう言った。「そうですね。もしかすると、引退すべきではないかもしれませんね。お金は銀行に預けて、何か好きなことのできる仕事を続けてはどうですか？」

「私だってばかじゃない」男性はそう応じた。「投資の必要があるのはもう何年も前からわかっている。いつまでも働けるふりはしていられない。仕事をやめなきゃならない時はきっと来る。自分のように教育のある人間が、働けず、自分の食いぶちも稼げないために、いつか社会のお荷物になるなんて考えただけでぞっとする。ずっと一生懸命に働いてきたが、いつか働けなくなることくらいわかっている」

二人の間に長い沈黙が流れた。先ほども書いた通り、私は何度も同じような質問をされることに本当にうんざりしていた。魔法でもかけたように、状況を元のいい状態に戻す方法など、簡単に見つかるはずがないからだ。お金、投資、長期の経済的安定といったものは単純な答えがすぐ見つかるようなテーマではない。「もっといい投資家になるのに役立つことを何か教えてくれないか?」男性は退職後の自分が抱える問題にすぐ効く特効薬を求めていた。

●お金はあなたのために働いてくれる従業員

しばらく考えてから私はこう聞いた。「あなたの職業は何ですか?」

「工場技師《プラントエンジニア》だ」彼は誇らしげに答えた。「毎日二十五人の従業員が私のところに報告に来る」

「そうですか。では、あなたのお金の職業は何ですか?」

「私の……お金の職業だって?」彼は口ごもった。「知らないね。銀行に預けているだけだ」

「そうですか」私はにこりとした。「それならあなたのお金の職業は銀行業ですね」

「よくわからないな。私のお金の職業が銀行業だというのはどういう意味だ?」

「あなたのお金はそこであなたのために働いているからです。私は金持ち父さんから、自分のお金は自分の従業員だと思えと教えられました。投資家としての私の仕事は、従業員に仕事を見つけてやることです。つまりあなたの一万八千人の従業員はあなたのために銀行で働いているんです。だからその職業は銀行業ということになります」

「私のお金は銀行の仕事をしている?」

「その通りです」私はうなずきながら言った。「銀行が彼らを雇ってそこで働かせているのですから、彼らの職業は銀行業です」

「そんなふうに考えたことはなかったな」

「それで、従業員に対して銀行はどんな待遇をしてくれていますか？　充分な給料を払ってくれていますか？」

「充分とは言えないな」

「じゃあ銀行は充分な給料を払ってくれていないんですね？」私はにやりとしてそう聞いた。私が言いたいことを彼が理解し始めているのがわかった。

「払ってくれていないね」技師は笑った。ぶっきらぼうだった態度が和らいできた。「実際のところ、銀行は以前は五パーセント払ってくれていたのに、今では一万八千人の私の従業員に年一パーセントも払ってくれない」

「それは少ないですね。では、従業員に対する付加給付はどうですか？」

「付加給付？　どんな付加給付だね？」

「キャピタルゲイン、税制上の優遇措置、非課税ローン、免税所得などの特典です。あなたの従業員は銀行からそういう付加給付を受けていますか」

「いや。私が受け取る利息には税金がかかる。非課税の特典なんて何も受けていない」彼は少し困惑した顔でそう言った。「きみの従業員はそういう特典を受けているのかい？」

「もちろんですよ。だから私の従業員はその多くが不動産業界で働いているんです。不動産業界は従業員を非常に優遇してくれますし、付加給付がたくさんあります」

「どんな付加給付だね？」

「非課税の投資資金、税制上の優遇が受けられるキャピタルゲイン、減価償却による見せかけのキャッシュフロー、経費による節税、損害保険、お金の世界のハゲタカからの保護、そのほかにもたくさんあります。私もいくらか銀行に預けてはいますが、たいした額ではありません。あなたと同じで、銀行は私の従業員を優遇してくれないからです」

「じゃあ株式市場はどうなんだ?」技師はそう聞いた。「株式市場は従業員にどんな優遇を与えてくれるんだい?」

「たいていの大企業の従業員の待遇と同じです。だから大企業の従業員は、自分たちの利益をオーナーや経営者から守るために組合を作ることが多いんです。従業員として働くお金の場合は、組合に入る代わりにその多くが投資信託に入ります。名前は違いますが考え方は同じです。どちらの場合も、労働者と経営者の間には処遇をめぐる戦いが常に存在します。実際のところ、企業の経営者には必ずお金が入りますが、労働者は、経営者の仕事がうまくいかなければ給料を支払ってもらえないこともあります」

技師はしばらくの間黙って立っていた。投資家の仕事とはどんなものかわかり始めてきたようだった。

「つまり、私がやるべきことは私のお金に職業を見つけてやることなんだな。それが投資家の仕事というわけだ。私のお金の働き場所として、安全で、給料が高く、充実した付加給付を受けられ、不正や腐敗のない場所を見つけてやらなければならないんだ」

●自分のお金に一番いい仕事を探す

私はうなずきながらにこりとした。「ちょうど親が子供の心配をするように、投資家は、お金の世界で自分のために働く従業員であるお金が、どんな待遇を受けているか心配します。大部分の人は、大企業のために働く見ず知らずの人に、何も考えずにお金を預け、自分の従業員がどんな待遇を受けているのか考えもしません。お金をそこに駐車させてしまうんです。投資家として成功する人がこんなに少ないのはそのためです。お金を駐車させておく人たちのお金は乱用され、ひどい扱いを受け、わずかな給料しかもらえないまま放っておかれることが多いんです。投資家としてあなたは、自分のお金、つまり自分の従業員に適した職業を見つけてやらなければなりません。従業員にいい待遇を与え、すばらしい仕事先を見つけ、保護し、高給を約束できるように、自分を教育することです。そうすれば、従業員は数を増やし、あなたのために一生懸命に働いてくれるでしょう」

そろそろ行かなければならない時間だった。講演があったし、目の前の紳士は答えを見つけたようだった。少なくとも、投資とは一体どういうものなのか、前よりよくわかってきたようだった。男性は笑みを浮かべ、手を差し出した。「どうもありがとう」その手を取って握手をしながら私はこう言った。「金持ち父さんは言っていました。『知らない人にお金を預けると、そのお金はきみのために働く前にその人のために働くことになる』だから賢くなって、自分のお金に一番いい仕事を見つけてください。そうすればお金があなたの世話をしてくれます。それが投資というものです」

●優秀な投資家が心配すること

この本の前の方で、投資家は次の五つのことをすると書いた。

1. **稼ぐ／作り出す**
2. **管理する**
3. **レバレッジを効かせる**
4. **保護する**
5. **出る**

投資の専門家が投資プランを練る際にこれら五つのステップを踏むのは、自分のお金、すなわち自分の従業員のことが心配だからだ。投資の専門用語で言うと、これら五つのステップは不動産でよく使うデューデリジェンス（適正評価手続）のチェックリストと同じようなものだ。

パイロットになる訓練を受けていた時、私たちは常にチェックリストに従って確認することの重要性を教えられた。例えば、エンジンをかける前にはそのためのチェックリストに目を通した。着陸前にも同じようなチェックリストを使って確認した。投資の専門家も同じことだ。

例えば新しい建物を買う前に、私たちは必ずデューデリジェンスのチェックリストに目を通す。このリストに目を通すプロセスは、とても私たちの役に立ち、そのおかげで何年にもわたってたくさんのお金を稼ぐことができた。私たちが使っているのと同じデューデリジェンスのチェックリストを見てみたい、使ってみたいという人は「6 Steps to Becoming a successful Real Estate Investor」や「How to Increase the Income from Your Real Estate Investments」などの不動産投資家向けの教材を参考にしてもらいたい。これらの教材は不動産投資に欠かせない要素の一つである不動産管理の腕を上げるための指針としても役立つ。これらの商品についてもっと詳しく知りたい人は、私たちのウェブサイト（http://www.richdad-jp.com）を見て欲しい。

●チェックリスト活用例①

これまでに出版した本の中で、私は会社勤めや自営業などの「仕事」や確定拠出型の年金システム401（k）の限界について何度も指摘してきた。その理由は、今紹介した五項目のチェックリストに照らし合わせて考えればすぐわかる。

1．稼ぐ／作り出す

仕事、つまり自分の労働力を提供した見返りとして収入を得るのは、お金を稼ぐ方法の中で最も税金が多くかかる。みなさんのうち多くはすでに知っていると思うが、収入には勤労所得、ポートフォリオ所得、不労所得の三種類がある。プロの投資家は一般にポートフォリオ所得や不労所得を得るために投資するが、たいていの場合、それらの所得は「稼ぎ出された」ものではなく、「作り出された」ものだ。

2．管理する

仕事に就いている場合、労働者は給料に対する税金をコントロールする力をほとんど持てない。また、401（k）を通して株式や投資信託に投資している労働者は、それらを管理している金融機関に対して支払う経費をコントロールすることもできない。税金や経費は投資家の収益に影響を及ぼすから、プロの投資家はそれらを自分で管理したいと考える。

3．レバレッジを効かせる

401（k）に投資してもレバレッジはほとんど得られない。せいぜい、従業員と同額の拠出金を雇用者が出すくらいのことだ。プロの投資家は自分のお金ではなく、OPM、つまり他人のお金を利用したいと考える。

4．保護する

401（k）では市場の損失に対する保護対策をほとんどとれない。とれたとしても、アドバイザーに勧められるままに、その中で分散投資するぐらいのことだ。また、ほとんどの労働者はなんでも自分の個人名義で所有する傾向があり、そのため、個人的に訴訟を起こされる危険性が多くなる。プロの投資家は、所有しているものの大半を個人ではなく法人名義で保有し、できるだけ多くの資産を守るために保険をかける。

5．出る

401（k）から得られる収入は勤労所得とみなされるので、引退後そこから得られた収入は最高税率で課税される。つまり、今は最高でも十五パーセントの税率で課税されているキャピタルゲインや配当金さえも、現在三十五パーセントが最高の個人給与所得の税率で課税される可能性がある。このようなシステムはすべて、引退後所得が減り、課される税率も低くなることを想定して作られている。だが、ほかの人はどうか知らないが、私は、自分のために働いてくれる資産をどんどん築いたり、買ったりすることで、収入が増え続けるようにしたい。プロの投資家はみんな、引退後もなお自分の収入が増え続けることを期待する。

投資に何か不都合があると、たいていの場合チェックリストが警告を発する。仕事によって安定が与えられている今の状態が好きだとか、投資信託だけで構成されている401（k）に満足していると言う人に出会うと、ああ、この人はこの簡単な五項目のチェックリストに目を通したことがないのだなと思う。こういう人たちは、税金システムや自分たちが投資している企業によって金銭的に不当な扱いを受けているばかりでなく、彼らのお金にはレバレッジも効いていないし、安全性も低い。おまけに、引退して経済的に成功した場合、いざ出口から出ようとすると、税制によってまた不当な扱いを受けることになる。

●チェックリスト活用例②

企業、不動産、紙の資産など、投資対象が何であれ、私は投資する前に五項目のチェックリストに必ず目を通す。例えば不動産に投資する前には、次のように考える。

1．稼ぐ／作り出す

私は勤労所得を欲しいとは思わない。間違いのない不動産を選べば、不労所得が生まれ、その上見せかけの所得も生まれる。しかもこれらの収入は税率が最も低い。

2．管理する

私は出費を抑えて収入を増やし、税金の支払い時期を選び、課税対象となる所得を減らす努力をする。もし損失があれば、その損失をうまく利用する。

3．レバレッジを効かせる

あらゆる投資の中で、不動産は借入れによるレバレッジを効かせるのが一番簡単だ。八十から九十パーセントのレバレッジを効かせられる場合も珍しくない。税務署は税制上の優遇措置によってさらにレバレッジを与えてくれるが、不動産投資に利用できるそういう優遇措置は数多くある。

4．保護する

私はいろいろな種類の保険を利用して資産を保護する。また、法人組織もさまざまに異なる形態のものを使って資産を保護するし、アイディアは著作権、商標権、特許権で保護する。また、特に注意を要すると判断した場合は、ノンリコース・ローン（非遡反型融資）を利用して資産を保護する。その上に、不測の事態に備えて余分なお金を積み立てる「減債基金」を準備してさらに保護を加えることもある。

5．出る

不動産を売却すると税金の支払いが生じる場合がある。だから私は税金を支払わずに不動産を買い換えることが多い。あるいは、不動産のエクイティ（純資産）部分を利用してお金を借りて非課税の資金を手に入れ、そのお金を新しい投資物件だろうがボートだろうが、何でも好きなものを手に入れるために使う。

以上が五段階のチェックリストの活用法の一例だが、これはとても単純化した例だ。実際にチェックリストを利用する時には、各段階でさらにもっと細かいことが出てくる。でも、いろいろな点から言って、あらゆる投資を対象としたビジネスプランの大まかなガイドとして、このチェックリストは役に立つ。何事も計画通りには進まないものだが、この五段階のチェックリストは、あなたのお金の投資先、つまりあなたのために働いてくれる従業員を送り込む先のプラス面とマイナス面を短時間で判断する手助けになると思う。

とても単純化されてはいるが、今おおまかな説明をした二つのチェックリスト活用例は、ビジネスオーナーとして不動産に投資するプロの投資家と、仕事に就き401（k）を利用している人とのプラスとマイナスの両面を比較するのに役立つ。ここで学ぶべき教えは、プロの投資家はこういったチェックリストを利用するが、残念ながら投資の素人の大部分は利用しないということだ。

●金持ちになる一番いい方法

投資とは単に儲かりそうな取引にお金を注ぎ込んで大儲けを願うことだと考えているように見える人はたくさんいる。あるいは自分のお金をまったく見ず知らずの人や会社に預けて、その人や会社がいつかお金を返してくれるのを願うだけと考えているように見える人も多い。これは明らかに投資ではなく、ギャンブルだ。それどころか、ギャンブルよりたちが悪い。なぜなら、そこでは、大勢の人たちが人生、汗や血、時間を費やしたものに敬意が払われていないからだ。

たいていの人は、不当な扱いをする人やけちな人、あるいはそういう会社のために働きたいとは思わない。ところが自分のお金を投資しようという時には、投資家の利益よりも自分の利益を優先させているように思える人や企業にお金を預ける人が多い。

ウォーレン・バフェットはこう言っている。「金持ちになる一番の方法は損をしないことだ」損をしないための一番いい方法の一つは、お金の投資先、つまり自分の従業員の働く環境が、ファイナンシャル・インテリジェンスに富み、誠実で、管理が行き届き、お金に関する責任をきちんと取り、安全なところであるようにするために、自分の時間を少しばかり投資することだ。それが投資家の仕事だ。ウォーレン・バフェットのような投資家がやっていることも同じだ。ウォーレン・バフェットはお金や自分が投資しているビジネス、自分のために働いている従業員や投資家に対し、高度な知性と誠実さ、それに敬意を持って接する。彼の会社がこれほどの成功を収めたのはそのためだ。金持ち父さんはこう言った。「お金に敬意を払わず、稼いだお金を不当に扱う人間は、他人から敬意を払われず、お金の面で不当な扱いを受けることが多い」

ビジネスに投資するにしても、不動産や紙の資産に投資するにしても、投資対象となる資産や自分のお金に対して、自分が払ってもらいたいと思うような敬意を持って接することが大事だ。そうすれば、お金も資産も増え、あなたの生活をより楽で豊かなものにしてくれるだろう。お金と資産の面倒をきちんと見れば、お金と資産があなたの面倒を見てくれる。

シャロンから一言

あなたの全体的な投資戦略を調整すべきかどうか、あるいはそうすべきだとしたらどう調整したらいいか、それを決める際に頭に入れておかなければならない税法上の変化、およびそれによる影響がいくつかあるが、会計士たちがそのような変更としてとらえているものを次に紹介したい。

二〇〇三年十二月付のＡＩＣＰＡ（米国公認会計士協会）発行『会計ジャーナル』の特集記事の中で、ＣＰＥ（成人職業教育）の会計業務担当責任者の一人と公認会計士デビット・リュイッツが、新しい税法が投資家に与える影響について論じているが、その中で指摘されているのは次のような点だ。

・株式投資のおよそ半分が退職口座にある。
・退職口座から得られる収入はすべて通常の所得として課税されるため、配当所得やキャピタルゲインに対する税率引き下げの恩恵を受けられない。
・配当やキャピタルゲインに対する税率引き下げの恩恵を受けるために、高配当株や長期値上がり株を課税対象となる口座で保有する一方、繰り延べ課税口座にあるさまざまな種類の資産を、債券や短期キャピタルゲイン株に変えるのも一つの方法だ。
・個人の所得税率が引き下げられたので、IRAや401（k）などの退職口座への拠出金がもたらす節税効果も減る。
・借金による投資レバレッジがより魅力的なものになる可能性がある。

●投資プラン

投資プランは自分に適したものを作らなければいけない。あなたが独自の投資プランを考える時の参考になるように、三つの異なる資産を簡単に見直し、それぞれの長所と短所をもう一度確認しておこう。

1．ビジネス

長所……あらゆる投資の中で最も高い収益が得られる。ビジネスのおかげでビル・ゲイツは世界一の金持ちになった。

税法はビジネスオーナーに有利に作られている。

短所……あらゆる資産の中で、手に入れたり、作り出したり、管理したりするのが最もむずかしい。

2．不動産

長所……あらゆる資産の中でレバレッジが最も簡単に効かせられる。不動産のために借金をするのはビジネスや紙の資産のために借金するより簡単だ。

税法は不動産投資に好意的。


短所……紙の資産よりかなり多くのお金が必要なので、資金の少ない個人投資家には手が出しにくい。

ほかの資産と比べてはるかに集約的な管理を必要とするので小規模な個人投資家には負担になる。

3．紙の資産

長所……あらゆる資産の中で出入りが一番楽な資産。


短所……最もコントロールできない。

税金面での優遇があまり受けられない。

変動が激しい。

●相乗効果と分散

分散投資するのが賢明だと思っている人は多い。だが、実際は多くの人が一種類の資産だけに投資し、その中で分散しているので、本当に分散していることになっていない。例えば、自分では分散していると思っていても、お金はすべて投資信託に預けているという人もたくさんいる。

金持ち父さんは分散するのではなく、資産の種類を組み合わせることで投資の相乗効果が得られると教えてくれた。資産の相乗効果によって、投資はより高い収益をあげることができる。ドナルド・トランプをあれほどの金持ちにしたのは、ビジネスと不動産の相乗効果だし、ウォーレン・バフェットをあれほどの金持ちにしたのは、ビジネスと紙の資産の相乗効果だ。

おわりに……

結論——勝つか負けるか

金持ち父さんがお金のゲームの四つのクォーターについて最初に教えてくれた時、私は第一クォーターを始めたばかりで、その話をあまり重要とは思わなかった。二十五歳だった私は、勝てるという確信はなかったが、勝つことしか頭になかった。

お金のゲーム

年齢	試合時間
二十五歳から三十五歳	第一クォーター
三十五歳から四十五歳	第二クォーター
ハーフタイム	
四十五歳から五十五歳	第三クォーター
五十五歳から六十五歳	第四クォーター
オーバータイム	

理論的に言えば、私は第二クォーターの終わりに、キムは第一クォーター終了までにお金のゲームに勝利したが、二人とも、今もゲームが終わってないことを知っている。私たちはみんな、ゲームの第一クォーターでは勝者だったのに、ゲーム終盤で敗者になる人がいることを知っている。

私のこれまでの人生で一番よかったと思う出来事の一つは、第一クォーターで敗者になったことだ。ナイロンとベルクロを使った財布のビジネスで国際的に成功した時、私はすっかり有頂天になった。成功はすぐに傲慢とうぬぼれに変わった。私は三十歳前に経済的成功を収め、それをまたすべて失った。だが、若い頃にお金の面で敗者になったおかげで、お金だけでなく、お金のゲームに対しても深い敬意を抱くことを学んだ。

●第三クォーター終盤のスコア

今、お金のゲームの第四クォーターを始めるにあたり、これまでの三つのクォーターを振り返ってみると私のスコアはこうなる。

年齢	スコア
二十五歳から三十五歳	投資収入――なし（膨大な借金）
三十五歳から四十五歳	投資収入――月一万ドル

ハーフタイム（二年間休業）

四十五歳から五十五歳　　　投資収入——月十万ドル以上
五十五歳から六十五歳　　　投資収入——？（未定）

オーバータイム？（未定）

現在、経済的成功を収めているにもかかわらず私が慎重さを失わない理由は、ゲームのスコアがいつでも変わる可能性があることを知っているからだ。だから、第一クォーターでひどく負けたのは私にとっていいことだったと思っている。負けたことによって、勝つ方法だけでなく、お金とマネーゲームに対して深い敬意を持つことを教えられた。今勝っているからこそ、明日になればゲームがすべてを奪いかねないことがよくわかる。

●個人的な心配事

私が心配なのは、一生懸命に働いているのにゲームに負けている人たちが今、何百万人もいることだ。彼らがゲームに負けている理由の一つは、ゲームを避けているからという単純な理由だ。それに、たとえゲームに参加していても、年金プランに投資している場合は、主に紙の資産という一つの資産の中で分散投資しているために、資産の間の相乗効果を期待できないので、あまり収益をあげられないでいる。そのほかにも、一生懸命に働いて得たお金を過剰な税金という形で政府に渡したり、あるいは、まずは自分たちが利益を得て、必要な時にお金を返してくれるかどうかもわからない見ず知らずの相手に預けたりする人があまりにも多いのも理由の一つだ。

これまでに出版したどの本でも言っていることの繰り返しになるが、今、資産と負債の本当の違いを含め、基本的なお金の管理について、学校で子供たちに教えるべき時が来ていると私は思っている。学校はまた、さまざまな投資戦略、資産の種類、キャッシュフローを目的に投資することとキャピタルゲインを目的に投資することの違いなども教えるべきだ。

最後になったが、忘れてならないのは、効果的なファイナンシャル教育には、税金が所得に及ぼす影響についての基本的知識が欠かせないことだ。会社に勤める従業員がどれほど税金を支払い、ビジネスオーナーにとって税法がどれほど有利になっているかを知れば、もっと多くの若者が、卒業後、給料のいい仕事を探すよりビジネスを起こすことを考えるかもしれない。これが本当のファイナンシャル教育だ。

現在、アメリカの学校は金融業界と一緒になって子供たちに株の選び方を教え、それでファイナンシャル・リテラシーを子供たちに教えていると主張している。子供たちにとって、金融業界から株の選び方を教えてもらうことは、競馬場のオーナーに馬の選び方を教えてもらうようなものだ。今は、そんなふうにして子供たちにギャンブラーになることを教えるのではなく、彼らが人生の第四クォーターに入って家族や政府の世話になることを期待するようになるずっと前に、本当のお金のゲームについて教えるべき時ではないだろうか?

もう一度、前にも取り上げた図「金持ちがどんどん金持ちになる理由」を見直して欲しい。この図はお金を駐車させる投資戦略と、お金のスピードを加速させる投資戦略を比べている。

さあ、あなたは自分の経済的未来を自分でコントロールし、お金を駐車させずにそれに加速し始める準備ができただろうか?

●ゲームの一番いいところ

最後に、安全第一にするのではなく、ゲームを実際にやってみた私がそこから学んだ知恵を少しお伝えしたい。お金のゲームをやってきて一番よかったのは、勝ち負けに関係なく、経験を積むことでゲームのやり方がうまくなったことだ。私の最初の三クォーターの得点を見てもらえばわかる通り、第一クォーターが終

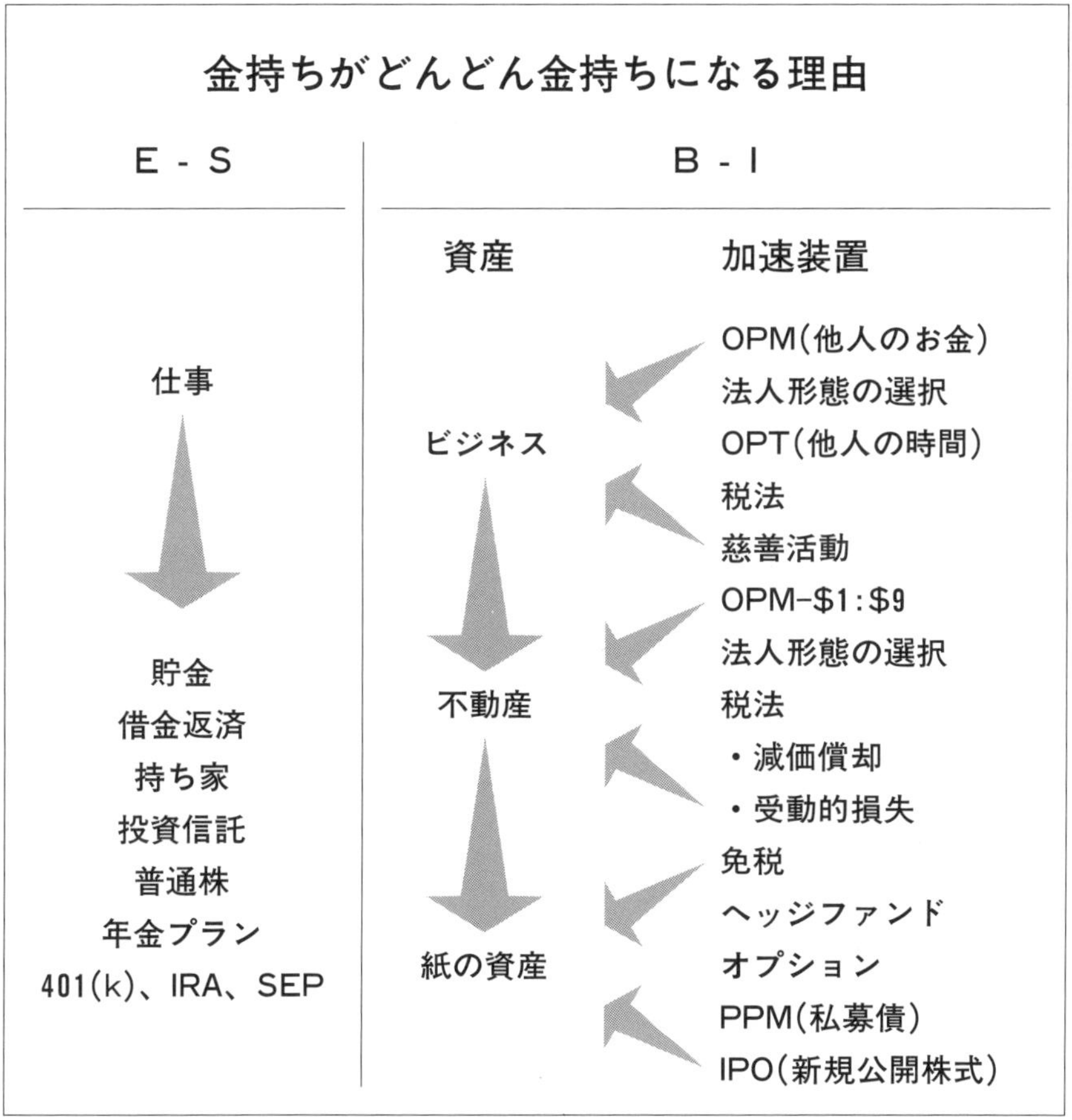
金持ちがどんどん金持ちになる理由
E - S
B - I
資産
加速装置
仕事
貯金
借金返済
持ち家
投資信託
普通株
年金プラン
401(k)、IRA、SEP
ビジネス
不動産
紙の資産
OPM(他人のお金)
法人形態の選択
OPT(他人の時間)
税法
慈善活動
OPM−$1:$9
法人形態の選択
税法
・減価償却
・受動的損失
免税
ヘッジファンド
オプション
PPM(私募債)
IPO(新規公開株式)

わった時の私の得点はゼロだったが、その後それは増えている。

残念ながら、負けることを避けながら生きてきたという、ただそれだけの理由で最終的にお金のゲームに負ける人があまりにも多い。彼らは、勝つためにではなく負けないためにゲームをしてきた。ここでも同じことだ。このような状態になっている原因の一つは、現実の世界で生き残るために必要なことを教えていない教育システムにある。

今、お金のゲームの第四クォーターを始めようとしている私は、第四クォーターにいるほかの多くの人たちのように、負けることや文無しになることを恐れたり、政府が面倒を見てくれると期待したりしない。また、もううぬぼれたり有頂天になったりすることはないが、ゲームを恐れることもない。それには自信がある。

第四クォーターに差し掛かった今、私は、自分がスコアに関係なくこのゲームを一生続けていくことを知っている。だが、だからといって、私が将来負けないという保証はない。どんなゲームにも勝ち負けがつきものだということは私もよく知っている。第四クォーターを始めようとしている今の私にとって大事な違いは、ゲームを楽しめるようになったことだ。

そこで最後に、自分のお金を見ず知らずの人に預けるのではなく、自分で管理し、自分で投資することを考えているみなさんのために、このお金のゲームをするにあたって大事なポイントをまとめておくので、しっかり頭に入れておいていただきたい。

1．負けは勝ちの一部
2．やればやるほど腕が上がる
3．自分の腕が上がれば上がるほどチーム全体の腕も上がる
4．チームの腕が上がれば上がるほどゲームが楽しくなる

5．ゲームが楽しくなればなるほど得点をあげるチャンスが増える

金持ち父さんが言ったように「お金のゲームで大事なのは実はお金ではない。どれほどうまくプレーするかが大事だ」。

この本を最後まで読んでくださってありがとう。

ロバート・T・キヨサキ
シャロン・L・レクター

著者・訳者紹介

ロバート・キヨサキ
Robert Kiyosaki

日系四世のロバートはハワイで生まれ育った。家族には教育関係者が多く、父親はハワイ州教育局の局長を務めたこともある。ハイスクール卒業後、ニューヨークの大学へ進学。大学卒業後は海兵隊に入隊し、士官、ヘリコプターパイロットとしてベトナムに出征した。

ベトナムより帰還後、ゼロックス社に勤務。一九七七年にナイロンとベルクロ（マジックテープ）を使ったサーファー用財布を考案、会社を起こした。この製品は全世界で驚異的な売上を記録し、ニューズウィークをはじめ多くの雑誌が、ロバートとこの商品をとりあげた。さらに一九八五年には、世界中でビジネスと投資を教える教育会社を起こした。

一九九四年、自分の起こしたビジネスを売却。四十七歳でビジネス界から引退したが、ロバートの本格的な引退生活は長くは続かなかった。その間に『金持ち父さん　貧乏父さん』を書き上げ、この本はアメリカをはじめ世界各地で大ベストセラーとなり、今では四十二カ国語に翻訳され、八十以上の国々で出版されている。続いて『金持ち父さんのキャッシュフロー・クワドラント』『金持ち父さんの投資ガイド』『金持ち父さんの子供はみんな天才』などを次々に出版。いずれもウォールストリート・ジャーナル、ビジネス・ウィーク、ニューヨーク・タイムズ、Eトレードなどのメディアでベストセラーに名を連ねている。

ロバートはまた、金持ち父さんが何年もかけて自分に教えてくれたファイナンシャル戦略、自分が四十七歳で引退するのを可能にしてくれた戦略をみんなに教えるために、ボードゲーム『キャッシュフロー』を開発した。

二〇〇一年、「金持ち父さんのアドバイザー」シリーズの第一弾が出版された。このアドバイザーチームは、「ビジネスと投資はチームでやるスポーツだ」と信じるロバートを支援する専門家たちからなる。

ロバートはよくこう言う。「私たちは学校へ行き、お金のために一生懸命働くことを学ぶ。私はお金を自分のために働かせる方法をみんなに教えるために、本を書いたり、いろいろな製品を作る。この方法を学べば、私たちが生きるこの世界のすばらしさを思う存分満喫できる」

シャロン・レクター
Sharon Lechter

妻であり三児の母であると同時に、公認会計士、会社のCEOでもあるシャロンは、教育に関心が深く、多くの力を注いでいる。

フロリダ州立大学で会計学を専攻し、当時全米トップ・エイトに入る会計事務所に入所。その後もコンピュータ会社のCEO、全国規模の保険会社の税務ディレクターなどへと転職し、ウィスコンシン州で初の女性雑誌の創刊にもかかわる一方、公認会計士としての仕事を続けてきた。

三人の子供を育てるうち、シャロンは教育に興味を持った。テレビで育った子供たちは、読書には興味を持たない。彼女は、学校の教育ではこのような現状を打破できないと強く感じるようになった。そこで、彼女は世界初の「しゃべる本」の開発に参加したが、このプロジェクトは現在巨大産業へと成長した電子ブックの先駆けとなった。

「現在の教育システムは今日の世界的なテクノロジーの変化に対応できていません。私たちは子供たちに、この世界で『生き残る』ためだけでなく『繁栄する』ために必要な技術を教えなくてはなりません」と彼女は語る。

「金持ち父さん」シリーズの共著者として、彼女は現在の教育システムの抱える「お金に関する知識」の欠如という問題点に焦点をあてている。本書は真に役に立つ知識を学び、経済的にも豊かになることを望むすべての人にとって、優れた教材となるだろう。

リッチダッド・カンパニー

ロバートとキム・キヨサキ、シャロン・レクターが中心となり設立。お金について教えるための画期的な教材を作り出している。これまでに『金持ち父さん　貧乏父さん』をはじめとする書籍、『キャッシュフロー１０１』などのボードゲーム、学習用テープなどを制作し、ロバート・キヨサキの考えを広く紹介している。

この会社は「人々のお金に関する幸福度を向上させること」を目指している。

ファイナンシャル・リテラシーのための財団

ファイナンシャル・エデュケーションを目的とする団体やプログラムを援助する財団。

リッチダッド・オーガニゼーションは経済的な支援をはじめ、多くのサービスを提供している。財団に関するお問い合わせは左記まで。

The Foundation for Financial Literacy
P.O.Box 5870 Scottsdale,AZ
85261-5870
http://www.richdad.com

白根美保子
Shirane Mihoko

翻訳家。早稲田大学商学部卒業。訳書に『ボルネオの奥地へ』（めるくまーる）、『死別の悲しみを癒すアドバイスブック』『金持ち父さん　貧乏父さん』（いずれも筑摩書房）、『ハーバード医学部』『ロジャー・マグネット流サクセス・アドベンチャー』（いずれも三修社）、『悲しみがやさしくなるとき』（共訳・東京書籍）などがある。

ロバート・キヨサキの著作

●「金持ち父さん　貧乏父さん――アメリカの金持ちが教えてくれるお金の哲学」ロバート・キヨサキ、シャロン・レクター著／白根美保子訳

●「金持ち父さんのキャッシュフロー・クワドラント――経済的自由があなたのものになる」ロバート・キヨサキ、シャロン・レクター著／白根美保子訳

●「金持ち父さんの投資ガイド　入門編――投資力をつける16のレッスン」「金持ち父さんの投資ガイド　上級編――起業家精神から富が生まれる」ロバート・キヨサキ、シャロン・レクター著／白根美保子訳／林康史、今尾金久協力

●「金持ち父さんの子供はみんな天才――親だからできるお金の教育」ロバート・キヨサキ、シャロン・レクター著／白根美保子訳

●「金持ち父さんの若くして豊かに引退する方法」ロバート・キヨサキ、シャロン・レクター著／白根美保子訳

●「金持ち父さんの予言――嵐の時代を乗り切るための方舟の造り方」ロバート・キヨサキ、シャロン・レクター著／白根美保子訳

●「金持ち父さんのサクセス・ストーリーズ――金持ち父さんに学んだ25人の成功者たち」ロバート・キヨサキ、シャロン・レクター著／春日井晶子訳

●「金持ち父さんの金持ちになるガイドブック――悪い借金を良い借金に変えよう」ロバート・キヨサキ、シャロン・レクター著／白根美保子訳

●「金持ち父さんのパワー投資術――お金を加速させて金持ちになる」ロバート・キヨサキ、シャロン・レクター著／白根美保子訳／以上、筑摩書房

●“Rich Dad Poor Dad for Teens――The Secrets About Money that You don't Learn in School”

●“Rich Dad's Escape from the Rat Race――How To Become A Rich Kid By Following Rich Dad's Advice”

●「人助けが好きなあなたに贈る金持ち父さんのビジネススクール」マイクロマガジン社

金持ち父さんのアドバイザーシリーズ

●「セールスドッグ――『攻撃型』営業マンでなくても成功できる！」B・シンガー著／まえがき・R・キヨサキ／春日井晶子訳／筑摩書房

●“Protecting Your #1 Asset: Creating Fortunes from Your Ideas Handbook” by Michael Lechter

●“Own Your own corporation” by Garrett Sutton

●“How to Buy and Sell a Business” by Garrett Sutton

●“The ABC's of Building a Business Team That Wins Team” by Blair Singer

●“The ABC's of Real Estate Investing” by Ken McElroy

●“The ABC's of Getting Out of Debt” by Garrett Sutton

●“OPM: Other People's Money” by Michael Lechter

金持ち父さんのオーディオビジュアル

●「ロバート・キヨサキのファイナンシャル・インテリジェンス」タイムライフ（CDセット）

●「ロバート・キヨサキ　ライブトーク・イン・ジャパン」ソフトバンクパブリッシング（DVD）

●「金持ち父さんのパーフェクトビジネス」マイクロマガジン社

本文で紹介された本

●「ウォール街の大罪」アーサー・レビット著／小川敏子訳／日本経済新聞社

●「マネー崩壊」ベルナルド・リエター著／小林一紀ほか訳／日本経済評論社

●「レクサスとオリーブの木」トーマス・フリードマン著／東江一紀訳／草思社

金持《かねも》ち父《とう》さんのパワー投資術《とうしじゅつ》

お金《かね》を加《か》速《そく》させて金持《かねも》ちになる

二〇〇五年七月二〇日　初版第一刷発行

著者　ロバート・キヨサキ
シャロン・レクター

訳者　白根美保子（しらね・みほこ）

発行者　菊池明郎

発行所　筑摩書房
東京都台東区蔵前二—五—三　〒一一一—八七五五　振替〇〇一六〇—八—四一二三

本文フォーマット　鈴木成一デザイン室

装丁　岡田和子

印刷　中央精版印刷

製本　中央精版印刷

ISBN4-480-86367-2 C0033

乱丁・落丁本の場合は、左記宛に御送付下さい。
送料小社負担でお取り替えいたします。
ご注文・お問い合わせも左記へお願いします。
〒三三一—八五〇七　さいたま市北区櫛引町二—六〇四
筑摩書房サービスセンター　電話〇四八—六五一—〇〇五三

『キャッシュフロー101』で
ファイナンシャル・インテリジェンスを高めよう!

読者のみなさん

『金持ち父さんシリーズ』を読んでくださってありがとうございました。お金についてためになることをきっと学ぶことができたと思います。いちばん大事なのは、あなたが自分の教育のために投資したことです。

私はみなさんが金持ちになれるように願っていますし、金持ち父さんが私に教えてくれたのとおなじことを身につけてほしいと思っています。金持ち父さんの教えを生かせば、たとえどんなにささやかなところから始めたとしても、驚くほど幸先のいいスタートを切ることができるでしょう。だからこそ、私はこのゲームを開発したのです。これは金持ち父さんが私に教えてくれたお金に関する技術を学ぶためのゲームです。楽しみながら、しっかりした知識が身につくようになっています。

このゲームは、楽しむこと、繰り返すこと、行動すること——この三つの方法を使ってあなたにお金に関する技術を教えてくれます。『キャッシュフロー101』はおもちゃではありません。それに、単なるゲームでもありません。特許権を得ているのはこのようなユニークさによるものです。このゲームはあなたに大きな刺激を与え、たくさんのことを教えてくれるでしょう。このゲームは、金持ちと同じような考え方をしなくては勝てません。ゲームをするたびにあなたはより多くの技術を獲得していきます。ゲームの展開は毎回違います。あなたは新しく身につけた技術を駆使して、さまざまな状況を乗り切っていくことになるでしょう。そうしていくうちに、お金に関する技術が高まる

『キャッシュフロー101』
家庭で楽しみながら学べる
MBAプログラム
CASHFLOW 101　$195

『キャッシュフロー・フォー・キッズ』
6歳から楽しく学べる子供のためのゲーム
CASHFLOW for KIDS　$39.95

と同時に、自信もついていきます。

このゲームを通して学べるような、お金に関する教えを実社会で学ぼうとしたら、ずいぶん高いものにつくこともあります。『キャッシュフロー101』のいいところは、おもちゃのお金を使ってファイナンシャル・インテリジェンスを身につけることができる点です。

はじめて『キャッシュフロー101』で遊ぶときは、むずかしく感じるかもしれません。でも、繰り返し遊ぶうちにあなたのファイナンシャル・インテリジェンスが養われていき、ずっと簡単に感じられるようになります。

このゲームが教えてくれるお金に関する技術を身につけるためには、まず少なくても六回はゲームをやってみてください。そのあと本などで勉強すれば、あなたはこれから先の自分の経済状態を自分の手で変えていくことができます。その段階まで到達したら、上級者向けの『キャッシュフロー202』に進む準備ができたことになります。『キャッシュフロー202』には学習用のCDが5枚ついています。

子供たちのためには、六歳から楽しく学べる『キャッシュフロー・フォー・キッズ』があります。

『キャッシュフロー』ゲームの創案者
ロバート・キヨサキ

ロバート・キヨサキの「金持ち父さん」シリーズ

金持ち父さんの若くして豊かに引退する方法
定価（本体価格2200円+税）　4-480-86347-8

金持ち父さんの予言
嵐の時代を乗り切るための方舟の造り方
定価（本体価格1900円+税）　4-480-86353-2

金持ち父さんの金持ちになるガイドブック
悪い借金を良い借金に変えよう
定価（本体価格952円+税）　4-480-86359-1

金持ち父さんのサクセス・ストーリーズ
金持ち父さんに学んだ25人の成功者たち
定価（本体価格1500円+税）　4-480-86361-3

金持ち父さんのパワー投資術
お金を加速させて金持ちになる
定価（本体価格1900円+税）　4-480-86367-2

「金持ち父さんのアドバイザー」シリーズ

セールスドッグ　ブレア・シンガー著
「攻撃型」営業マンでなくても成功できる!
定価（本体価格1600円+税）　4-480-86352-4

▲表示されている価格はすべて2005年７月現在のものです。

ロバート・キヨサキの「金持ち父さん」シリーズ

New! 全世界で2500万部を突破！

発売から８年、英語版の『金持ち父さん　貧乏父さん』はニューヨークタイムズ紙のベストセラーリスト入りの連続記録を243週と更新中。また、全世界で42カ国語に翻訳され、80カ国以上で紹介されています。

「金持ち父さん」シリーズは、日本では累計230万部、全世界では累計2500万部を突破し、さらに多くの人に読まれ続けています。

金持ち父さん　貧乏父さん
アメリカの金持ちが教えてくれるお金の哲学
定価（本体価格1600円+税）　4-480-86330-3

金持ち父さんのキャッシュフロー・クワドラント
経済的自由があなたのものになる
定価（本体価格1900円+税）　4-480-86332-X

金持ち父さんの投資ガイド　入門編
投資力をつける16のレッスン
定価（本体価格1600円+税）　4-480-86336-2

金持ち父さんの投資ガイド　上級編
起業家精神から富が生まれる
定価（本体価格1900円+税）　4-480-86338-9

金持ち父さんの子供はみんな天才
親だからできるお金の教育
定価（本体価格1900円+税）　4-480-86342-7

▲表示されている価格はすべて2005年７月現在のものです。